V-리그 관전을 위한

# 2021 2022 V-리그 스카우팅 리포트

가장 쉽고도 완벽한 준비

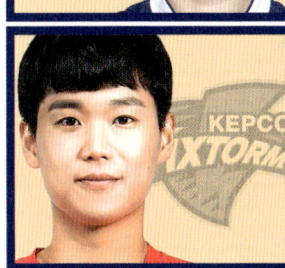

# CONTENTS

## FEATURE REPORT

| | |
|---|---|
| 2020-2021 시즌 리뷰 | 8 |
| 2021 의정부 도드람컵 | 14 |
| 2021-2022 시즌 이슈 | 16 |
| 2021-2022 시즌 전망 | 22 |
| 2021-2022 신인드래프트 | 26 |

## SCOUTING REPORT

### MEN

| | |
|---|---|
| 인천 대한항공 점보스 | 30 |
| 서울 우리카드 우리WON | 50 |
| 안산 OK금융그룹 읏맨 | 72 |
| 의정부 KB손해보험 스타즈 | 92 |
| 수원 한국전력 VIXTORM | 112 |
| 천안 현대캐피탈 스카이워커스 | 132 |
| 대전 삼성화재 블루팡스 | 154 |

## WOMEN

| | | |
|---|---|---|
| | GS칼텍스 서울 Kixx | 178 |
| | 흥국생명 핑크스파이더스 | 200 |
| | IBK기업은행 알토스 | 220 |
| | 한국도로공사 하이패스 | 240 |
| | KGC인삼공사 프로배구단 | 260 |
| | 현대건설 힐스테이트 | 280 |
| | 페퍼저축은행 AI PEPPERS | 302 |

**EPILOGUE** 318

# FEATURE REPORT

2020-2021 시즌 리뷰 | 2021 의정부 도드람컵

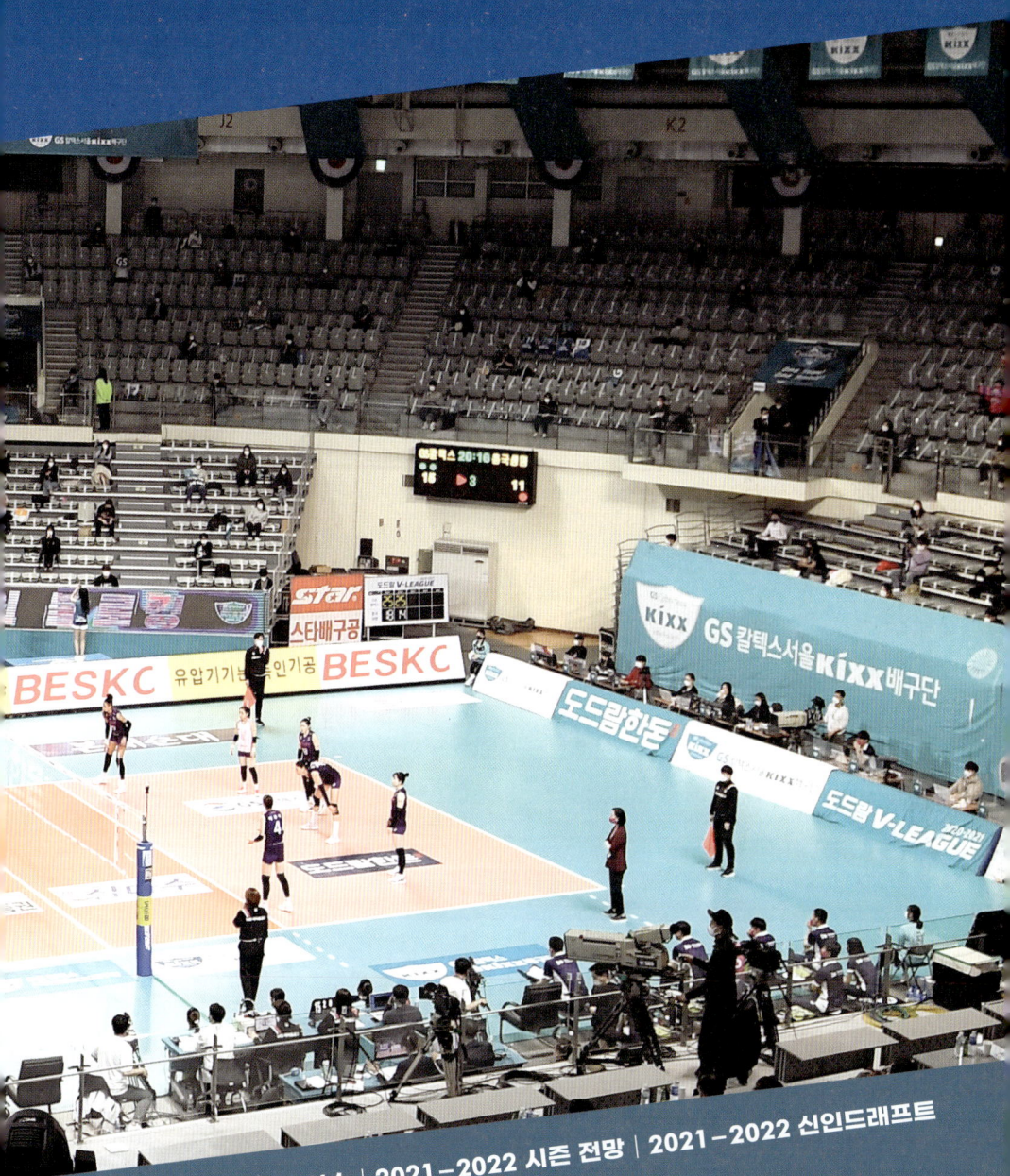

2021 2022 V-LEAGUE SCOUTING REPORT

2021-2022 시즌 이슈 | 2021-2022 시즌 전망 | 2021-2022 신인드래프트

## 2020-2021 SEASON REVIEW

### V-리그 최종 순위

**MEN**

| 팀명 | 승점 | 승 | 패 | 득세트 | 실세트 | 세트득실률 | 득점 | 실점 | 점수득실률 |
|---|---|---|---|---|---|---|---|---|---|
| 1 대한항공 | 76 | 26 | 10 | 92 | 53 | 1.736 | 3375 | 3105 | 1.087 |
| 2 우리카드 | 67 | 23 | 13 | 84 | 56 | 1.500 | 3167 | 3033 | 1.044 |
| 3 OK금융그룹 | 55 | 19 | 17 | 75 | 75 | 1.000 | 3314 | 3343 | 0.991 |
| 4 KB손해보험 | 58 | 19 | 17 | 73 | 71 | 1.028 | 3186 | 3195 | 0.997 |
| 5 한국전력 | 55 | 18 | 18 | 75 | 76 | 0.987 | 3346 | 3315 | 1.009 |
| 6 현대캐피탈 | 41 | 15 | 21 | 63 | 80 | 0.788 | 3156 | 3268 | 0.966 |
| 7 삼성화재 | 26 | 6 | 30 | 46 | 97 | 0.474 | 2991 | 3276 | 0.913 |

 2020-2021시즌 V-리그는 '최초'의 기록이 많았다. 남자부 최초로 외국인 감독을 영입한 대한항공은 창단 첫 통합 우승의 기쁨을 느꼈으며, GS칼텍스는 컵 대회부터 정규리그, 챔피언 결정전까지 쓸어 담으며 여자부 최초 트레블의 주인공이 됐다.
 대한항공의 창단 첫 통합 우승을 이끈 정지석은 챔피언 결정전에 이어 정규리그 MVP까지 손에 쥐었으며, 부상 투혼으로 어려운 상황에서도 팀을 준우승으로 이끈 김연경도 2007-2008시즌 이후 13시즌 만에 정규리그 MVP를 수상했다.
 지난 시즌 남자부에서는 현대캐피탈과 삼성화재의 동반 부진이 낯설었다. 현대캐피탈이 6위, 삼성화재가 7위를 기록하며, V-리그 출범 이후 최초로 두 팀이 모두 빠진 봄 배구를 보게 되었다. 여자부에서도 2019-2020시즌 정규리그 1위를 기록한 현대건설이 최하위를 기록하며 어려운 시즌을 보냈다.
 코로나 19의 영향으로 경기장의 관중 입장은 거의 이뤄지지 못했지만, 이른바 '집관' 효과는 두드러졌다. 2020-2021시즌 V-리그 평균 시청률은 1.01%로, 2019-2020시즌의 0.92%보다 소폭 상승하며 2년 만에 다시 평균 시청률 1%를 넘어섰다. 특히 여자부는 평균 시청률 1.29%로 남녀부 역대 최

## V-리그 최종 순위

### WOMEN

| 팀명 | 승점 | 승 | 패 | 득세트 | 실세트 | 세트득실률 | 득점 | 실점 | 점수득실률 |
|---|---|---|---|---|---|---|---|---|---|
| 1 GS칼텍스 | 58 | 20 | 10 | 74 | 48 | 1.542 | 2795 | 2589 | 1.080 |
| 2 흥국생명 | 56 | 19 | 11 | 65 | 49 | 1.327 | 2534 | 2497 | 1.015 |
| 3 IBK기업은행 | 42 | 14 | 16 | 54 | 64 | 0.844 | 2515 | 2608 | 0.964 |
| 4 한국도로공사 | 41 | 13 | 17 | 58 | 64 | 0.906 | 2651 | 2604 | 1.018 |
| 5 KGC인삼공사 | 39 | 13 | 17 | 54 | 63 | 0.857 | 2549 | 2626 | 0.971 |
| 6 현대건설 | 34 | 11 | 19 | 53 | 70 | 0.757 | 2654 | 2774 | 0.957 |

고 평균 시청률을 기록했으며, GS칼텍스와 흥국생명의 챔피언 결정 3차전에서는 4.72%라는 역대 최고 순간 시청률을 기록하기도 했다.

하지만 '학폭 논란'으로 인한 위기도 있었다. 남녀부 주축 선수들의 과거 학교 폭력 사실이 드러나면서 해당 팀은 성적에 직격탄을 맞았다. '어우흥'이라 불렸던 흥국생명은 쌍둥이 자매의 학폭 이탈로 시즌 막판 우승을 놓쳤으며, 5시즌 만에 챔피언 결정전 진출에 도전했던 OK금융그룹도 봄 배구 경험에 만족해야 했다. 무엇보다 '학폭 사태'는 배구를 진심으로 사랑하는 팬들에게 큰 실망을 안겼다. 향후 다시는 재발하지 않도록 철저한 반성과 교육이 필요하다.

페퍼저축은행 AI페퍼스의 창단으로 다가오는 시즌 여자부도 7구단 체제를 갖추게 됐다. 이로 인해 여자부의 정규리그 경기 수도 기존의 팀당 30경기에서 36경기로 늘어나게 됐다. 리그의 규모가 커진 만큼 팬들의 기대를 충족시킬 수 있는 경기력도 보여줘야 한다.

어느덧 18번째 시즌을 준비하는 V-리그. 새로운 시즌은 언제나 설렌다. 시즌이 끝날 무렵엔 팬들로 가득 찬 경기장을 볼 수 있을까.

## 2020-2021 SEASON REVIEW

### 주요 항목별 선수 순위 — MEN

#### 득점

| | 이름 | 소속팀 | 경기 | 세트 | 공격 득점 | 블로킹 득점 | 서브 득점 | 총 득점 |
|---|---|---|---|---|---|---|---|---|
| 1 | 케이타 | KB손해보험 | 33 | 134 | 1039 | 40 | 68 | 1147 |
| 2 | 알렉스 | 우리카드 | 36 | 140 | 791 | 47 | 65 | 903 |
| 3 | 러셀 | 한국전력 | 36 | 151 | 725 | 62 | 111 | 898 |
| 4 | 펠리페 | OK금융그룹 | 36 | 148 | 747 | 54 | 50 | 851 |
| 5 | 다우디 | 현대캐피탈 | 34 | 132 | 715 | 57 | 18 | 79 |

#### 공격 종합

| | 이름 | 소속팀 | 경기 | 세트 | 성공 | 시도 | 성공률 |
|---|---|---|---|---|---|---|---|
| 1 | 정지석 | 대한항공 | 36 | 142 | 485 | 875 | 55.43 |
| 2 | 알렉스 | 우리카드 | 36 | 140 | 791 | 1442 | 54.85 |
| 3 | 김정호 | KB손해보험 | 35 | 141 | 422 | 771 | 54.73 |
| 4 | 나경복 | 우리카드 | 31 | 121 | 461 | 873 | 52.81 |
| 5 | 케이타 | KB손해보험 | 33 | 134 | 1039 | 1970 | 52.74 |

#### 블로킹

| | 이름 | 소속팀 | 경기 | 세트 | 성공 | 유효 | 세트당 평균 |
|---|---|---|---|---|---|---|---|
| 1 | 신영석 | 한국전력 | 36 | 151 | 100 | 123 | 0.662 |
| 2 | 박상하 | 삼성화재 | 29 | 117 | 75 | 92 | 0.641 |
| 3 | 김홍정 | KB손해보험 | 26 | 99 | 60 | 87 | 0.606 |
| 4 | 하현용 | 우리카드 | 36 | 140 | 81 | 75 | 0.579 |
| 5 | 진상헌 | OK금융그룹 | 35 | 126 | 72 | 75 | 0.571 |

#### 서브

| | 이름 | 소속팀 | 경기 | 세트 | 성공 | 시도 | 세트당 평균 |
|---|---|---|---|---|---|---|---|
| 1 | 러셀 | 한국전력 | 36 | 151 | 111 | 595 | 0.735 |
| 2 | 정지석 | 대한항공 | 36 | 142 | 76 | 600 | 0.535 |
| 3 | 케이타 | KB손해보험 | 33 | 134 | 68 | 506 | 0.507 |
| 4 | 알렉스 | 우리카드 | 36 | 140 | 65 | 566 | 0.464 |
| 5 | 허수봉 | 현대캐피탈 | 26 | 102 | 42 | 359 | 0.412 |

#### 세트

| | 이름 | 소속팀 | 경기 | 세트 | 성공 | 시도 | 세트당 평균 |
|---|---|---|---|---|---|---|---|
| 1 | 황택의 | KB손해보험 | 34 | 133 | 1449 | 2701 | 10.895 |
| 2 | 이승원 | 삼성화재 | 36 | 141 | 1426 | 2822 | 10.113 |
| 3 | 김명관 | 현대캐피탈 | 36 | 143 | 1397 | 2738 | 9.769 |
| 4 | 하승우 | 우리카드 | 36 | 137 | 1307 | 2386 | 9.540 |
| 5 | 이민규 | OK금융그룹 | 33 | 120 | 1140 | 2204 | 9.500 |

#### 수비

| | 이름 | 소속팀 | 경기 | 세트 | 디그 성공 | 리시브 성공 | 세트당 평균 |
|---|---|---|---|---|---|---|---|
| 1 | 이시몬 | 한국전력 | 36 | 150 | 297 | 520 | 5.047 |
| 2 | 곽승석 | 대한항공 | 36 | 140 | 314 | 391 | 4.821 |
| 3 | 오재성 | 한국전력 | 35 | 146 | 316 | 383 | 4.507 |
| 4 | 정지석 | 대한항공 | 36 | 142 | 289 | 314 | 3.979 |
| 5 | 김정호 | KB손해보험 | 35 | 141 | 187 | 406 | 3.738 |

## 주요 항목별 선수 순위

### WOMEN

**득점**

| | 이름 | 소속팀 | 경기 | 세트 | 공격 득점 | 블로킹 득점 | 서브 득점 | 총 득점 |
|---|---|---|---|---|---|---|---|---|
| 1 | 디우프 | KGC인삼공사 | 30 | 117 | 884 | 62 | 17 | 963 |
| 2 | 라자레바 | IBK기업은행 | 29 | 114 | 781 | 56 | 30 | 867 |
| 3 | 러츠 | GS칼텍스 | 29 | 118 | 761 | 66 | 27 | 854 |
| 4 | 켈시 | 한국도로공사 | 30 | 122 | 680 | 54 | 22 | 756 |
| 5 | 루소 | 현대건설 | 30 | 123 | 589 | 57 | 21 | 667 |

**공격 종합**

| | 이름 | 소속팀 | 경기 | 세트 | 성공 | 시도 | 성공률 |
|---|---|---|---|---|---|---|---|
| 1 | 김연경 | 흥국생명 | 30 | 112 | 569 | 1239 | 45.92 |
| 2 | 러츠 | GS칼텍스 | 29 | 118 | 761 | 1734 | 43.89 |
| 3 | 라자레바 | IBK기업은행 | 29 | 114 | 781 | 1799 | 43.41 |
| 4 | 이소영 | GS칼텍스 | 30 | 119 | 387 | 929 | 41.66 |
| 5 | 루소 | 현대건설 | 30 | 123 | 589 | 1415 | 41.63 |

**블로킹**

| | 이름 | 소속팀 | 경기 | 세트 | 성공 | 유효 | 세트당 평균 |
|---|---|---|---|---|---|---|---|
| 1 | 한송이 | KGC인삼공사 | 29 | 113 | 79 | 189 | 0.699 |
| 2 | 정대영 | 한국도로공사 | 30 | 122 | 85 | 185 | 0.697 |
| 3 | 배유나 | 한국도로공사 | 30 | 122 | 75 | 205 | 0.615 |
| 4 | 러츠 | GS칼텍스 | 29 | 118 | 66 | 99 | 0.559 |
| 5 | 양효진 | 현대건설 | 30 | 123 | 67 | 190 | 0.545 |

**서브**

| | 이름 | 소속팀 | 경기 | 세트 | 성공 | 시도 | 세트당 평균 |
|---|---|---|---|---|---|---|---|
| 1 | 김연경 | 흥국생명 | 30 | 112 | 31 | 421 | 0.277 |
| 2 | 고의정 | KGC인삼공사 | 30 | 111 | 30 | 280 | 0.270 |
| 3 | 김미연 | 흥국생명 | 30 | 104 | 28 | 332 | 0.269 |
| 4 | 라자레바 | IBK기업은행 | 29 | 114 | 30 | 415 | 0.263 |
| 5 | 안혜진 | GS칼텍스 | 29 | 114 | 29 | 437 | 0.254 |

**세트**

| | 이름 | 소속팀 | 경기 | 세트 | 성공 | 시도 | 세트당 평균 |
|---|---|---|---|---|---|---|---|
| 1 | 이다영 | 흥국생명 | 21 | 75 | 829 | 2067 | 11.053 |
| 2 | 조송화 | IBK기업은행 | 28 | 110 | 1187 | 3026 | 10.791 |
| 3 | 안혜진 | GS칼텍스 | 29 | 114 | 1215 | 2929 | 10.658 |
| 4 | 염혜선 | KGC인삼공사 | 21 | 79 | 806 | 2016 | 10.203 |
| 5 | 이고은 | 한국도로공사 | 30 | 122 | 1234 | 3357 | 10.115 |

**수비**

| | 이름 | 소속팀 | 경기 | 세트 | 디그 성공 | 리시브 성공 | 세트당 평균 |
|---|---|---|---|---|---|---|---|
| 1 | 임명옥 | 한국도로공사 | 29 | 117 | 666 | 404 | 8.855 |
| 2 | 오지영 | KGC인삼공사 | 30 | 117 | 651 | 281 | 7.761 |
| 3 | 신연경 | IBK기업은행 | 28 | 110 | 622 | 215 | 7.418 |
| 4 | 고예림 | 현대건설 | 30 | 123 | 419 | 376 | 6.122 |
| 5 | 김연견 | 현대건설 | 30 | 123 | 544 | 209 | 5.959 |

# 2020-2021 SEASON REVIEW

## WINNER

| | 이름 | 소속팀 |
|---|---|---|
| MVP | 정지석 | 대한항공 |
| 신인상 | 김선호 | 현대캐피탈 |
| 감독상 | 로베르토 산틸리 | 대한항공 |
| 심판상 | 권대진 | 주,부심 |

## BEST 7

| | | |
|---|---|---|
| R | 케이타 | KB손해보험 |
| C | 신영석 | 한국전력 |
| L | 알렉스 | 우리카드 |
| L | 정지석 | 대한항공 |
| C | 하현용 | 우리카드 |
| S | 황택의 | KB손해보험 |
| Li | 오재성 | 한국전력 |

## WINNER

| | 이름 | 소속팀 |
|---|---|---|
| MVP | 김연경 | 흥국생명 |
| 신인상 | 이선우 | KGC인삼공사 |
| 감독상 | 차상현 | GS칼텍스 |
| 심판상 | 정준호 | 선심 |

## BEST 7

| | | |
|---|---|---|
| R | 디우프 | KGC인삼공사 |
| C | 양효진 | 현대건설 |
| L | 김연경 | 흥국생명 |
| L | 이소영 | GS칼텍스 |
| C | 한송이 | KGC인삼공사 |
| S | 안혜진 | GS칼텍스 |
| Li | 임명옥 | 한국도로공사 |

# 2021 의정부 도드람컵

## 남자부

**MVP**
나경복

**MIP**
조재성

**라이징스타**
장지원

 2020-2021시즌 V-리그 챔피언 결정전에서 대한항공에 2승3패로 밀려 준우승을 차지했던 우리카드가 2021 의정부 도드람컵 프로배구대회(KOVO컵) 정상에 올랐다. 우리카드는 결승에서 OK금융그룹을 3-0으로 완파하고 2015년 이후 6년 만의 컵 대회 우승 트로피를 들어 올렸다. 2018-2019시즌을 앞두고 지휘봉을 잡은 신영철 감독은 부임 후 첫 정상 등극을 이끌었다. 외국인 선수들이 불참한 가운데, 2019-2020시즌 남자부 정규리그 MVP를 차지했던 나경복은 고비마다 득점을 성공시키며 컵 대회 MVP에 올랐다. 세터 하승우의 성장과 리베로 장지원의 활약은 우리카드의 우승을 가능하게 만들었다. 중요할 때마다 몸을 던져 공을 걷어 올린 장지원은 라이징스타상을 받았다. 대회 MIP는 라이트로 좋은 득점력을 발휘한 조재성(OK금융그룹)의 차지였다.
 이번 대회에서는 첫 선을 보인 V-리그 디펜딩 챔피언 대한항공 토미 틸리카이넨 감독의 '스피드 배구'도 눈길을 끌었다. 4강서 OK금융그룹에 덜미가 잡혀 결승에 오르지 못했지만 한 박자 빠른 배구로 다가올 시즌에 대한 기대감을 높였다. 이 밖에도 외국인 선수들이 출전하지 못한 가운데 프로 팀을 상대로 2승을 거둔 국군체육부대(상무)의 활약상도 팬들에게 큰 재미를 안겼다.

2021 2022 V-LEAGUE SCOUTING REPORT

## 여자부

**MVP**
정지윤

**MIP**
강소휘

**라이징스타**
이다현

2021-2022시즌을 앞두고 열린 V-리그 여자부 컵 대회 역시 외국인 선수 없이 국내 선수로만 경기했다. 최종 승자는 현대건설. 지난 시즌 정규리그 최하위에 그치며 강성형 감독 체제로 새 출발에 나선 현대건설은 2020-2021 시즌 여자부 최초로 트레블을 달성했던 '디펜딩챔피언' GS칼텍스를 꺾고 2019년 순천대회 이후 2년 만에 컵 대회 정상에 올랐다. 센터와 라이트 포지션을 두루 소화하는 정지윤이 이번 컵 대회에서 레프트까지 소화하며 현대건설의 우승을 이끌어 대회 MVP로 선정됐다. 정지윤은 '배구여제' 김연경이 한국 여자배구의 미래를 위해 레프트로 키워야 한다고 추천했던 만큼 멀티 플레이어로서의 다재다능함을 정규리그에서도 선보일 가능성이 커졌다.

도쿄 올림픽이 끝난 직후에 열린 탓에 대표팀을 다녀온 선수들의 컨디션이 좋지 않았고, 새 시즌을 앞두고 몸 상태를 끌어올리는 도중에 열린 대회라는 점에서 모든 참가 팀이 온전한 경기력을 보여줄 수 없었다는 점은 아쉬움이 컸다. 신생팀 페퍼저축은행이 선수 부족 탓에 컵 대회에서 첫 선을 보이지 못한 것은 아쉬웠다. 하지만 현대건설의 우승과 함께 많은 주축 선수가 팀을 떠난 뒤 사실상의 재창단에 나선 흥국생명이 기대 이상의 경기력을 선보이며 새 시즌의 기대감을 높였다.

V-LEAGUE

# 2021 — 2022 SEASON ISSUE

## 도쿄 올림픽 4강, 바로 지금이 미래를 준비할 때!

2021년 여름. 우리는 여자 배구에 열광했다. 아쉽게도 마지막 메달의 문턱을 넘지는 못했지만, 12명의 선수들이 우리에게 전해 준 감동은 금메달 이상이었다. 가정에서, 학교에서, 또 회사에서 여자 배구 이야기가 끊이지 않았다.

사실 올림픽이 시작되기 전까지만 하더라도 여자 배구에 대한 기대감은 크지 않았다. 불미스러운 일로 인해 2명의 주전 선수가 이탈했고, 이로 인해 라바리니 감독은 짧은 시간 팀을 다시 만들어야 했다. 올림픽 직전에 펼쳐졌던 발리볼네이션스리그(VNL)를 보며, 사람들은 기대보다는 걱정과 우려의 목소리를 냈다. 예선 통과도 쉽지 않을 것이라 했다. 하지만 올림픽이 시작되고 선수들은 모두를 놀라게 했다. 도미니카 공화국과 일본을 상대로 극적인 승리를 만들어 냈고, 8강에서는 강호 터키마저 잡아내며 2012년 런던 올림픽 이후 9년 만에 올림픽 4강에 진출했다. 런던 올림픽 4강을 이끌었던 김형실 감독은 선수들의 눈빛에서 할 수 있다는 의지를 봤다고 했다. 실제로 우리 선수들은 매 경기 상대를 끈질기게 물고 늘어졌다. 주장인 김연경 선수를 중심으로 모두가 똘똘 뭉쳐 성과를 만들어냈다. 객관적인 전력도 중요하지만, 스포츠는 역시 팀워크가 중요하다는 것도 우리에게 다시 한 번 알려줬다.

도쿄 올림픽 이후 대한민국 여자 배구는 전성기를 맞았다. 팬들이 폭발적으로 늘어났고, 선수들을 향한 방송 섭외 요청도 끊이지 않았다. 자연스레 V-리그에 대한 기대감도 커졌다. 모든 것이 완벽하게끔 느껴진다. 하지만 지금은 다가올 미래를 위한 준비가 필요한 시점이기도 하다. 성공적인 라스트 댄스를 마친 김연경 선수는 올림픽 이후 국가대표 은퇴를 선언했다. 절친 김수지 선수와 양효진 선수도 함께 태극마크를 반납했다.

이제 여자 배구 대표팀은 세대교체라는 어렵고도 중대한 과제를 정면으로 마주하게 됐다. 김연경과 함께 두 번의 올림픽 4강 진출을 이뤄낸 여자 배구 대표팀은, 다가오는 파리 올림픽 본선 진출을 위한 진지한 고민을 서둘러 시작해야 한다. 현재 여자 배구의 인기를 이어가기 위해서는 국제 무대의 성적이 꾸준하게 이어져야 한다. 지금의 인기에 취해 중요한 것을 놓쳐서는 안 된다. 두렵다고 나중으로 미뤄놓아서도 안 된다.

"한 번 해보자! 후회하지 말고!"

## 아듀 김연경, 16년 간 정들었던 태극마크와 작별

 2020 도쿄 올림픽을 뜨겁게 달궜던 김연경(33)이 16년 간 정들었던 태극마크와 작별했다. 많은 팬들에게 큰 감동을 안긴 도쿄 올림픽이 그가 대표팀에서 치른 마지막 무대가 됐다.
 김연경은 도쿄 올림픽을 마친 뒤 오한남 대한민국배구협회장을 만나 은퇴 의사를 밝혔고, 협회는 지난 8월 12일 김연경의 은퇴 소식을 공식 발표했다.
 김연경은 2004년 아시아청소년여자선수권 대회서 처음 태극마크를 달았다. 이어 수원한일전산여고 3학년 재학 중이던 2005년 FIVB 그랜드챔피언스컵에 출전해 성인 무대에 데뷔했다.
 이후 2020 도쿄 올림픽까지 3차례 올림픽을 비롯해 4차례 아시안게임, 3차례 세계선수권 등 수많은 대회에 출전해 국위선양과 여자 배구 중흥을 이끌었다.
 김연경은 2012 런던 올림픽에서 대표팀을 4강으로 이끌며 득점왕과 대회 MVP를 차지, 세계 톱 클래스다운 면모를 과시했다. 9년 뒤 열린 도쿄 올림픽에서도 대한민국의 4강 진출을 견인하며 배구 팬들을 열광시켰다.
 2014 인천 아시안게임에서는 금메달을 목에 걸었으며 2018 자카르타 팔렘방 아시안 게임에서도 동메달을 획득하는 데 힘을 보태는 등 한국 '배구사'에 진한 발자국을 찍었다.
 김연경은 "대표선수로 활동했던 것은 내 인생에 있어 너무나 의미 있고 행복한 시간이었다"면서 "이제 대표팀을 떠나지만 후배들이 잘 해줄 것이라 믿는다. 코트 밖에서 열심히 응원하겠다"고 말했다.
 김연경이 대표팀을 떠났지만 선수 생활까지 접는 것은 아니다. 2020-21시즌 V-리그 흥국생명에서 활약했던 그는 2021-22시즌에는 한국을 떠나 중국 리그 상하이 소속으로 뛴다. 중국 리그는 11월 중순부터 2달 여 간 진행된다.

## 여자부 제7구단 창단

많은 배구인들이 손 모아 기다렸던 여자 프로배구 7구단 페퍼저축은행이 마침내 V-리그에 참가한다. 페퍼저축은행은 2021년 4월 한국배구연맹에 여자프로배구단 제7구단 창단 승인을 받아, 정식으로 배구단을 창단하게 됐다. 2011년 8월 여자부 6번째 식구가 된 IBK기업은행이 창단한지 10년 만의 경사다.

신생팀 사령탑으로는 2012 런던 올림픽 4강을 이끌었던 김형실 감독이 선임됐으며, 경험이 많은 이성희, 이영수, 이경수 코치 등이 코칭스태프로 함께 한다. 팀명은 AI페퍼스로, 광주광역시를 연고지로 하는 것이 눈길을 끈다. 홈 구장은 염주종합체육관(페퍼 스타디움)을 사용한다. 광주를 연고로 한 팀은 V-리그 최초다. 구단은 긴 이동거리 등을 고려해 경기 용인에도 훈련장을 마련해 선수들이 경기에 집중할 수 있도록 배려했다.

페퍼저축은행은 시간이 촉박한 가운데서도 빠르게 팀을 꾸렸다. 팀의 첫 외국인 선수로 엘리자벳 바르가(헝가리)를 뽑았고, 창단 특별지명을 통해 이한비, 지민경, 이현, 최가은, 최민지를 데려왔다. 여기에 하혜진, 구슬 등을 영입하며 전력을 보강했다.

페퍼저축은행의 첫 외인인 엘리자벳은 타점이 높은 라이트 공격수로, 블로킹이 좋고, 팀의 젊은 유망주들과 잘 융합해 패기 넘치는 팀 컬러를 보여줄 것으로 기대를 모으고 있다.

나아가 페퍼저축은행은 지난 9월7일 열린 2021-22시즌 여자 신인선수 드래프트에서 우선 선발권을 이용해 박사랑, 박은서, 서채원, 김세인 등 장래가 촉망되는 선수를 발탁했다. 문슬기, 박연화, 이은지까지 7명의 선수를 품으며 어느 정도 기틀을 다졌다.

김형실 감독은 신생팀답게 젊은 유망주들 위주로 팀을 구성해 장기적인 관점에서 팀을 키워나간다는 구상이다. 급하게 좋은 집을 짓는 것이 아니라, 뿌리부터 튼튼한 집을 짓는데 주력한다는 계획이다. 김형실 감독은 스마트(smart), 스피드(speed), 스트롱(strong) 등 3S를 갖춘 팀을 만들고자 한다.

기존 6개 팀들에 비해 전력상 열세가 예상되지만 김형실 감독은 "많이 두드려 맞으면서 공부 하겠다"고 말했다. 젊은 패기로 신생팀다운 'AI페퍼스'의 이미지를 만들어 나가겠다고 강조했다. 막내 구단은 젊은 선수들이 실전을 통해 경험을 쌓으며, 매 경기 성장하길 바라고 있다. 장래성 있고 유망한 선수들을 뽑은 페퍼저축은행은 당장의 성적과 기술보다 중장기적인 관점에서 안정적이고 전통 있는 팀을 만든다는 구상이다.

모두가 제7구단의 탄생을 기다렸던 만큼, 올 겨울 V-리그 코트에 새로운 바람을 불러일으킬 수 있을지 귀추가 주목된다.

## V-리그, 중계권 300억 시대!

V-리그 방송중계권료가 리그 출범 후 꾸준한 상승곡선을 그리고 있다. 2005년 V-리그 원년, 5억원의 방송중계권 계약으로 시작한 프로배구가 연평균 50억원의 방송중계권 계약으로 발전하며 10배의 성장을 확인했다. 이번 계약을 포함해 지난 3번의 방송중계권 계약이 모두 의미있었다.

줄곧 2년 단위의 계약을 이어오던 V-리그의 방송중계권 계약은 2013년 3시즌 100억이라는 상징적인 숫자를 공표하며 V-리그의 성공시대를 알렸다. 지난 2016년에 체결한 5시즌 200억의 방송중계권 계약은 장기계약이라는 측면에서 의미가 있었다. 겨울시즌 가장 인기있는 프로스포츠로 자리잡은 V-리그의 콘텐츠를 확보하고 싶은 방송사의 니즈와 안정적이고 장기적인 성장을 바라는 한국배구연맹의 필요가 잘 맞아 떨어졌다.

그리고 2021년 또 한번 의미있는 계약이 이루어졌다. 한국배구연맹은 V-리그 주관방송사인 KBSN과 2021-2022시즌부터 2026-2027시즌까지 300억원의 중계권료에 향후 6시즌의 방송중계권 계약을 체결했다. 이로써 KBSN은 2005-2006시즌부터 2026-2027시즌까지 국내 프로스포츠 사상 최장기록인 22시즌 연속 V-리그 주관방송사로서의 역할을 이어나가게 됐다.

V-리그 방송중계권 계약기간은 3시즌-5시즌-6시즌으로 점점 늘어나고 있고 방송중계권료는 100억-200억-300억으로 점프하고 있다. 프로배구의 인기가 앞으로도 이어질 것이라는 기대가 담겨있는 숫자다. 팬들의 사랑으로 프로배구는 이제 가장 인기있는 프로스포츠 중 하나로 자리잡았다. 하지만 지금까지의 성공이 앞으로의 성공을 보장하지는 않는다. 이제 V-리그의 모든 구성원들이 V-리그의 콘텐츠의 가치를 더 끌어올리는 일에 집중해야한다. 6년 후의 방송중계권 계약에서 의미있는 진전을 하려면 누구나 보고 싶어 하는 리그가 되어야 한다. V-리그를 보는 즐거움에 산다는 팬들의 이야기가 6년 내내 여기저기에서 들렸으면 좋겠다.

# 2021−2022 SEASON ISSUE

## 코로나 이슈

V-리그는 벌써 3시즌째 '위드 코로나'다. 2019-2020시즌 도중 코로나19가 확산하며 사상 처음으로 봄 배구를 치르지 못한 채 정규리그가 중단됐고, 2020-2021시즌은 봄 배구가 부활했으나 관중 없이 경기해야만 했다. 이 때문에 선수들은 경기력 저하를 호소했다. 팬의 환호 없이 텅 빈 경기장에서는 좀처럼 신나서 경기하기 어렵다는 이유였다. 각 팀 감독들도 한 시즌의 성적에 큰 영향을 미치는 외국인 선수 선발에 고민이 커졌다. 코로나19가 없을 때는 영상뿐 아니라 실제 선수들의 경기 모습을 직접 확인한 뒤 외국인 선수를 선발했지만 코로나19의 확산 이후는 실제 경기력 확인 없이 영상을 통해 선수를 뽑아야 하는 만큼 실패 확률이 더욱 커졌다.

뿐만 아니라 선수단 내 코로나19 확진자가 발생하며 새 시즌 준비에 어려움을 겪는 각 팀의 상황도 계속됐다. 가장 대표적인 사례가 남자부 삼성화재와 KB손해보험이다. 두 팀 소속 선수 A, B가 지인과의 모임에서 확진자와 접촉했고, 결국 이들도 확진 판정을 받았다. 문제는 KB손해보험에서는 추가 확진자가 발생하지 않았으나 삼성화재는 선수와 코칭스태프 대부분이 연이어 코로나19에 감염돼 새 시즌 준비에 큰 타격을 입었다.

삼성화재는 선수와 코칭스태프 일부가 코로나19 확진 이후 크게 건강이 악화될 정도로 상태가 심각했다. 경쟁 팀과 비교하면 한달 전후로 주축 선수들이 훈련을 소화하지 못했다는 점에서 상당한 악재였다. 하지만 컵 대회 직전 많은 선수가 최종 음성 판정을 받았고, 리그 구성원의 책임을 다하기 위해 컵 대회에 출전했다. 코로나 집단 감염의 후유증은 컵 대회 경기력으로 드러났다. 이 영향은 정규리그에서도 계속될 수 밖에 없다는 점에서 삼성화재와 V-리그에는 상당한 악재다.

많은 구성원이 코로나19로 어려움을 겪는 가운데 2021-2022시즌도 코로나19와 함께하는 상황은 계속될 예정이다. 한국배구연맹(KOVO)은 무관중 체제로 2021-2022시즌의 개막을 준비하고 있다. 남녀부 외국인선수 드래프트와 신인선수 드래프트는 모두 비대면 방식으로 열렸다. 정규리그도 무관중 체제로 시작할 예정이다. 다만 많은 국민이 백신을 접종하며 집합금지 규제가 완화될 경우 무관중 상황이 다소 완화될 가능성도 있다. 선수들이 가장 그리워하는 팬들의 환호가 함께 하는 V-리그가 될 수 있기를 기대해 본다.

2021 2022 V-LEAGUE SCOUTING REPORT

# 2021 – 2022 SEASON PROSPECT INTERVIEW

## 남자부 시즌 전망

# 대한항공과 우리카드에 도전하라!
# 변수는 외국인선수의 활약

**김상우**
현 KBSN 해설위원

**신승준** 2021-2022시즌 V-리그 남자부에 대한 전반적인 전망을 듣고 싶습니다.

**김상우** 지난 시즌 챔피언 결정전에서 만났던 두 팀. 대한항공과 우리카드가 이번 시즌에도 강한 모습을 보일거라 생각합니다. 2021 의정부 컵 대회 우승팀 우리카드는 전력누수가 없고 검증된 외국인 선수인 알렉스가 있기 때문에 이번 시즌에도 안정적인 전력을 보여줄 수 있을 겁니다. 남자부의 변수는 외국인 선수라고 보는데 비대면으로 화상 트라이아웃을 하면서 직접 눈으로 확인하지 못하고 선발한 외국인 선수에 대한 만족도가 떨어지는 경우가 많습니다. 시즌이 시작되기 전에 현대캐피탈과 한국전력이 외국인 선수를 교체했고 KB손해보험의 케이타와 삼성화재의 러셀은 상대팀의 분석과 견제를 뚫고 V-리그 2년차에도 좋은 모습을 보여야만 팀에 희망이 있습니다. 그래도 레오가 합류한 OK금융그룹은 괜찮다고 봅니다. OK금융그룹은 대한항공과 우리카드에 도전할 수 있는 전력을 갖추고 있습니다. 경험 많은 멤버들을 보유한 한국전력이 어디까지 올라갈 수 있을지 보는 것도 남자부를 보는 하나의 관전포인트입니다.

**이재상** 그럼 이제 한 팀씩 살펴보겠습니다. 지난 시즌 첫 통합우승을 차지한 대한항공이 리그 2연패에 도전하고 있는데요.

**김상우** 대한항공은 정지석 선수가 활약을 해준다는 전제 하에 여전히 최강의 전력을 갖추고 있습니다. 그리고 김규민 선수가 군 복무를 마치고 가세하기 때문에 지난 시즌보다 센터진이 더 좋아질 것이라고 봅니다. 다만 외국인 선수 링컨의 활약이 관건입니다. 임동혁 선수가 눈에 띄게 성장하고 있는 것은 고무적이지만 외국인 선수의 역할이 생각보다 큽니다. 지난 시즌에 외국인 선수가 없던 시기를 잘 통과했지만 이번 시즌에는 시즌 초반부터 외국인 선수가 자기 역할을 해줘야 합니다. 그래야 새로 부임한 틸리카이넨 감독이 변화를 시도하면서 자신의 색깔을 낼 수 있을 겁니다.

**신승준** 우리카드는 컵 대회 우승을 통해서 자신감을 얻은 모습인데요. 가장 강력한 우승후보라고 봐도 될까요?

**김상우** 그렇습니다. 외국인 선수와 국내 주공격수 조합에서 알렉스와 나경복은 최고수준입니다. 또한 하승우 세터가 지난 시즌을 치르면서 얻은 노하우가 이번 시즌을 운영하는데 큰 힘이 될 것으로 생각합니다. 다른 선수들도 이제는 챔피언 결정전의 경험이 있기 때문에 다시 도전한다면 좋은 결과를 낼 수 있습니다. 무엇보다 장지원 리베로가 크게 성장한 것을 의정부 컵 대회를 통해서 확인할 수 있었습니다. 디그를 계속 해주는 것이 생각보다 경기력에 크게 작용합니다. 우리카드는 공격에서의 해결사들이 있기 때문에 안정된 수비는 큰 위력을 발휘할 겁니다.

**이재상** OK금융그룹은 V-리그를 평정했던 외국인 선수 레오가 합류하면서 기대가 큰데요.

**김상우** OK금융그룹은 전체적으로 변화가 많습니다. 이민규 선수와 송명근 선수가 군에 입대하면서 세터와 레프트 포지션에서 지난 시즌과는 다른 선수 구성입니다. 새롭게 시작하는 단계라고 봅니다. 변화가 많은 가운데 확실한 외국인 선수를 선발한 것은 다행입니다. V-리그에서 어떻게 플레이해야 하는지 알고 있는 레오가 있기 때문에 공격력은 괜찮을 것으로 생각합니다. 관건은 서브 리시브입니다. 서브 리시브에 따라 경기력의 차이가 클 수 있습니다. 그런면에서 의정부 컵 대회를 통해 확인한 차지환 선수의 발전은 긍정적입니다.

**신승준** KB손해보험은 후인정 감독이 새롭게 부임했습니다. 어떻게 보시나요?

**김상우** 감독이 바뀌었지만 특별한 전력보강이 없었습니다. 지난 시즌 인상적인 데뷔를 했던 케이타가 2년차를 맞이하면서 다른 팀들의 분석이 끝난 가운데 어느 정도 경기력을 보여줄 것인지가 관건입니다. 더불어, 주전세터인 황택

김상우 해설위원

의 선수가 부상으로 오랜 시간을 쉰 것도 불안요인입니다. 사이드 블로킹의 높이가 낮은 부분 역시 후인정 감독이 해결해야 할 숙제로 보입니다. 김정호 선수가 레프트 포지션의 확실한 주전으로 자리잡은 가운데 의정부 컵 대회를 통해서 기회를 얻은 홍상혁 선수가 좋은 모습을 보여야 합니다. 지난 시즌 정규리그의 성적(19승 17패)을 유지하는 것이 쉽지는 않을 것입니다.

**이재상** 한국전력은 서재덕 선수가 복귀하면서 멤버가 정말 좋아졌다는 평가를 받고 있는데요.

**김상우** : 서재덕 선수가 복귀한 것은 당연히 긍정적인 부분입니다. 특히 서브 리시브에서는 한국전력이 가장 안정된 모습을 보일겁니다. 오재성, 이시몬, 서재덕으로 예상되는 리시브 라인 구성은 리그에서 가장 돋보입니다. 시즌 직전에 외국인 선수를 교체했는데 다우디가 시즌 초반부터 잘해주느냐가 중요합니다. 문제는 세터와 센터 포지션 한 자리입니다. 결국 키는 황동일 선수가 쥐고 있습니다. 또한 신영석 선수와 함께 센터진을 구성할 박찬웅 선수가 시즌을 치르면서 계속 성장해야 한국전력이 원하는 결과를 얻을 수 있을 겁니다.

**신승준** 현대캐피탈은 젊은 선수들의 성장세에 따라 시즌 성적이 결정될 것 같은데요.

**김상우** 현대캐피탈은 전광인 선수가 복귀하는 것이 가장 긍정적인 요인입니다. 최근 들어 젊은 선수들로 채워진 현대캐피탈에서 전광인 선수의 존재는 상당히 크게 느껴집니다. 다만, 세터와 외국인선수의 호흡이 중요한데 시즌 전에 외국인 선수를 바꾸면서 서로 충분한 시간을 갖지 못했습니다. 김명관 세터가 어느 정도 역할을 해줄지가 중요한데 불안한 면이 있습니다. 또한 김선호, 박경민 등 입단하자마자 기회를 얻은 선수들이 2년 차에 어떤 모습을 보여주느냐에 따라 현대캐피탈이 성적이 결정될 겁니다. 과정이 중요하지만 이번 시즌은 결과가 요구됩니다.

**이재상** 마지막으로 삼성화재는 지난 시즌 6승에 그쳤습니다. 이번 시즌 반전이 가능할까요?

**김상우** 삼성화재를 보면 참 상황이 어렵습니다. 외국인 선수의 불안요인을 없애기 위해 검증된 외국인 선수를 선택하고자 지난 시즌 한국전력에서 뛰던 러셀을 영입했는데 러셀이 중요한 경기에서 기복을 보여준다면 쉽지 않은 시즌이 될 겁니다. 가장 큰 문제는 중앙에 있습니다. 다른 팀들에 비해 센터진의 무게감이 너무 떨어집니다. 서브 리시브가 불안한 것도 삼성화재가 풀어야 할 과제입니다. 선수는 많지만 감독이 믿고 기용할 선수가 적다는 것이 아쉬운 부분입니다. 확실한 전력보강이 없다면 이번 시즌에도 고전할 가능성이 커 보입니다.

## 2021-2022 SEASON PROSPECT INTERVIEW

여자부 시즌 전망

# 늘어난 경기 수,
# '뎁스'와 '경기 운영'이 중요해졌다!

**이숙자**
현 KBSN 해설위원

**이호근** 올해도 시즌 전망이 돌아왔습니다. 새 시즌을 예상할 때 중요한 기준이 되는 것이 컵 대회인데요. 강성형 감독이 새롭게 팀을 맡은 현대건설이 우승을 차지했어요.

**이숙자** 사실 현대건설은 전력이 탄탄한 팀이에요. 지난 시즌엔 선수들의 부상과 부진이 한꺼번에 겹치면서 아쉬운 성적이 나왔을 뿐이죠. 하지만 선수들 사이에서 '팀 분위기가 달라졌다'라는 이야기가 많이 나와요. 실제로 강성형 감독이 가장 강조한 부분이라고도 하고, 선수들도 코트 안의 분위기가 상당히 좋아진 걸 느낀다고 해요. 거기에 정지윤, 이다현, 김다인 등 젊은 선수들의 성장세가 더해지면서 상당한 안정감이 생겼어요. 중앙의 힘도 워낙 좋은 팀이고요. 결국 올 시즌의 키워드는 '레프트' 아닐까요? 황민경, 고예림에 포지션을 바꾼 정지윤 선수까지, 강성형 감독이 날개 배구를 선언한 만큼 레프트의 결정력, 특히 하이볼 상황의 해결 능력은 더 높아져야 한다고 봐요.

**오해원** IBK기업은행 역시 시즌을 앞두고 감독을 교체했는데요. 서남원 감독의 IBK기업은행은 어떻게 예상하시나요?

**이숙자** 서남원 감독은 V-리그 감독 경험이 풍부해요. 선수들과의 밀당(?)도 상당히 능하고요. 컵 대회를 앞두고 최수빈 선수를 복귀시키며 리시브 라인을 보강했고, 최정민 선수의 포지션을 센터로 바꾸는 변화를 주기도 했죠. 하지만 역시 가장 중요한 건, 지난 시즌 라자레바가 보여줬던 압도적인 모습을 올 시즌 라셈이 어느 정도 해줄 수 있느냐 입니다. 여기에 공격이나 팀 분위기를 확실하게 끌고 갈 수 있는 구심점, 리더의 존재도 필요합니다. 김희진 선수가 그 역할을 해준다면 더 좋겠고요. 그리고 리시브죠. 레프트 쪽에서 리시브만 어느 정도 이뤄진다면 가진 공격력이 좋기 때문에 경기를 재밌게 풀어갈 수 있을 겁니다.

**이호근** FA와 트레이드로 팀 전력의 변화를 준 팀도 있었는데요. KGC인삼공사는 FA 최대어였던 이소영 선수를 데려오면서 바랐던 레프트 보강에 성공했어요.

**이숙자** 이영택 감독이 정말 원했던 선수죠. 실제로 이소영 선수를 영입하기 위해 상당히 많은 노력을 했다고 들었는데요. 이소영 선수와 함께 박혜민 선수까지 트레이드로 데려오면서 지난 시즌 아쉬웠던 레프트 포지션에 대한 보강이 확실하게 이뤄졌어요. 하지만 이소영 선수의 FA 보상 선수로 오지영 선수가 팀을 떠났고요. 지난해 팀 공격의 절반을 책임졌던 디우프가 이탈리아 리그로 이적하면서 공격과 수비의 핵심 선수들이 빠져나갔습니다. 분명 타격이 크겠지만, 이소영 선수를 중심으로 새로운 팀 컬러를 만들어 나가야 해요. 디우프만큼 높은 공격 점유율을 엘레나에게 맡기기 어렵기 때문에, 이소영 선수가 공격에서도 많은 역할을 해줘야 합니다. 이영택 감독도 레프트와 중앙을 많이 쓰면서, 분명 지난 시즌과는 다른 느낌의 팀을 만들어 나갈 겁니다.

**오해원** GS칼텍스도 이소영, 러츠가 동시에 빠지면서 올 시즌엔 팀 컬러의 변화가 불가피해졌죠?

**이숙자** 지난 시즌엔 러츠의 높이가 큰 무기였죠. 하지만 새로운 외국인 선수 모마는 높이에 강점이 있는 선수는 아니기 때문에 조금 더 빠르게 플레이를 엮어갈 것 같아요. 세터 안혜진 선수의 역할이 상당히 중요해졌고요. 차상현 감독이 말했듯, 강소휘 선수가 이제 팀의 리더로 확실한 에이스가 되어 공격의 중심을 잡아줘야 해요. 최은지, 유서연 선수 역시 이전보다 역할이 커졌기 때문에 전체적으로 국내 레프트 선수들이 잘해줘야 한다고 생각해요. 모마, 강소휘, 안혜진 등으로 이어지는 강서브도 올 시즌 GS칼텍스의 무기인데요. 컵 대회 결승전처럼 서브가 터지지 않는 날에는 상당히 어려운 경기가 될 수 있기 때문에 이에 대한 대비도 필요합니다.

**이호근** 전력 손실이 큰 흥국생명은 컵 대회에서 젊은 선수들이 활약하며 오히려 기대감이 생겼습니다.

이숙자 해설위원

**이숙자** 맞습니다. 지난해 주전으로 뛰었던 선수들이 많이 빠지면서 현재 베스트 7이 완벽히 정해지진 않았어요. 오히려 이 부분이 선수들에겐 강한 동기부여가 되고 있고요. '나도 열심히 하면 주전이 될 수 있다'라는 생각이 선수들 마음속에 심겨져 있더라고요. 상당히 의욕적이고 긍정적인 경쟁이 펼쳐질 것으로 보입니다. 여기에 김해란 선수의 복귀가 상당히 크죠. 박미희 감독은 코트 안에서 선수들을 다독여줄 수 있는 베테랑의 합류가 반가울 겁니다. 말씀하신 것처럼 컵 대회에서 흥국생명의 젊은 선수들이 보여준 활약은 분명 인상적이었습니다. 다만, 컵 대회와 리그는 조금 다를 수도 있어요. 아무래도 V-리그는 6개월의 장기 레이스이기 때문에 단기전에서 보여줬던 모습을 이어가는 것이 때로는 어려울 수도 있어요. 조바심을 내기보다는 시즌을 크게 보고 하나씩 해나가는 것이 중요합니다.

**오해원** 한국도로공사는 외국인 선수 켈시와 재계약을 하면서 유일하게 베스트 7의 변화가 없는 팀인데요. 어떻게 보시나요?

**이숙자** 좋은 전력을 갖췄죠. 외국인 선수 켈시도 두 번째 시즌이기 때문에 선수들과 호흡의 어려움도 없고요. 하지만 다른 팀들도 이미 켈시에 대한 분석을 끝냈기 때문에 올 시즌엔 새로운 무언가를 보여줘야 합니다. 그럼에도 박정아와 켈시의 쌍포는 분명 위력적이에요. 전새얀 선수도 지난 시즌을 거치며 성장했고요. 개인적으로는 센터의 역할이 가장 중요하다고 생각합니다. 안예림 선수가 있고 실업에서 이윤정 선수를 데려왔지만, 경기의 대부분은 이고은 선수가 이끌어야 해요. 팀에 본인 밖에 센터가 없다는 생각으로 한 경기를 온전히 책임질 수 있어야 합니다. 또 지난 시즌보다 경기 수가 늘어났기 때문에, 순위 싸움이 치열해지는 후반기에 주전 선수들의 체력 관리를 어떻게 하느냐도 정말 중요하다고 생각됩니다.

**이호근** 이번에 오해원 기자님께 어려운 질문을 드려볼까 합니다. 여자 배구 막내 구단 AI페퍼스가 합류했는데요. 첫해 성적 어느 정도로 예상하시나요?

**오해원** 사실 쉽지 않죠. IBK기업은행의 창단 때와는 분위기가 조금 다릅니다. 당시엔 신인 박정아, 김희진과 함께 베테랑 이효희, 박경낭, 지정희 등 구성이 나쁘지 않았습니다. 하지만, AI페퍼스는 아예 젊은 선수들로 팀을 구성했습니다. 팀을 맡은 김형실 감독도 장기적인 관점에서 팀을 기초부터 단단하게 만드는 데 집중할 것으로 보입니다. 그래서 전반기엔 선수들이 경기 경험을 쌓고, 후반기 3승 정도를 목표로 시즌을 치르는 것이 어떨까 싶습니다. 하지만 외국인 선수 엘리자벳이 좋은 평가를 받고 있기 때문에, 국내 선수들이 잘 받아서 곱게 연결해 줄 수 있다면 깜짝 놀랄만한 경기도 나올 수 있다고 생각합니다. 젊은 선수들이 코트에서 패기 넘치는 모습을 보여주는 게 가장 중요하고요. 다만 중심을 잡아줄 베테랑 선수의 부재가 조금은 아쉬운데, 주장인 이한비 선수가 중심이 돼 똘똘 뭉치는 모습을 보여주면 좋을 것 같습니다.

**이호근** 마지막으로 두 분께 공통 질문 드릴게요. 7구단 체제가 되면서 정규리그 경기 수도 늘어나게 됐는데요. 길어진 리그가 팀 성적에 영향을 줄까요?

**이숙자** 그럼요. 팀당 6경기가 늘어나면서 선수들의 휴식 시간도 짧아지고 체력적인 부담도 분명 커질 겁니다. 36경기의 정규리그는 모두가 처음 경험하기 때문에 감독들의 시즌 운영이 정말 중요해요. 전반기에 최대한 많은 승점을 쌓아놓고 후반기 체력이 떨어질 순간을 대비할 것인지, 아니면 전반기 버티는 정도로 풀어가다가 후반기에 힘을 쏟을 것인지. 6경기가 별 것 아닌 것으로 보일 수 있지만, 이 6경기로 인해 많은 것들이 달라질 수 있습니다.

**오해원** 실업리그에서 뛰던 선수들이 V-리그로 많이 복귀한 것도 각 팀이 늘어난 경기 수에 대비한 부분이라고 생각합니다. 아무래도 신인 선수보다 경기 경험에서 앞서기 때문에 어려운 순간에 투입하기도 조금 더 수월할 거고요. 지난해보다 시즌이 길어졌기 때문에 뎁스가 두꺼운 팀이 절대적으로 유리해졌습니다.

# 2021-2022 SEASON ROOKIE DRAFT

## 남자부

　처음이다. 1라운드에 지명된 7명의 선수가 모두 얼리드래프티로 채워졌다. 대학배구에서 재능을 발휘하는 선수들이 4학년이 되기 전에 프로의 문을 노크하면서 각 구단은 가능성 있는 젊은 재능들을 미리 확보하고자 각 대학의 2학년, 3학년 선수들을 1라운드에 선택했다.
　전체 1순위의 기쁨은 인하대학교 2학년 홍동선 선수에게 돌아갔다. 지난 시즌 트레이드로 한국전력의 1라운드 지명권까지 확보한 현대캐피탈은 전체 2순위로 홍익대학교 3학년 정태준 선수까지 확보하면서 원하던 2명의 선수를 모두 얻어 이번 드래프트 최고의 승자가 되었다.
　또한 대한항공은 트레이드로 삼성화재의 1라운드 지명권을 확보해 전체 3순위로 홍익대학교 2학년 정한용 선수를 선발했다. 현재 대학무대 최강자들이 얼리드래프티로 참가하면서 1라운드 지명권을 두 장씩 가진 대한항공과 현대캐피탈은 만족할 만한 결과를 챙겼다.
　드래프트 참가선수 가운데 2명의 고등학생 선수로 주목받았던 인하사대부고의 김민재 선수와 경북체고의 강정민 선수는 각각 2라운드에 대한항공과 OK금융그룹의 지명을 받으며 정지석, 허수봉, 임동혁 선수 등이 보여준 고졸선수 성공 스토리를 다시 한번 기대하게 만들었다.
　남자부 드래프트에서는 총 41명의 지원자 가운데 25명의 선수가 7개 구단의 지명을 받았다. 비대면으로 진행되면서 참가자들이 드래프트 현장에 함께하지 못했지만 화상 인터뷰를 통해 이번 시즌 신인선수들의 반가운 얼굴과 마주할 수 있었다. 모두 함께 루키들의 활약을 기대해보자.

## 여자부

　10년만이다. 여자부 신인선수 드래프트에서 신생팀 우선지명권이 행사되었다. 신생팀 AI페퍼스는 5명의 우선 지명 선수를 포함해 총 7명의 선수를 선택했다. 그 가운데 대구여고 세터 박사랑 선수가 전체 1순위의 타이틀을 얻었다. 그리고 일신여상 박은서, 대구여고 서원원, 선명여고 김세인 선수 등이 AI페퍼스에 합류했다.
　또한 1라운드에는 AI페퍼스가 아닌 다른 팀에 지명된 2명의 선수가 있었다. 하혜진을 AI페퍼스에 내주고 1라운드 4순위 지명권을 얻은 한국도로공사의 김종민 감독은 중앙여고 센터 이예담의 이름을 불렀다. 그리고 1라운드 7순위 지명권을 가진 KGC인삼공사의 이영택 감독은 한봄고 센터 이지수 선수를 선택했다.
　이번 드래프트에서는 실업팀 수원시청에서 활약하던 2명의 선수가 참가해 주목을 받았다. 리베로 문슬기는 AI페퍼스의 창단멤버로 선택받으며 수비진의 리더가 되었고 센터 이윤정은 한국도로공사의 지명을 받으며 하이패스 센터진의 무게감을 더했다. 즉시 전력감을 찾는 팀들은 프로경험이 없는 실업무대 선수들에게 관심이 있음을 보여준 결과였다.
　총 43명의 선수가 참가한 여자부 신인선수 드래프트에서는 19명의 선수가 7개 구단의 선택을 받았다. 신생팀 AI페퍼스를 제외한다면 나머지 6개 구단에서 12명밖에 지명하지 않았다. 예년에 비해 부족한 지명률은 아쉬웠지만 10년만에 여자부 신생팀이 리그에 참가해 새로운 바람을 일으킬 것으로 기대한다. 모두 함께 여자부 신인상을 예상해보자.

## 2021~2022 KOVO 남자 신인선수 드래프트

| 라운드\팀명 | 한국전력 | 현대캐피탈 | 삼성화재 | 우리카드 | OK금융그룹 | KB손해보험 | 대한항공 |
|---|---|---|---|---|---|---|---|
| 1R | 1순위 (현대캐피탈) | 2순위 | 3순위 (대한항공) | 4순위 | 5순위 | 6순위 | 7순위 |
|  | 홍동선 | 정태준 | 정한용 | 이상현 | 박승수 | 신승훈 | 이 준 |
| 2R | 7순위 | 6순위 | 5순위 | 4순위 | 3순위 | 2순위 | 1순위 |
|  | 강우석 | - | 이수민 | 김영준 | 강정민 | 양희준 | 김민재 |
| 3R | 1순위 | 2순위 | 3순위 (대한항공) | 4순위 | 5순위 | 6순위 | 7순위 (삼성화재) |
|  | 김인균 | - | 정진혁 | 김완종 | 윤길재 | - | - |
| 4R | 7순위 | 6순위 | 5순위 | 4순위 | 3순위 | 2순위 | 1순위 |
|  | - | 이상우 | - | - | 한광호 | 손준영 | - |
| 수련선수 | 조용석 | 김승빈 | 김규태 | - | 문채규 | 양인식 | - |

## 2021~2022 KOVO 여자 신인선수 드래프트

| | 페퍼저축은행 | 페퍼저축은행 | 페퍼저축은행 | 한국도로공사 | 페퍼저축은행 | 페퍼저축은행 | KGC인삼공사 |
|---|---|---|---|---|---|---|---|
| 1R | 1순위 | 2순위 | 3순위 | 4순위 | 5순위 | 6순위 | 7순위 |
|  | 박사랑 | 박은서 | 서채원 | 이예담 | 김세인 | 문슬기 | 이지수 |
|  | 현대건설 | 한국도로공사 | 흥국생명 | IBK기업은행 | GS칼텍스 | GS칼텍스 | IBK기업은행 |
| 2R | 1순위 | 2순위 | 3순위 | 4순위 | 5순위 | 6순위 | 7순위 |
|  | 이현지 | 이윤정 | 정윤주 | 양유경 | 김주희 | 차유정 | - |
|  | 흥국생명 | 한국도로공사 | 현대건설 | KGC인삼공사 | KGC인삼공사 | 현대건설 | 한국도로공사 |
| 3R | 1순위 | 2순위 | 3순위 | 4순위 | 5순위 | 6순위 | 7순위 |
|  | 박수연 | - | - | - | - | - | - |
|  | 흥국생명 | IBK기업은행 | GS칼텍스 | GS칼텍스 | IBK기업은행 | 흥국생명 | 한국도로공사 |
| 4R | 1순위 | 2순위 | 3순위 | 4순위 | 5순위 | 6순위 | 7순위 |
|  | - | 구혜인 | - | - | - | - | - |
|  | 현대건설 | KGC인삼공사 | 페퍼저축은행 | | | | |
| 5R | 1순위 | 2순위 | 3순위 | 4순위 | 5순위 | 6순위 | 7순위 |
|  | 김가영 | - | 박연화 | - | - | - | - |
| 수련선수 | KGC인삼공사 | 현대건설 | 한국도로공사 | 흥국생명 | IBK기업은행 | GS칼텍스 | 페퍼저축은행 |
|  | - | - | - | 전현경 | - | - | 이은지 |

# SCOUTING REPORT

# 2020-2021 REVIEW & 2021-2022 PREVIEW

## 팀 순위

**1**

| 76 | 26 | 10 |
|---|---|---|
| 승점 | 승 | 패 |

92/53 (1.736)
세트 득/실 (득실률)

3375/3105 (1.087)
점수 득/실 (득실률)

### 항목별 팀 순위

| 항목 | 기록 | 순위 |
|---|---|---|
| 득점 | 3,375점 | 1 |
| 공격종합 | 52.51% | 2 |
| 블로킹 | 2.32개 | 4 |
| 서브 | 1.54개 | 1 |
| 디그 | 10.29개 | 1 |
| 세트 | 12.98개 | 1 |
| 리시브 | 39.80% | 1 |
| 수비 | 17.52개 | 1 |

### 승패조견표

| | 우리카드 | OK금융 | KB손해보험 | 한국전력 | 우리카드(SKY) | 삼성화재 | 순위 |
|---|---|---|---|---|---|---|---|
| 1R | 3:2 | 2:3 | 1:3 | 3:0 | 3:1 | 3:1 | 3 |
| 2R | 3:1 | 3:1 | 1:3 | 1:3 | 3:0 | 3:2 | 3 |
| 3R | 2:3 | 3:2 | 3:2 | 3:2 | 3:1 | 3:0 | 2 |
| 4R | 2:3 | 3:0 | 3:2 | 2:3 | 2:3 | 3:1 | 3 |
| 5R | 0:3 | 3:2 | 3:0 | 1:3 | 3:0 | 3:1 | 2 |
| 6R | 3:1 | 3:1 | 3:0 | 3:0 | 3:0 | 3:0 | 1 |
| 계 | 3승3패 | 5승1패 | 4승2패 | 3승3패 | 5승1패 | 6승 | 1 |

## No 3. → No 1.

 대한항공의 전성시대다. 2016-2017시즌부터 매 시즌 챔피언 결정전에 진출했다. 포스트시즌이 열리지 않았던 2019-2020시즌을 제외하고 두 번의 우승과 두 번의 준우승을 이뤄냈다. 그리고 마침내 2020-2021시즌 구단 역사상 첫 통합우승을 달성했다. V-리그 초창기 10년간 삼성화재와 현대캐피탈에 밀리면서 얻은 '넘버3' 이미지를 이제 완전히 벗어던졌다. 베테랑 세터 한선수와 리그 최고의 윙스파이커로 평가받는 정지석, 곽승석의 존재는 당분간 대한항공이 리그 정상권에 머물것이라는 예상을 가능하게 한다. 이번 시즌에도 가장 강력한 우승후보인 대한항공은 다시 변화를 선택했다. 지난 시즌 남자부 최초의 외국인감독 로베르토 산틸리와 함께 대성공을 거둔 후 또 다른 외국인 감독을 선임했다. 정상을 지키기 위한 변화, 기대되는 시즌이다.

**키워드 : 호기심 그리고 창의성**

 이번 시즌 대한항공은 새로운 스타일의 배구를 준비하고 있다. 틸리카이넨 감독이 표방하는 빠르고 창의적인 배구다. 스피드 배구 혹은 스마트 배구처럼 한 단어로 정리하기보다는 호기심을 가지고 대한항공의 배구를 지켜봐 달라는 감독의 설명이다. 2021 의정부 컵 대회에서 대한항공의 경기를 본 사람들은 이미 템포의 변화를 느꼈다. 완성이 된다면 어떤 모습일지 기대하게 만들었다. 틸리카이넨 감독은 팀에 새로운 DNA를 이식하고 싶어한다. 하는 사람도 재미있고 보는 사람도 재미있는 배구가 지향점이다. 핵심은 창의성이다. 가장 중요한 포지션은 역시 세터다. 한선수와 유광우라면 가능해보인다. 팬들에게 즐거움과 놀라움을 줄 수 있다면 그것으로 성공이다. 모두 호기심을 가지고 지켜보자.

17-18    20-21

### 최근 5시즌 정규리그 순위

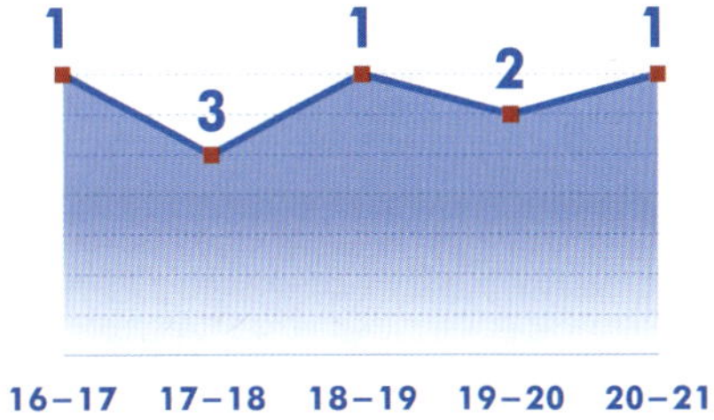

| 16-17 | 17-18 | 18-19 | 19-20 | 20-21 |
|---|---|---|---|---|
| 1 | 3 | 1 | 2 | 1 |

## 2021-2022

### BEST 7

Ⓡ 링컨

ⓒ 조재영

Ⓛ 임동혁

Ⓛ 곽승석

ⓒ 김규민    Ⓢ 한선수

Ⓛ 오은렬

### 라인업

| | | | | | |
|---|---|---|---|---|---|
| 1 | 김규민 | C | 11 | 김성민 | L |
| 2 | 한선수 ⓒ | S | 12 | 조재영 | C |
| 3 | 정진혁 | S | 13 | 박지훈 | Li |
| 4 | 김민재 | C | 14 | 오은렬 | Li |
| 5 | 유광우 | S | 15 | 임재영 | L |
| 6 | 이수황 | C | 16 | 정한용 | L |
| 7 | 이준 | L | 17 | 임동혁 | R |
| 8 | 진지위 | C | 18 | 링컨 | R |
| 9 | 곽승석 | L | 19 | 진성태 | C |
| 10 | 정지석 | L | 20 | 정성민 | Li |

### 인 & 아웃

| IN ▶ | 박지훈 | OUT ▶ | 황승빈 | 이지율 |
|---|---|---|---|---|
| | 김규민 | | 백광현 | 한상길 |
| | | | 손현종 | |

### 루키

Ⓢ 정진혁

ⓒ 김민재

Ⓛ 이준

Ⓛ 정한용

# MANAGER

## 토미 틸리카이넨 감독

역대 V-리그 남자부 두 번째 외국인 감독이다. 알리탈리아 항공의 산틸리 기장이 떠나고 핀에어 항공의 틸리카이넨 기장이 점보스 에어의 새로운 기장이 되었다. 또한 그는 역대 가장 젊은 감독이기도 하다. 어떤 인생의 항로를 그려왔기에 서른 넷의 외국인 감독은 지금 이곳에 있는 걸까?

틸리카이넨은 배구 지도자였던 아버지의 영향을 받아 배구를 시작했다. 부상과 불운으로 선수생활을 지속할 수 없게 되자 틸리카이넨은 지도자가 되기로 결심했다. 그의 나이 스물 둘. 핀란드 유스대표팀을 시작으로 핀란드와 독일 그리고 일본에서 클럽 감독 생활을 했다. 처음 대한항공으로부터 감독 제안을 받았을 때 무조건 와야한다는 생각밖에 없었다. "특별한 팀에 있다면 특별한 배구를 해야한다." 틸리카이넨 감독이 대한항공 선수들에게 주문한 내용이다. 스스로의 표현대로 어메이징한 배구를 해보고 싶은데 대한항공이라면 가능해 보인다고 말한다.

틸리카이넨 감독의 첫 무대였던 2021 의정부 컵 대회에서 대한항공은 아주 인상적인 경기력을 펼쳐보였다. 빠르고 창의적이었다. 결승진출은 좌절됐지만 조별리그에서의 경기내용을 통해 점보스 배구단이 이번 시즌 보여주고 싶은 배구가 어떤 배구인지 알 수 있었고 팬들을 기대하게 만들었다. 틸리카이넨은 코트에서 선수들과 적극적인 스킨십을 하고 익살스런 표정을 지어보이는 등 친근한 지도스타일을 보여줬다.

지난시즌 첫 통합우승을 하며 'V2'를 달성한 대한항공이 다시한번 외국인 감독과 날아오를 수 있을까? 틸리카이넨 감독이 꿈꾸는대로, 하는 사람도 재미있고 보는 사람도 재미있는 배구로 리그를 정복한다면 동화같은 이야기가 만들어 질 것이다.

### 센터

# 1 ⓒ
# 김규민

1990.12.28.
197cm
대덕초-벌교중-벌교제일고-경기대
2013-2014시즌 1라운드 6순위
OK저축은행-삼성화재(2016)-대한항공(2018)

김규민이 돌아왔다. 군 입대전 마지막 시즌이었던 2019-2020 시즌 김규민은 남자부 속공 1위, 블로킹 2위를 기록하며 리그 최정상급 센터임을 입증했다. 리그 2연패를 노리는 대한항공은 김규민이 1라운드부터 가세하며 다시 한번 정상을 바라볼 수 있게 됐다. 김규민의 강점은 꾸준함이다. 삼성화재와 대한항공에서 활약한 최근 4시즌의 기록을 보면 속공과 블로킹에서 매 시즌 모두 TOP 5 에 오르며 준수한 모습을 보여줬다. 복귀 시즌의 각오를 밝히며 '나는 김규민이다!'라고 쓴 것은 김규민이 얼마나 자신감이 넘치고 준비가 됐는지를 보여준다. 이번 시즌 점보스 센터진의 중심에 설 것이 확실하다.

### 김규민의 BEST 3

| | 속공 성공률 | 블로킹(set) | 세트(set) |
|---|---|---|---|
| 김규민 | - | - | - |
| 센터평균 | 54.76 | 0.440 | 0.087 |

### 2020-2021 평균 기록

| 경기 | 세트 | 득점 | 공격 성공률 | 블로킹 | 서브 | 세트(set) | 리시브 효율 | 디그(set) |
|---|---|---|---|---|---|---|---|---|
| | | | | | | | | |

한선수가 있어-
배구 넘 잘하는-

세터 ⓒ

# 2 ⓢ
# 한 선 수

1985.12.16.
189cm
소사초-송산중-영생고-한양대
2007-2008시즌 2라운드 2순위
-

Only One. 한선수는 이제 한 선수가 아닌 하나 밖에 없는 선수가 되었다. 언제든 팀을 우승으로 토스할 바로 그 세터가 되었다. 지난 시즌 리그 통합우승은 커리어의 정점이었다. 가장 힘든 시즌이었지만 또한 가장 성적이 좋았던 시즌. 힘들었던 만큼 버텨서 이뤄냈다는 성취감이 카타르시스를 느끼게 했다. 이제 자신감을 갖고 다시 새 시즌을 준비한다. 틸리카이넨 감독이 제시하는 팀의 새로운 플레이스타일에 대한 믿음이 있다. 한선수라면 동화같은 배구를 구현해 낼 수 있지 않을까. 점보스의 주장이 다시 이륙을 준비한다. 항로는 다르지만 목적지는 동일하다. 통합우승 그리고 리그 2연패다.

즐거운 마음으로!!

## 한선수의 BEST 3

|  | 세트(set) | 서브(set) | 블로킹(set) |
|---|---|---|---|
| 한선수 | 9.488 | 0.178 | 0.194 |
| 세터평균 | 7.391 | 0.098 | 0.157 |

## 2020-2021 평균 기록

| 경기 | 세트 | 득점 | 공격 성공률 | 블로킹 | 서브 | 세트(set) | 리시브 효율 | 디그(set) |
|---|---|---|---|---|---|---|---|---|
| 34 | 129 | 57 | 29.03 | 25 | 23 | 9.488 | - | 1.388 |

V-LEAGUE

**세 터**

# 5 Ⓢ
## 유 광 우

1985.04.22.
184cm
송전초-인창중-인창고-인하대
2007-2008시즌 1라운드 2순위
삼성화재-우리카드(2017)-대한항공(2019)

7년만의 우승. 잊고 있었다. 얼마나 시간이 흘렀는지. 다시 우승에 대한 기억이 깨어났다. 2013-2014시즌 삼성화재에서 경험한 마지막 우승이 벌써 7년전 일이었다. 그 사이 어떤 일이 있었을까? 어떤 생각을 하며 버텼을까? 트로피는 인고의 세월에 대한 보상이다. 다시 시작된 시즌, 2021 의정부 컵 대회에서 점보스의 주전 세터로 나선 유광우는 빨라졌다. 대한항공 배구의 새로운 컬러를 보여줬다. 유광우는 틸리카이넨 감독이 제시한 창의적 레시피를 요리할 적임자다. 하는 사람도 재미있고 보는 사람도 재미있는 배구를 보여줄 수 있을 것 같다. 즐기는 사람을 누가 막을 수 있겠는가.

오늘보다 나은 내일을 위해…

### 유광우의 BEST 3

| | 세트(set) | 디그(set) | 디그 성공률 |
|---|---|---|---|
| 유광우 | 3.566 | 0.355 | 67.50 |
| 세터평균 | 7.391 | 0.912 | 68.25 |

### 2020-2021 평균 기록

| 경기 | 세트 | 득점 | 공격 성공률 | 블로킹 | 서브 | 세트(set) | 리시브 효율 | 디그(set) |
|---|---|---|---|---|---|---|---|---|
| 28 | 76 | 6 | 100 | - | 3 | 3.566 | - | 0.355 |

**센터**

# 6 ⓒ
# 이 수 황

1990.08.13.
196cm
성저초-장성중-속초고-인하대
2012-2013시즌 수련선수
LIG손해보험-우리카드(2019)-대한항공(2020)

우승은 처음이었다. 트로피를 들어 올리는 것이 대한항공으로 이적한 이유였다. 이적 첫 시즌, 챔피언 결정전의 경험과 통합 우승의 기쁨은 이제껏 느껴보지 못한 새로운 설렘이었다. 다만 스스로 만족할 수는 없는 시즌이었다. 경기 출전 시간을 늘려야 하고 팀 공헌도를 더 높여야 한다. 센터로서 속공에 강점이 있지만 주전경쟁에서 이기기 위해서는 블로킹이 관건이다. 새로운 감독이 요구하는 블로킹 수행능력을 보여주는 것이 이번 시즌 출전시간을 좌우할 것이다. 발목부상으로 2021 의정부 컵 대회에 출전하지 못했다. 밖에서 경기를 보고 싶지는 않다. 시즌 내내 중심에 서고 싶다.

## 이수황의 BEST 3

| | 속공 성공률 | 블로킹(set) | 세트(set) |
|---|---|---|---|
| 이수황 | 59.34 | 0.200 | 0.164 |
| 센터평균 | 54.76 | 0.440 | 0.087 |

## 2020-2021 평균 기록

| 경기 | 세트 | 득점 | 공격 성공률 | 블로킹 | 서브 | 세트(set) | 리시브 효율 | 디그(set) |
|---|---|---|---|---|---|---|---|---|
| 21 | 55 | 72 | 57.58 | 11 | 4 | 0.164 | - | 0.327 |

### 센터

# 8 ⓒ 진 지 위

1993.04.18.
195cm
La Salle College-경희대
2019-2020시즌 1라운드 6순위
-

우승후보 대한항공의 아킬레스건은 센터였다. 진상헌이 다른팀으로 떠나고 김규민이 군 입대로 자리를 비웠다. 진지위는 마치 이때를 위해 준비된 것처럼 기회를 꿰찼다. 입단 시즌 즉시 투입할 수 없는 상황에도 자신을 선택해 준 구단에 좋은 활약으로 보답했다. 진지위는 대한항공을 향한 우려의 시선을 지웠지만 그의 아킬레스가 끊어졌다. 처음 당하는 큰 부상이었다. 결국 팀의 V-리그 우승을 멀리서 지켜볼 수밖에 없었다. 시즌 내내 주전으로 활약하며 정규리그 우승에 공헌했지만 못내 아쉬움은 남았다. 경쟁은 다시 시작이다. 진지위는 12월 복귀를 약속했다. 대한항공의 센터진은 다시 강해질 것이다.

다시우승가자!!

### 진지위의 BEST 3

| | 블로킹(set) | 속공 성공률 | 서브(set) |
|---|---|---|---|
| 진지위 | 0.505 | 54.95 | 0.063 |
| 센터평균 | 0.440 | 54.76 | 0.060 |

### 2020-2021 평균 기록

| 경기 | 세트 | 득점 | 공격 성공률 | 블로킹 | 서브 | 세트(set) | 리시브 효율 | 디그(set) |
|---|---|---|---|---|---|---|---|---|
| 29 | 95 | 162 | 53.73 | 48 | 6 | 0.074 | - | 0.526 |

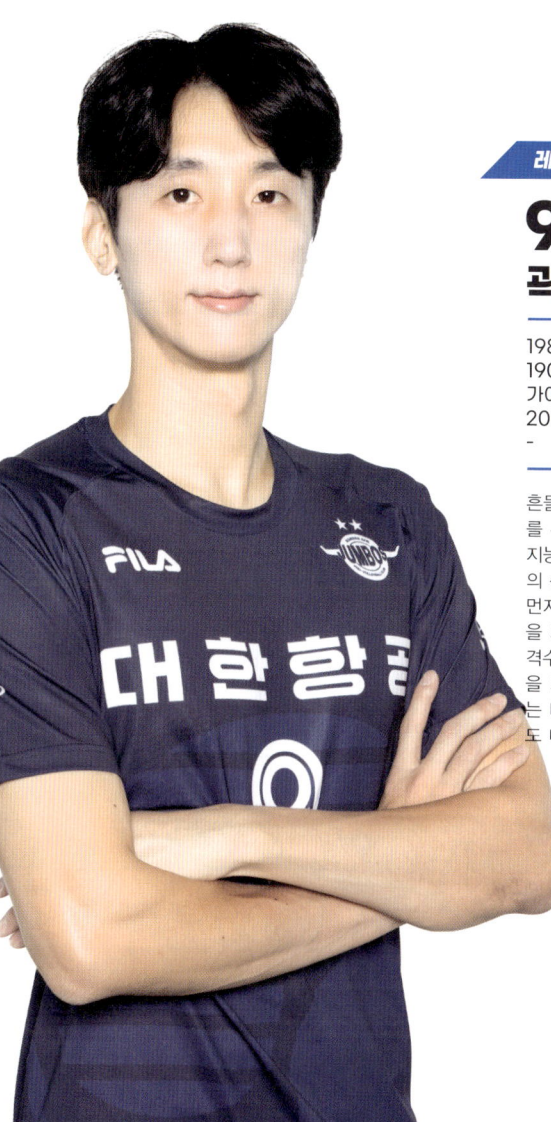

**레프트**

## 9 Ⓛ
## 곽 승 석

1988.03.23.
190cm
가야초-동래중-동성고-경기대
2010-2011시즌 1라운드 4순위
-

흔들리지 않는 편안함. 곽승석의 매력이다. 언제나 포커페이스를 유지하며 공격과 수비를 넘나든다. 곽승석은 차별화된 배구 지능과 다재다능함으로 팀에 균형을 가져다준다. 첫 통합우승의 순간에도 역시 곽승석이 있었다. 우승의 순간 동료들이 가장 먼저 꼽은 히어로. 곽승석은 지난 시즌 디그 1위였다. 리베로들을 제치고 리그에서 볼을 가장 많이 퍼올린 선수였다. 상대 공격수들을 무력화시키며 건저올린 볼은 언제나 대한항공의 반격을 가능하게 만들었다. 많은 윙스파이커들이 갖고 싶어 질투하는 바로 그것. 기본기. 곽승석이 가진 그것 때문에 이번 시즌에도 대한항공은 쉽게 무너지지 않을 것이다.

두려움을 용기로 바꿔라!

### 곽승석의 BEST 3

| | 리시브 효율 | 공격 성공률 | 블로킹(set) |
|---|---|---|---|
| 곽승석 | 42.77 | 49.36 | 0.250 |
| 레프트평균 | 34.23 | 50.04 | 0.168 |

### 2020-2021 평균 기록

| 경기 | 세트 | 득점 | 공격 성공률 | 블로킹 | 서브 | 세트(set) | 리시브 효율 | 디그(set) |
|---|---|---|---|---|---|---|---|---|
| 36 | 140 | 366 | 49.36 | 35 | 24 | 0.536 | 42.77 | 2.243 |

### 레프트

# 10 ⓛ
# 정 지 석

1995.03.10.
195cm
소사초-소사중-송림고
2013-2014시즌 2라운드 6순위
-

2020-2021시즌 정규리그 및 챔피언 결정전 MVP. 정지석은 이미 리그 최고 수준의 선수였지만 지난 시즌 그는 한계가 없는 것처럼 더 큰 기술적 발전을 이뤄냈다. 리그 개막전에서 보여준 블로킹 득점 11개의 퍼포먼스는 시작에 불과했다. 달라진 서브의 예리함은 그가 현재에 만족하지 않는다는 것을 보여줬다. 배구 천재는 99%의 노력으로 완성된다는 것을 알게 했다. 훈련의 성과였다. 힘들어서 더 보람 있었던 시즌이었다. 상대 서브를 기다리며 코트에 서 있을 때 정지석은 동료들의 이 말이 너무 좋았다. '이 자리가 돌리면 지석이 서브야.' 이번 시즌에도 그 믿음에 보답할 것이다.

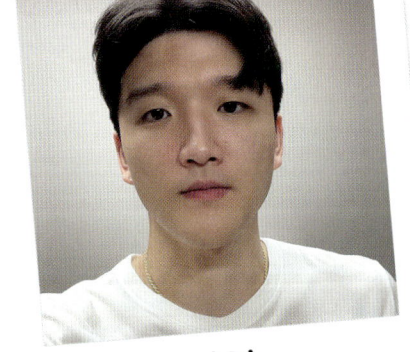

흔들리지 말자

### 정지석의 BEST 3

| | 공격 성공률 | 서브(set) | 블로킹(set) |
|---|---|---|---|
| 정지석 | 55.43 | 0.535 | 0.500 |
| 레프트 평균 | 50.04 | 0.177 | 0.168 |

### 2020-2021 평균 기록

| 경기 | 세트 | 득점 | 공격 성공률 | 블로킹 | 서브 | 세트(set) | 리시브 효율 | 디그(set) |
|---|---|---|---|---|---|---|---|---|
| 36 | 142 | 632 | 55.43 | 71 | 76 | 0.303 | 38.98 | 2.035 |

### 레프트

# 11 ⓛ
# 김 성 민

1994.08.12.
191cm
화전초-인하부중-인하부고-인하대
2016-2017시즌 1라운드 4순위
-

올 시즌이 기회다. 대한항공은 리그를 대표하는 두 명의 레프트를 보유하고 있지만 2021 의정부 컵대회에서 확인했듯이 주전 레프트의 부상은 위기를 초래했다. 발목 부상으로 대회에 출전하지 못한 것이 김성민에겐 아쉬웠다. 기회는 임재영에게 주어졌다. 정규시즌이 시작되면 정지석과 곽승석의 체력 부담을 덜어야 한다. 틸리카이넨 감독은 유연한 움직임을 주문했다. 힘으로만 하는 배구와 작별할 시간이다. 센터로 시작해 인하대 시절 라이트로 활약했다. 레프트 포지션 경험이 없는 건 아니지만 서브 리시브는 언제나 김성민에게 과제다. 이번 시즌 목표, 특급 조커가 되어야 한다.

코트에서 항상 긍정적으로 하겠습니다!

### 김성민의 BEST 3

| | 공격 성공률 | 리시브 효율 | 디그(set) |
|---|---|---|---|
| 김성민 | 41.86 | 17.72 | 0.652 |
| 레프트 평균 | 50.04 | 34.23 | 0.967 |

### 2020-2021 평균 기록

| 경기 | 세트 | 득점 | 공격 성공률 | 블로킹 | 서브 | 세트(set) | 리시브 효율 | 디그(set) |
|---|---|---|---|---|---|---|---|---|
| 15 | 23 | 20 | 41.86 | 2 | - | 0.130 | 17.72 | 0.652 |

### 센터

# 12 ⓒ
# 조 재 영

1991.08.21.
195cm
낙동초-다대중-성지고-홍익대
2013-2014시즌 3라운드 2순위
-

커리어 하이 시즌. 배구 인생 최고의 시즌을 보냈다. 조재영은 지난 시즌 타고난 미들블로커처럼 활약했다. 이제 진짜 센터가 된 느낌이다. 대한항공의 센터진은 원점에서 경쟁했고 조재영은 뛰어난 블로킹 감각과 탁월한 위치 선정으로 선입견이 없는 산틸리 감독의 마음을 파고들었다. 처음으로 한 시즌 50개가 넘는 블로킹 득점과 100개가 넘는 속공 득점으로 블로킹 8위와 속공 4위에 올랐다. 정규리그 우승과 챔피언결정전 우승 트로피는 그의 투쟁과 노력으로 쟁취한 결과물이었다. 그의 배구는 이제 시작이다. 이번 시즌 목표는 디테일의 보완이다. 더 세심하게 준비하고 있다.

할수 있다ㅋ

## 조재영의 BEST 3

|  | 블로킹(set) | 속공 성공률 | 세트(set) |
|---|---|---|---|
| 조재영 | 0.505 | 57.81 | 0.175 |
| 센터평균 | 0.440 | 54.76 | 0.087 |

## 2020-2021 평균 기록

| 경기 | 세트 | 득점 | 공격 성공률 | 블로킹 | 서브 | 세트(set) | 리시브 효율 | 디그(set) |
|---|---|---|---|---|---|---|---|---|
| 31 | 103 | 170 | 57.81 | 52 | 7 | 0.175 | 12.50 | 0.515 |

## 리베로

# 13 (Li) 박지훈

1998.11.06.
182cm
유성초-중앙중-순천제일고-경기대
2020-2021시즌 2라운드 3순위
삼성화재-대한항공(2021)

---

삼성화재에서 루키 시즌을 보낸 리베로 박지훈은 시즌이 끝나고 팀을 옮겼다. 세터 황승빈과의 트레이드로 대한항공에 합류했다. 신인으로서 지난 시즌 정규리그 36경기 전 경기에 출전한 것은 행운이었다. 팀은 힘든 시간을 보냈지만 박지훈은 삼성화재에서 큰 경험을 쌓았다. 수비가 좋은 레프트들이 있기에 대한항공에서는 부담이 덜할 것이라 생각한다. 최대 강점은 플로터 서브에 대한 서브 리시브. 다른 선수들이 가장 어려워하는 그것을 박지훈은 쉽게 한다. 이번 시즌 목표는 오은렬 뛰어넘기. 경기대학교 2년 선배이자 포지션 경쟁자인 오은렬을 다시 만났다. 대한항공의 주전 리베로 경쟁이 치열해졌다.

### 박지훈의 BEST 3

| | 리시브 효율 | 디그(set) | 디그 성공률 |
|---|---|---|---|
| 박지훈 | 34.17 | 1.357 | 76.37 |
| 리베로평균 | 40.50 | 1.513 | 77.76 |

### 2020-2021 평균 기록

| 경기 | 세트 | 득점 | 공격 성공률 | 블로킹 | 서브 | 세트(set) | 리시브 효율 | 디그(set) |
|---|---|---|---|---|---|---|---|---|
| 36 | 143 | – | – | – | – | 0.287 | 34.17 | 1.357 |

### 리베로

# 14 Li
## 오은렬

1997.08.20.
178cm
하동초-진주동명중-동명고-경기대
2019-2020시즌 2라운드 2순위
-

리그 최고의 리시버. 지난 시즌 45%가 넘는 리시브 효율을 기록하며 남자부 리시브 1위에 올랐다. 최근 몇 년간 V-리그 남자부에는 전도유망한 리베로들이 등장했다. 지난 시즌을 지켜본 팬들이라면 이 선수의 이름을 말해야 한다. 오은렬. 그는 아주 빠르게 우승팀의 주전 리베로 자리를 차지했다. 부담감이 많았지만 적응이 되면서 후반기부터는 더 자유롭게 경기했다. 이번 시즌 목표는 디그에서 부족한 점을 보완하고 세터처럼 토스하는 것. 리시브는 지금처럼만 되면 좋겠다. 리베로가 코트에서 더 소리치면서 경기를 이끌어야 한다는 틸리카이넨 감독의 주문을 잘 실행할 생각이다.

최선을 다하자

### 오은렬의 BEST 3

| | 리시브 효율 | 디그(set) | 세트(set) |
|---|---|---|---|
| 오은렬 | 45.17 | 1.326 | 0.227 |
| 리베로 평균 | 40.50 | 1.513 | 0.233 |

### 2020-2021 평균 기록

| 경기 | 세트 | 득점 | 공격 성공률 | 블로킹 | 서브 | 세트(set) | 리시브 효율 | 디그(set) |
|---|---|---|---|---|---|---|---|---|
| 35 | 132 | - | - | - | - | 0.227 | 45.17 | 1.326 |

**레프트**

## 15 Ⓛ 임재영

1998.03.29.
190cm
주안초-인창중-인하부고-경기대
2020-2021시즌 1라운드 7순위
-

서브득점 20개. 이번 시즌 임재영의 목표다. 임재영은 지난 시즌 1라운드에 대한항공의 지명을 받았다. 주로 원 포인트 서버로 나서 서브 9득점을 기록했다. 정규리그 6라운드 우리카드전은 가장 기억에 남는 경기다. 서브 6개를 연속해서 넣으며 스스로 경기 분위기를 바꿔놓았다. 2021 의정부 컵대회는 임재영에게 기회였다. OK금융그룹과의 준결승전. 정지석의 부상으로 임재영이 코트에 들어갔다. 자신의 장점인 공격을 틸리카이넨 감독에게 어필할 시간이었다. 범실이 많았지만 확실한 인상을 남겼다. 정지석이나 곽승석이 빠졌을 때 감독이 가장 먼저 떠올리는 선수가 되어야 한다.

### 임재영의 BEST 3

| | 공격 성공률 | 서브(set) | 리시브 효율 |
|---|---|---|---|
| 임재영 | 35.71 | 0.107 | - |
| 레프트평균 | 50.04 | 0.177 | 34.23 |

### 2020-2021 평균 기록

| 경기 | 세트 | 득점 | 공격 성공률 | 블로킹 | 서브 | 세트(set) | 리시브 효율 | 디그(set) |
|---|---|---|---|---|---|---|---|---|
| 31 | 84 | 15 | 35.71 | 1 | 9 | 0.024 | - | 0.071 |

V-LEAGUE

### 라이트

# 17 ®
# 임동혁

1999.03.09.
201cm
의림초-제천중-제천산업고
2017-2018시즌 1라운드 6순위
-

'네가 있어 통합우승이 가능했다' 임동혁은 형들의 이 한마디가 가장 좋았다. 실제로 그랬다. 임동혁은 지난 시즌 33경기에 출전해 경기당 15득점 이상을 기록하며 득점 top 10, 공격종합 top 10에 이름을 올리면서 통합우승에 기여했다. 단연 최고의 시즌이었다. 산틸리 감독이 극찬한 놀라운 재능은 입단 4년차에 꽃을 피웠다. 임동혁이 있었기에 대한항공은 지난 시즌 외국인선수가 없을 때에도 버틸 수 있었다. 1999년생. 스물 두 살. V-코트의 MZ세대 임동혁은 이제 리그를 대표하는 아포짓 스파이커다. 다가오는 겨울 시즌, 그의 키가 몇 뼘 더 자랄지 궁금할 뿐이다.

### 임동혁의 BEST 3

| | 공격 성공률 | 서브(set) | 블로킹(set) |
|---|---|---|---|
| 임동혁 | 51.23 | 0.276 | 0.285 |
| 라이트평균 | 50.80 | 0.240 | 0.264 |

### 2020-2021 평균 기록

| 경기 | 세트 | 득점 | 공격 성공률 | 블로킹 | 서브 | 세트(set) | 리시브 효율 | 디그(set) |
|---|---|---|---|---|---|---|---|---|
| 33 | 123 | 506 | 51.23 | 35 | 34 | 0.138 | 23.08 | 0.894 |

**라이트**

# 18 ®
## 링 컨

1993.10.06.
200cm
호주
2021-2022시즌 트라이아웃 7순위
-

호주 국가대표팀의 주공격수. 지난 시즌 프랑스리그 AS 칸에서 활약하며 리그 득점 4위를 기록했다. 2021 외국인선수 트라이아웃에서 마지막 7순위로 대한항공의 지명을 받았다. 지명된 순간 링컨은 정말 흥분됐다고 말한다. 또한 중요한 순간 가장 익사이팅한 순간을 만들고 싶다고 한다. 틸리카이넨 감독이 링컨을 선택한 이유는 강한 서브와 날카로운 공격 그리고 빠른 토스를 해결하는 링컨의 결정력 때문이다. 과거 KB손해보험에서 뛰던 토머스 패트릭 에드가에 이어 V-리그 두 번째 호주 출신 선수. 링컨에게 V-리그는 벌써 9번째 해외리그다. 아마 한국배구에도 잘 적응할 것이다.

### 링컨의 BEST 3

| | 공격 성공률 | 서브(set) | 블로킹(set) |
|---|---|---|---|
| 링컨 | – | – | – |
| 라이트평균 | 50.80 | 0.240 | 0.264 |

### 2020-2021 평균 기록

| 경기 | 세트 | 득점 | 공격 성공률 | 블로킹 | 서브 | 세트(set) | 리시브 효율 | 디그(set) |
|---|---|---|---|---|---|---|---|---|
| – | – | – | – | – | – | – | – | – |

**센터**

# 19 ⓒ
# 진 성 태

1993.02.03.
198cm
문정초-문흥중-광주전자공고-경희대
2014-2015시즌 2라운드 2순위
현대캐피탈-대한항공(2016)

지난 시즌 많이 뛰지 못했다. 22경기 출장은 2014년 데뷔시즌 이후 가장 적은 경기출전이었다. 그럼에도 속공 6위에 오르며 대한항공 센터진의 중요한 자원임을 입증했다. 옆구리 부상으로 2021 의정부 컵대회에도 출전하지 못했다. 도쿄올림픽 보면서 프로선수로서의 자세에 대해 다시 생각했다. 최선을 다하고 볼 하나에 집중하는, 어린 선수들이 보면서 꿈을 키울 수 있는 경기를 하리라 다짐했다. 이번 시즌은 팀의 플레이스타일 변화에 따라 빠른 플레이에 대한 준비를 집중적으로 하고 있다. 블로킹 스텝을 포함해 디테일에 신경쓰고 있다. 다시 확고한 주전 센터가 되는 것이 올 시즌 목표다.

최선을 다하고
그 후 결과를 받아들이자.

## 진성태의 BEST 3

| | 블로킹(set) | 속공 성공률 | 세트(set) |
|---|---|---|---|
| 진성태 | 0.318 | 57.85 | 0.076 |
| 센터평균 | 0.440 | 54.76 | 0.087 |

## 2020-2021 평균 기록

| 경기 | 세트 | 득점 | 공격 성공률 | 블로킹 | 서브 | 세트(set) | 리시브 효율 | 디그(set) |
|---|---|---|---|---|---|---|---|---|
| 22 | 66 | 92 | 55.56 | 21 | 1 | 0.076 | 20.00 | 0.394 |

**리베로**

# 20 Li
# 정 성 민

1988.04.29.
176cm
삼양초-옥천중-옥천고-경기대
2010-2011시즌 1라운드 3순위
LIG손해보험-현대캐피탈(2012)-대한항공(2017)

두 번의 우승 뒤에 찾아온 부상과 좌절. 현대캐피탈에서의 마지막 시즌과 대한항공에서의 첫 시즌에 연이어 리그 우승을 맛봤다. 정성민의 앞에는 탄탄대로가 펼쳐진듯했다. 그러나 2019-2020시즌 중반 급성 허리 디스크로 수술을 받았고 이후 출전 시간이 급격히 줄어들었다. 이번 시즌 활약도 아픈 허리가 관건이다. 오은렬과 박지훈. 두 젊은 리베로를 도우며 팀의 수비라인을 이끌고 가야 한다. 아파서 뛰지 못하는 마음에 은퇴도 생각했지만 이렇게 끝낼 수는 없었다. 팀이 다시 통합우승을 하는 순간 코트 안에 서있는 상상을 한다. 아름다운 마무리. 그것이 목표다.

공이 우리 코트에 떨어지지 않게 하겠다

## 정성민의 BEST 3

| | 디그(set) | 세트(set) | 리시브 효율 |
|---|---|---|---|
| 정성민 | 1.138 | 0.310 | 26.67 |
| 리베로 평균 | 1.513 | 0.233 | 40.50 |

## 2020-2021 평균 기록

| 경기 | 세트 | 득점 | 공격 성공률 | 블로킹 | 서브 | 세트(set) | 리시브 효율 | 디그(set) |
|---|---|---|---|---|---|---|---|---|
| 9 | 29 | - | - | - | - | 0.310 | 26.67 | 1.138 |

V-LEAGUE

# 2020-2021 REVIEW & 2021-2022 PREVIEW

## 팀 순위

**2**

| 67 | 23 | 13 |
|---|---|---|
| 승점 | 승 | 패 |

84 / 56 (1.500)
세트 득/실 (득실률)

3167 / 3033 (1.044)
점수 득/실 (득실률)

### 항목별 팀순위

| 항목 | 기록 | 순위 |
|---|---|---|
| 득점 | 3,167점 | 5 |
| 공격종합 | 52.70% | 1 |
| 블로킹 | 1.93개 | 5 |
| 서브 | 1.12개 | 5 |
| 디그 | 9.69개 | 2 |
| 세트 | 12.54개 | 3 |
| 리시브 | 35.80% | 3 |
| 수비 | 16.12개 | 3 |

### 승패조견표

| | 대한항공 | 현대캐피탈 | KB손해보험 | 한국전력 | OK금융그룹 | 삼성화재 | 순위 |
|---|---|---|---|---|---|---|---|
| 1R | 2:3 | 2:3 | 1:3 | 3:0 | 0:3 | 3:0 | 5 |
| 2R | 1:3 | 1:3 | 3:0 | 3:2 | 1:3 | 3:0 | 5 |
| 3R | 3:2 | 3:0 | 3:2 | 2:3 | 3:1 | 3:2 | 1 |
| 4R | 3:2 | 3:0 | 0:3 | 0:3 | 2:3 | 3:0 | 5 |
| 5R | 3:0 | 3:1 | 3:2 | 3:2 | 2:3 | 3:0 | 1 |
| 6R | 1:3 | 3:0 | 3:0 | 3:0 | 3:1 | 3:0 | 2 |
| 계 | 3승 3패 | 4승 2패 | 4승 2패 | 4승 2패 | 2승 4패 | 6승 | 2 |

## 드디어 맞춰진 퍼즐.
## 이제는 완성형 배구를 보여주마

우리카드는 2018-2019시즌을 앞두고 신영철 감독이 지휘봉을 잡은 이후 지난 시즌까지 3시즌을 거치며 매 시즌 과감한 선수단 구성의 변화를 추구했다. 이 과정을 통해 신영철 감독 부임 전의 우리카드와 부임 후 우리카드는 선수 구성뿐 아니라 기술적으로도 완전히 달라진 팀이 됐다. 하지만 신영철 감독은 2021-2022시즌을 앞두고 선수단 변화를 최소화했다. 기량이 검증된 외국인 선수 알렉스도 재계약하며 창단 첫 통합우승이라는 분명한 목표를 위한 필요조건을 모두 채웠다. 신영철 감독도, 우리카드도 이번 시즌이 정규리그 우승과 챔피언 결정전 우승을 모두 거머쥘 최고의 기회라는 걸 잘 알고 있다.

## 봄 배구 전도사는 이제 그만.
## 나도 우승을 원한다

신영철 감독은 '봄 배구 전도사'라는 별명을 갖고 있다. V-리그에서 지휘봉을 잡았던 모든 팀의 봄 배구를 이끈 덕분이다. 하지만 신영철 감독은 봄 배구에 만족하지 않는다. 오랜 지도자 경력에도 챔피언 결정전 우승 경험이 없는 탓이다. 우리카드에서의 지난 3년은 안정적인 우상향 성장이었다. 부임 첫 해인 2018-2019시즌은 우리카드의 창단 첫 봄 배구를 이끌었고, 2019-2020시즌은 비록 코로나19 확산으로 중단됐지만 정규리그 1위로 시즌을 마쳤다. 2020-2021시즌은 창단 첫 챔피언 결정전까지 경험했다. 3년간 착실하게 계단을 오른 우리카드와 신영철 감독은 동행하는 네 번째 시즌에 챔피언 결정전 우승이라는 최종 목표를 겨냥했다. 여기에 정규리그 우승까지 더해진 통합우승이라면 더할 나위 없는 최고의 목표 달성이다.

### 최근 5시즌 정규리그 순위

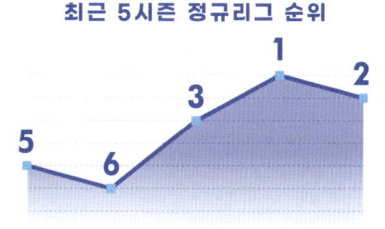

| 16-17 | 17-18 | 18-19 | 19-20 | 20-21 |
|---|---|---|---|---|
| 5 | 6 | 3 | 1 | 2 |

# 2021-2022

## BEST 7

ⓡ 알렉스

ⓒ 하현용

ⓛ 나경복

ⓛ 한성정

ⓒ 최석기

ⓢ 하승우

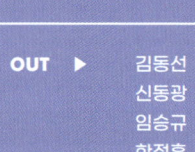
ⓛ 이상욱

### 루키

ⓛ 김영준

ⓒ 김완종

ⓒ 이상현

## 라인업

| 2 | 이호건 | S |
| 3 | 최석기 | C |
| 4 | 장지원 | Li |
| 5 | 김광일 | S |
| 6 | 하승우 | S |
| 7 | 하현용 | C |
| 8 | 알렉스 | R |
| 9 | 이상욱 | Li |
| 10 | 나경복 ⓒ | L |

| 11 | 한성정 | L |
| 12 | 류윤식 | L |
| 13 | 홍기선 | S |
| 14 | 최현규 | L |
| 15 | 지태환 | C |
| 16 | 김영준 | Li |
| 17 | 장준호 | C |
| 18 | 김완종 | C |
| 19 | 이강원 | R |
| 20 | 이상현 | C |

## 인 & 아웃

IN ▶ 이강원

OUT ▶ 김동선
신동광
임승규
한정훈

## MANAGER

### 신영철 감독

부임 후 자신의 배구 철학에 맞는 선수를 찾아 이리저리로 퍼즐을 맞추는 데 집중했다. 그러면서 양보다 질에 집중하는 훈련을 통해 선수들이 가진 경기력을 극대화하기 위한 노력을 기울였다. 결과는 분명 좋았다. 부임 첫해부터 우리카드의 오랜 숙원이던 '장충의 봄'을 가져왔고, 매 시즌 새로운 선수들과 함께 우리카드를 V-리그 남자부의 강호로 키웠다.

지난 3년간 우리카드 선수단에 변화가 끊이지 않았던 것은 신 감독이 자신이 제시한 방향과 뜻을 같이 하는 선수단을 구성하는 과정을 겪었기 때문이다. 이 영향으로 우리카드는 지난 3시즌 동안 초반에는 신영철 감독이 계산했던 배구를 완전하게 코트 위에서 선보일 수 없었다. 하지만 2021-2022시즌은 다르다. 선수단 구성의 변화가 부임 후 가장 적은 만큼 시즌 초반부터 우승을 위한 확실한 디딤돌을 놓겠다는 자신감이 생겼다.

신영철 감독은 선수단을 끌고 가는 것이 아니라 선수들이 나아가야 할 방향을 설정해주는 것을 자신의 역할이라고 생각한다. 감독이 제시하는 방향으로 선수들이 달려가기 위해서는 결국 선수들의 각성하고, 행동해야 한다는 것이 신영철 감독의 지론이다. 그래서 항상 선수들에게 '생각이 바뀌면 행동이 바뀌고, 행동이 바뀌면 인생이 바뀐다'는 말을 강조했다.

지난 3년간 선수들의 생각이 바뀌었고, 행동도 달라졌다고 판단하는 신영철 감독은 지난 3년의 기초공사를 통해 자신의 배구가, 또 우리카드 선수들의 배구가 우승이라는 분명한 결과물을 차지할 수 있다는 것을 증명해야 한다고 생각한다. 신영철 감독은 지난 3년 동안 우리카드의 배구가 강해지는 동안 경쟁할 팀들의 경기력도 분명 강해졌다고 평가한다. 하지만 신영철 감독은 2021-2022시즌이야말로 자신도, 우리카드도 V-리그 우승 트로피를 들 수 있는 최적의 시기라고 믿고 있다.

세터

## 2 ⓢ 이호건

1996.12.08.
186cm
녹동초-연현중-영생고-인하대
2017-2018시즌 1라운드 5순위
한국전력-삼성화재(2020)-우리카드(2020)

어느덧 프로 5년차다. 하지만 이호건은 경기 출전이 목마르다. 프로 입단 첫해 주전 자리를 꿰찼던 경험 탓에 마음 고생이 심했다. 하지만 이호건은 훈련으로 버텼다. 신영철 감독의 주문을 열심히 따랐다. 그래야 기회가 올 수 있다는 생각이다. 주전 세터가 흔들릴 때 언제라도 투입돼 경기를 이끌어 가야 하는 역할인 만큼 더 철저하게 준비되어 있어야 한다. 그래서 웜업존에서 기다리는 시간조차 허투루 쓰지 않고 활기찬 분위기를 만드는 데 앞장서고 있다. 이호건의 목표는 확실히 전보다 많이 좋아졌다는 칭찬을 듣는 것이다. 이호건은 자신을 응원해 주는 이들에게 "나는 노력하고 있다. 그러니 계속 지켜봐 달라"고 분명하게 말했다.

### 이호건의 BEST 3

|  | 세트(set) | 디그(set) | 디그 성공률 |
|---|---|---|---|
| 이호건 | 2.373 | 0.310 | 69.64 |
| 세터평균 | 7.391 | 0.912 | 68.25 |

### 2020-2021 평균 기록

| 경기 | 세트 | 득점 | 공격 성공률 | 블로킹 | 서브 | 세트(set) | 리시브 효율 | 디그(set) |
|---|---|---|---|---|---|---|---|---|
| 36 | 126 | 6 | – | 4 | 2 | 2.373 | – | 0.310 |

센터

# 3 ⓒ
# 최 석 기

1986.12.05.
198cm
사당초-대전중앙중-대전중앙고-한양대
2008-2009시즌 2라운드 1순위
한국전력-대한항공(2015)-한국전력(2018)-우리카드(2019)

자칭 우주 최강 귀요미의 2021-2022시즌 목표는 통합우승이다. '할 수 있다'는 신영철 감독의 주문을 따른다면 충분히 해낼 수 있다는 자신감은 지난 2년 동안 풍선처럼 부풀었다. 최석기는 부상에서 자유로운 선수가 아니다. 하지만 부상이 만성이 된 그는 여전히 자신을 믿어주는 감독과 팀을 위해 코트에서 쓰러질 각오로 단단하게 뭉쳤다. 코트 위에서 더 나은 모습을 보여주는 것 외에도 최석기는 코트 안팎에서 후배들을 잘 이끌어야 한다는 책임감도 크다. 그래서 최석기는 오늘도 웜업존에서 묵묵히 큰 목소리로 응원을 해주는 동료들을 위한 화려한 세리머니를 준비하고 있다.

## 최석기의 BEST 3

| | 공격 성공률 | 블로킹(set) | 디그 성공률 |
|---|---|---|---|
| 최석기 | 49.38 | 0.372 | 83.05 |
| 센터평균 | 53.75 | 0.440 | 76.43 |

## 2020-2021 평균 기록

| 경기 | 세트 | 득점 | 공격 성공률 | 블로킹 | 서브 | 세트(set) | 리시브 효율 | 디그(set) |
|---|---|---|---|---|---|---|---|---|
| 31 | 113 | 124 | 49.38 | 42 | 2 | 0.062 | - | 0.434 |

**리베로**

# 4 ⓛⁱ 장지원

2001.03.17.
180cm
남원중앙초-남성중-남성고
2019-2020시즌 1라운드 5순위
-

장지원에게 2년차 징크스는 없었다. 국가대표 리베로 이상욱을 대신해 우리카드의 코트를 지키는 시간이 많아진 덕분이다. 스스로 기대하지 않았던 실전 기회는 '새싹' 장지원을 성장하게 한 최고의 영양제가 됐다. 3년차가 된 장지원은 지난해보다 더 많은 경기에서 더 멋진 디그와 안정된 리시브를 보여주겠다는 각오다. 그래서 비시즌에 누구보다 열심히 훈련을 소화했다고 자신한다. 전보다 칭찬을 듣는 횟수가 많아지며 장지원의 훈련은 속도가 붙었다. 새 시즌 장지원이 보여주고 싶은 무기는 토스. 몸을 날려 상대 공격을 막아내는 리베로 본연의 임무 외에도 보조 세터의 역할까지도 훌륭하게 소화하고 싶다는 욕심이다.

나의 자신을 먼저 이기자! 장지원

### 장지원의 BEST 3

| | 디그(set) | 디그 성공률 | 리시브 효율 |
|---|---|---|---|
| 장지원 | 2.082 | 75.56 | 40.89 |
| 리베로평균 | 1.513 | 77.76 | 40.51 |

### 2020-2021 평균 기록

| 경기 | 세트 | 득점 | 공격 성공률 | 블로킹 | 서브 | 세트(set) | 리시브 효율 | 디그(set) |
|---|---|---|---|---|---|---|---|---|
| 27 | 98 | - | - | - | - | 0.194 | 40.89 | 2.082 |

### 세터

# 5 Ⓢ
# 김광일

1998.03.30.
187cm
창원대원초-경북체중-인창고-중부대
2020-2021시즌 2라운드 2순위
-

김광일은 입단 첫해 코트에 나설 기회는 없었지만 신영철 감독과 훈련하며, 또 선배들의 경기를 직접 눈으로 살피며 스스로 성장했다고 느낀다. 그나마 프로 2년차에 접어들며 나아진 점이 있다면 경기에 나서는 선배들과 호흡을 맞출 기회가 생겼다는 점. 데뷔 시즌 자신이 가장 잘 할 수 있는 세터의 역할이 아닌 원포인트 서버로 코트를 밟는 데 그쳤던 김광일이 2021-2022시즌을 더욱 기대하는 이유다. 김광일은 1년차에 보여준 게 없는 만큼 앞으로 보여줄 것이 많이 남았다고 했다. 한국 최고의 세터 출신 신영철 감독의 섬세한 지도를 받아 성장한 자신의 모습을 코트에서 마음껏 보여주고 싶다는 욕심은 무더웠던 비시즌에 더욱 알차게 영글었다.

흔들리지 않고 피는
꽃이 어디 있으랴.

### 김광일의 BEST 3

| | 서브(set) | 세트(set) | 디그 성공률 |
|---|---|---|---|
| 김광일 | - | - | - |
| 세터평균 | 0.098 | 7.391 | 68.25 |

### 2020-2021 평균 기록

| 경기 | 세트 | 득점 | 공격 성공률 | 블로킹 | 서브 | 세트(set) | 리시브 효율 | 디그(set) |
|---|---|---|---|---|---|---|---|---|
| 1 | 1 | - | - | - | - | - | - | - |

**세터**

# 6 ⓢ
# 하승우

1995.06.02.
185cm
하양초-현일중-현일고-중부대
2016-2017시즌 1라운드 2순위
-

데뷔 첫 주전 세터의 경험은 처음부터 끝까지 정신이 없었다. 하지만 분명한 것은 그 덕분에 성장했고, 새로운 희망을 확인했다는 점이다. 지난 시즌의 아쉬움은 하승우의 시야를 더 넓게 만들었다. 그리고 목표는 더욱 뚜렷해졌다. 하승우는 팀원 모두가 갖고 있는 통합우승이라는 목표를 이루기 위해서는 누구보다 자신의 어깨가 무겁다는 점을 알고 있다. 그래서 스스로 더 강해졌다. 결혼 후 한층 성숙해진 하승우는 시즌 중 태어날 첫 딸을 위해서 세상에서 가장 좋은 선물을 안기고 싶다고 했다. 그 선물은 바로 반짝반짝 빛나는 별이다. 아이에게 자랑스러운 아빠가 되기 위한 하승우의 진지한 도전은 이미 시작됐다.

## 하승우의 BEST 3

| | 공격 성공률 | 세트(set) | 디그(set) |
|---|---|---|---|
| 하승우 | 50.00 | 9.540 | 0.898 |
| 세터평균 | 40.20 | 7.391 | 0.912 |

## 2020-2021 평균 기록

| 경기 | 세트 | 득점 | 공격 성공률 | 블로킹 | 서브 | 세트(set) | 리시브 효율 | 디그(set) |
|---|---|---|---|---|---|---|---|---|
| 36 | 137 | 59 | 50.00 | 13 | 25 | 9.540 | - | 0.898 |

**센터**

# 7 ⓒ
# 하 현 용

1982.05.09.
197cm
화랑초-본오중-송림고-경기대
2005-2006시즌 3라운드 1순위
LG화재-우리카드(2019)

베테랑 하현용에게 지난 시즌은 처음 또 처음이었다. V-리그 남자부 베스트7도 처음이었고, 챔피언 결정전 출전도 처음이었다. 그러다 보니 처음 잡은 기회에서 욕심이 많았다. 하현용은 정규리그보다 챔피언 결정전에서 자신의 활약이 부족했다고 진단했다. 그래서 하현용은 비시즌 또 한 번 성장했다. 아무리 베테랑이라고 해도 은퇴하기 전까지 매년 성장해야 한다는 신영철 감독의 주문에 맞춰 지난 시즌보다 더 나아진 하현용을 준비하고 있다. 무엇보다 세 딸에게 자랑스러운 아버지가 되겠다는 목표는 오늘도 하현용이 다시 한 번 마음을 다잡는 최고의 동기부여가 되고 있다. 그리고 그 마침표는 우리카드의 창단 첫 통합우승이어야 한다.

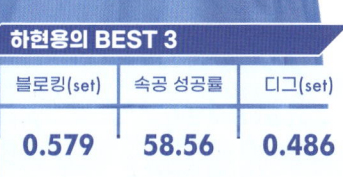

### 하현용의 BEST 3

| | 블로킹(set) | 속공 성공률 | 디그(set) |
|---|---|---|---|
| 하현용 | 0.579 | 58.56 | 0.486 |
| 센터평균 | 0.440 | 54.77 | 0.407 |

### 2020-2021 평균 기록

| 경기 | 세트 | 득점 | 공격 성공률 | 블로킹 | 서브 | 세트(set) | 리시브 효율 | 디그(set) |
|---|---|---|---|---|---|---|---|---|
| 36 | 140 | 267 | 58.28 | 81 | 3 | 0.086 | 35.71 | 0.486 |

### 라이트

# 8 ®
# 알 렉 스

1991.11.13.
200cm
포르투갈
2020-2021시즌 트라이아웃 3순위
KB손해보험(2017-2019)-우리카드(2020)

V-리그에서만 네 번째 시즌이다. KB손해보험 시절 알렉스는 충분한 가능성을 코트 위에서 제대로 보여주지 못했다는 인상이 강했다. 하지만 우리카드에서의 알렉스는 다르다. 지난 시즌 알렉스는 레프트와 라이트를 오가며 활약한 끝에 신영철 감독에게 합격점을 얻는 데 성공했다. 비록 챔피언 결정전에서 복통으로 창단 첫 우승 트로피를 위한 마침표를 찍는 데 실패했지만 신영철 감독은 알렉스와 다시 한 번 손을 잡았다. 대표팀 차출로 비시즌 훈련을 함께하지 못했지만 신영철 감독은 지난 시즌의 모습이라면 충분하다는 생각이다. 다만 알렉스가 KB손해보험 시절에도 몸 상태 관리 면에서 아쉬움이 있었던 만큼 체력 관리가 가장 큰 변수다.

My determination is achieved the expectation of the coach and my teammates
Alex

#### 알렉스의 BEST 3

| | 공격 성공률 | 오픈 성공률 | 후위 성공률 |
|---|---|---|---|
| 알렉스 | 54.85 | 46.71 | 59.17 |
| 라이트 평균 | 50.81 | 45.53 | 52.76 |

#### 2020-2021 평균 기록

| 경기 | 세트 | 득점 | 공격 성공률 | 블로킹 | 서브 | 세트(set) | 리시브 효율 | 디그(set) |
|---|---|---|---|---|---|---|---|---|
| 36 | 140 | 903 | 54.85 | 47 | 65 | 0.043 | 25.40 | 1.679 |

### 리베로

## 9 ⓛⁱ 이상욱

1995.07.08.
183cm
하양초-경북체중-경북체고-성균관대
2017-2018시즌 3라운드 1순위
-

이상욱에게 지난 시즌은 아쉬움도, 생각도 많았다. 양쪽 무릎에 문제가 생겼고, 회복하고 경기력을 끌어올리는 데 생각보다 오래 걸렸다. 그래서 체력 관리의 중요성, 경기력 유지의 중요성에 대해 다시 한 번 분명하게 배웠다. 그리고 코트 밖에서 동료들의 경기를 지켜보며 우리카드라는 팀이 점차 성장하고 있다는 걸 확인했다. 그래서 2021-2022시즌 통합우승이라는 목표가 더욱 분명해졌다. 서로 상(相)에 햇빛 밝을 욱(昱)자를 쓰는 이상욱은 "내 이름은 함께 있어야 더 밝은 빛이 난다는 의미다. 혼자서는 빛날 수 없다"고 했다. 자신의 희생을 밑거름 삼아 동료들의 화려한 경기력이 코트 위에서 펼쳐질수록 우리카드의 통합우승이 가까워진다는 진지한 믿음은 건강해진 몸처럼 굳건하다.

오늘이 지나면 오지 않는다
오늘 하루하루 행복하고 최선을 다하자

### 이상욱의 BEST 3

|  | 세트(set) | 디그(set) | 디그 성공률 |
|---|---|---|---|
| 이상욱 | 0.405 | 1.500 | 80.77 |
| 리베로평균 | 0.233 | 1.513 | 77.76 |

### 2020-2021 평균 기록

| 경기 | 세트 | 득점 | 공격 성공률 | 블로킹 | 서브 | 세트(set) | 리시브 효율 | 디그(set) |
|---|---|---|---|---|---|---|---|---|
| 35 | 126 | - | - | - | - | 0.405 | 39.12 | 1.500 |

V-LEAGUE

**레프트 ⓒ**

# 10 ⓛ
# 나 경 복

1994.04.08.
198cm
담양동초-담양중-순천제일고-인하대
2015-2016시즌 1라운드 1순위
-

모두가 말한다. 우리카드의 에이스는 나경복이라고. 그래서 나경복은 말한다. 공격보다 수비에 집중해야 한다고… 나경복은 지난 시즌 라이트와 레프트를 오가며 경기한 데다 부상까지 겹치는 아쉬움에 결국 마지막에 웃지 못했다. 나경복의 새 시즌 목표는 공격이 아닌 수비다. 최대한 수비에서 팀에 보탬이 되는 것을 자신의 최우선 과제로 설정했다. 하지만 욕심은 부리지 않는다. 과욕은 결국 탈이 난다는 것을 알기 때문이다. 컵 대회 우승은 통합우승 도전을 위한 좋은 디딤돌이 됐다. 나경복에게는 향후 입대라는 큰 변수가 남았다. 그래서 나경복은 자신이 누구보다 든든한 기둥이 되어야 한다는 생각을 또렷하게 가슴에 새겼다.

매일 행복하게 살자

## 나경복의 BEST 3

| | 공격 성공률 | 퀵오픈 성공률 | 후위 성공률 |
|---|---|---|---|
| 나경복 | 52.81 | 60.07 | 56.09 |
| 레프트 평균 | 50.04 | 55.12 | 54.58 |

## 2020-2021 평균 기록

| 경기 | 세트 | 득점 | 공격 성공률 | 블로킹 | 서브 | 세트(set) | 리시브 효율 | 디그(set) |
|---|---|---|---|---|---|---|---|---|
| 31 | 121 | 531 | 52.81 | 36 | 34 | 0.157 | 26.75 | 1.686 |

**레프트**

# 11 Ⓛ
# 한 성 정

1996.07.25.
195cm
삼양초-옥천중-옥천고-홍익대
2017-2018시즌 1라운드 1순위
-

프로 데뷔 후 4시즌 동안 한성정은 단 한 번도 붙박이 주전이었던 적이 없다. 꾸준히 경기에 출전했지만 스스로 만족할 수 없었다. 프로의 세계에 적응하느라, 또 부상 때문에… 이유는 많지만 더는 핑계를 대지 않기로 했다. 프로 5년차가 된 2021-2022시즌이야말로 한성정이 배구를 정말 잘하고, 보여줘야 하는 시기이기 때문이다. 우리카드 입단 후 나경복의 파트너 자리를 두고 치열한 경쟁을 앞두고 있지만 '이제는 실력으로 인정받겠다'는 그의 다짐은 그래서 더 의미심장하다. 일단 목표는 지금까지 그래왔듯이 지난 시즌보다 더 많은 경기를 뛰는 것. 경쟁률은 높아졌지만 그만큼 자신도 있다. 한성정은 버티면 이긴다는 생각으로 코트를 지켰다. 하지만 이번 시즌은 이겨야 진짜 이길 수 있다.

과거의 후회와 미래의 희망 속에 현재라는 기회가 있다.

### 한성정의 BEST 3

|  | 리시브 효율 | 공격 성공률 | 디그(set) |
|---|---|---|---|
| 한성정 | 40.95 | 50.00 | 1.140 |
| 레프트평균 | 34.24 | 50.04 | 0.967 |

### 2020-2021 평균 기록

| 경기 | 세트 | 득점 | 공격 성공률 | 블로킹 | 서브 | 세트(set) | 리시브 효율 | 디그(set) |
|---|---|---|---|---|---|---|---|---|
| 33 | 93 | 198 | 50.00 | 19 | 6 | 0.194 | 40.95 | 1.140 |

### 레프트

## 12 Ⓛ
# 류윤식

1989.05.02.
195cm
청솔초-송림중-송림고-한양대
2011-2012시즌 1라운드 5순위
대한항공-삼성화재(2015)-우리카드(2020)

우리카드로의 이적 첫 해는 준비되지 않았던 류윤식이 준비된 선수로 거듭나는 과정이었다. 군 복무로 인한 2년의 공백을 극복해야 한다는 부담은 물론, 새로운 동료, 새로운 배구에 적응하는 과정에서 부상까지 겹쳤다. 무엇 하나 마음먹은 대로 되는 것이 없었다. 하지만 류윤식은 우리카드 2년차를 맞아 달라졌다. 좋은 배우자를 만나 좋은 일만 생기고 있어 2021-2022시즌의 기대감이 벌써 커지고 있다. 몸 상태도 훨씬 좋아졌고, 신영철 감독이 주문하는 배구에 적응력도 높았다. 덕분에 치열한 경쟁을 이겨낼 수 있다는 자신감도 전보다 커졌다. 이제는 말이 아닌 경기력으로 코트 위에서 직접 보여주는 것만 남았다.

### 류윤식의 BEST 3

| | 리시브 효율 | 디그(set) | 디그 성공률 |
|---|---|---|---|
| 류윤식 | 40.08 | 1.291 | 75.00 |
| 레프트 평균 | 34.24 | 0.967 | 74.07 |

### 2020-2021 평균 기록

| 경기 | 세트 | 득점 | 공격 성공률 | 블로킹 | 서브 | 세트(set) | 리시브 효율 | 디그(set) |
|---|---|---|---|---|---|---|---|---|
| 26 | 86 | 110 | 40.09 | 18 | 5 | 0.174 | 40.08 | 1.291 |

세터

## 13 Ⓢ
## 홍 기 선

1998.05.26.
187cm
남양초-송산중-송산고-인하대
2020-2021시즌 1라운드 6순위
-

확실히 대학 무대와 프로는 달랐다. 직접 코트에 나설 기회는 없어도 보는 것만으로도 충분히 배울 수 있었다. 홍기선은 세터 출신 신영철 감독에게 지도받는 것이 자신에게 좋은 기회라는 걸 알고 있다. 자신의 롤 모델이 알려주는 비법을 착실하게 자신의 머릿 속에, 또 몸에 새기고 있다. 홍기선은 아직 데뷔 기회를 얻지 못했다. 그래서 새 시즌의 목표는 어떤 상황에서라도 실전에 투입돼 팀에 보탬이 되는 것, 그리고 이왕 경기에 나서게 된다면 세터로 출전해 준비한 세트 플레이를 코트 위에서 선보이는 것이다. 홍기선의 목표는 공격수의 입맛에 잘 맞춰주는 세터다. 스스로 빛나려고 애쓰기보다 공격수들이 가장 빛날 때 자신도 스포트라이트를 받을 수 있다는 걸 벌써 알고 있다.

실패를 두려워 하지말고 자신 있게 하자!

### 홍기선의 BEST 3

| | 세트(set) | 디그(set) | 디그 성공률 |
|---|---|---|---|
| 홍기선 | – | – | – |
| 세터 평균 | 7.391 | 0.912 | 68.25 |

### 2020-2021 평균 기록

| 경기 | 세트 | 득점 | 공격 성공률 | 블로킹 | 서브 | 세트(set) | 리시브 효율 | 디그(set) |
|---|---|---|---|---|---|---|---|---|
| – | – | – | – | – | – | – | – | – |

V-LEAGUE

### 레프트

# 14 Ⓛ
## 최 현 규

1995.10.30.
191cm
광명북초-인창중-송산고-경기대
2018-2019시즌 4라운드 6순위
-

최현규는 프로 입단 후 매 시즌 외나무다리를 걷는 심정이었다. 그러다 보니 지난 시즌은 욕심을 부렸다. 하지만 결과는 아쉬웠다. 주로 원 포인트 서버로 코트에 투입되는 만큼 강렬한 인상을 심어 주려다가 범실이 늘어났다. 2021-2022시즌도 쉽지만은 않다. 새 시즌 준비에 한창일 시기에 부상이 찾아와 동료들보다 양적으로나, 질적으로나 훈련 소화가 부족했다. 스스로 몸이 한창 좋았다고 느끼는 상황에서 찾아온 부상이라 더욱 아쉬움이 컸다. 하지만 부상이 주는 긍정적 효과도 분명하다. 최현규는 욕심을 내려놓고 신영철 감독이 주문하는 역할에만 오롯이 집중할 수 있게 됐다. 최현규는 우리카드에 도움이 되는 선수가 되기 위해, 또 V-리그에서 살아남기 위해 대포알 서브를 오늘도 준비하고 있다.

준비된 자만이 기회를 잡는다.

### 최현규의 BEST 3

| | 서브(set) | 공격 성공률 | 리시브 효율 |
|---|---|---|---|
| 최현규 | 0.119 | - | - |
| 레프트평균 | 0.177 | 50.04 | 34.24 |

### 2020-2021 평균 기록

| 경기 | 세트 | 득점 | 공격 성공률 | 블로킹 | 서브 | 세트(set) | 리시브 효율 | 디그(set) |
|---|---|---|---|---|---|---|---|---|
| 36 | 126 | 15 | - | - | 15 | - | - | 0.111 |

**센터**

# 15 ⓒ
## 지태환

1986.06.05.
199cm
강선초-장성중-벌교제일고-한양대
2010-2011시즌 1라운드 6순위
삼성화재-우리카드(2021)

지태환은 삼성화재의 원클럽맨으로 남을 거라고 모두가 예상했다. 하지만 부상과 수술, 재활, 그리고 재발, 재수술로 이어진 악순환이 결국 둘의 사이를 갈라놨다. 설 자리를 잃은 지태환에게 신영철 감독이 손을 내밀었다. 지태환은 절치부심했다. 많은 배구팬이 알던 자신의 모습은 아닐지라도 코트 위에서 성실한 모습을 다시 보여줄 수 있다고 믿는다. 연습만으로도 기분이 좋다는 지태환은 스스로 마지막 기회라는 점을 가슴 속 깊숙한 곳에 새겼다. 일단 아프던 무릎의 상태가 많이 좋아졌다. 서두르지 않고, 경기 감각만 회복한다면 한 경기 블로킹 9개씩 잡던 지태환의 모습을 다시 V-리그에서 볼 수 있을 전망이다.

잘 해보자!

### 지태환의 BEST 3

| | 공격 성공률 | 속공 성공률 | 블로킹(set) |
|---|---|---|---|
| 지태환 | - | - | - |
| 센터평균 | 53.75 | 54.77 | 0.440 |

### 2020-2021 평균 기록

| 경기 | 세트 | 득점 | 공격 성공률 | 블로킹 | 서브 | 세트(set) | 리시브 효율 | 디그(set) |
|---|---|---|---|---|---|---|---|---|
| - | - | - | - | - | - | - | - | - |

V-LEAGUE

**센터**

# 17 ⓒ
# 장 준 호

1990.11.02.
197cm
홍천서석초-설악중-속초고-성균관대
2013-2014시즌 2라운드 2순위
러시앤캐시-한국전력(2019)-우리카드(2020)

우승팀의 선수였지만 주전은 아니었다. 그래서 주전으로 될 수 있는 팀으로 갔다. 그리고 FA로 자신을 불러준 우리카드 유니폼을 입었다. 하지만 베테랑 선배들이 버틴 벽은 여전히 높았다. 그래서 장준호에게 지난 1년은 나쁜 버릇을 버리고, 새로운 팀 분위기에 녹아드는 시간이었다. 덕분에 장준호는 자타공인 우리카드의 분위기 메이커다. 장준호는 웜업존에 있으면서도 가장 크게 목소리를 낸다. 그래야 코트 안의 동료들이 더 힘을 낸다는 것을 알고 있다. 이제는 코트 안에서 장준호의 장점을 보여줄 때다. 요즘 배구를 서브와 블로킹 싸움이라고 하는데 장준호는 자신이 코트에서 보여줄 장점이 분명 있다고 생각한다.

### 장준호의 BEST 3

|  | 공격 성공률 | 블로킹(set) | 서브(set) |
|---|---|---|---|
| 장준호 | 55.32 | 0.097 | - |
| 센터평균 | 53.75 | 0.440 | 0.060 |

### 2020-2021 평균 기록

| 경기 | 세트 | 득점 | 공격 성공률 | 블로킹 | 서브 | 세트(set) | 리시브 효율 | 디그(set) |
|---|---|---|---|---|---|---|---|---|
| 33 | 93 | 35 | 55.32 | 9 | - | 0.022 | - | 0.097 |

## 라이트

# 19 ®
## 이 강 원

1990.05.05.
198cm
수성초-경북사대부중-경북사대부고-경희대
2012-2013시즌 1라운드 1순위
LIG손해보험-삼성화재(2018)

먼 길을 돌아 제자리로 복귀했다. 이강원은 대학 시절 높은 공을 잘 때리는 선수였다. 하지만 프로에서는 외국인 선수의 벽에 막혔다. 그래서 레프트로, 또 센터로 포지션을 변경할 수밖에 없었다. 그러다 보니 어느덧 입대할 나이가 찾아왔다. 그렇게 이강원의 20대 배구인생은 아쉬움으로 마무리됐다. 전역 후 센터 포지션을 준비하던 이강원에게 새로운 기회가 찾아왔다. 우리카드로 트레이드되며 자신이 가장 자신있는 포지션인 라이트로 코트에 나설 수 있게 된 덕분이다. 알렉스라는 확실한 주전이 있지만 그래도 이강원의 얼굴은 근래 본 이래 가장 밝다. 신영철 감독이 지적하는 부분이 많을수록 자신의 배구 실력이 성장할 수 있다고 믿는 무한긍정파. 이강원의 가세 덕분에 우리카드는 더욱 강해졌다.

코트 안에서 만큼은 겸손하지 않겠다.
이강원

### 이강원의 BEST 3

| | 공격 성공률 | 블로킹(set) | 서브(set) |
|---|---|---|---|
| 이강원 | — | — | — |
| 라이트 평균 | 50.81 | 0.264 | 0.240 |

### 2020-2021 평균 기록

| 경기 | 세트 | 득점 | 공격 성공률 | 블로킹 | 서브 | 세트(set) | 리시브 효율 | 디그(set) |
|---|---|---|---|---|---|---|---|---|
| — | — | — | — | — | — | — | — | — |

# 2020-2021 REVIEW & 2021-2022 PREVIEW

## 팀 순위

**4**

| 55 | 19 | 17 |
|---|---|---|
| 승점 | 승 | 패 |

75/75(1.000)
세트 득/실(득실률)

3314/3343(0.991)
점수 득/실(득실률)

### 항목별 팀순위

| 항목 | 기록 | 순위 |
|---|---|---|
| 득점 | 3,314점 | 3 |
| 공격종합 | 50.27% | 4 |
| 블로킹 | 2.35개 | 3 |
| 서브 | 1.14개 | 4 |
| 디그 | 8.81개 | 6 |
| 세트 | 11.77개 | 5 |
| 리시브 | 34.44% | 5 |
| 수비 | 15.24개 | 6 |

### 승패조견표

| | 현대 | 우리 | KB | 한전 | 대한 | KOVO | 순위 |
|---|---|---|---|---|---|---|---|
| 1R | 3:2 | 3:2 | 3:1 | 3:1 | 3:1 | 3:2 | 1 |
| 2R | 1:3 | 3:1 | 1:3 | 0:3 | 3:1 | 3:1 | 4 |
| 3R | 2:3 | 0:3 | 1:3 | 3:2 | 3:1 | 3:2 | 5 |
| 4R | 0:3 | 0:3 | 3:0 | 3:2 | 3:2 | 3:0 | 4 |
| 5R | 2:3 | 1:3 | 2:3 | 1:3 | 2:3 | 3:1 | 6 |
| 6R | 1:3 | 0:3 | 3:2 | 2:3 | 2:3 | 3:0 | 3 |
| 계 | 1승 5패 | 2승 4패 | 3승 3패 | 3승 3패 | 4승 2패 | 6승 | 4 |

## 명근이도 없고, 민규도 없고

남자부 7개 구단 가운데 한 팀에서만 활약한 원클럽맨이 가장 많은 팀이 OK금융그룹이다. 막내 구단으로서 창단 초기 멤버들의 다수가 지금까지 남아있기 때문이다. OK금융그룹은 이번 시즌을 앞두고 그동안 팀의 주축으로 활약했던 이민규와 송명근이 군에 입대하며 큰 변화를 맞이했다. 두 선수 없이 치르는 첫 시즌이다. 이민규가 빠진 세터진은 곽명우가 이끈다. 또한 레프트 포지션의 외국인 선수를 선택하면서 라이트 포지션의 조재성이 2017-2018시즌 이후 3년만에 풀타임 주전으로 공격을 이끌 것이다. 레오가 포함된 레프트 포지션의 경쟁은 정말 치열해졌다. 최홍석, 차지환, 김웅비가 한 자리를 놓고 무한 경쟁을 펼친다. 이민규와 송명근의 이름이 생각나지 않아야 한다. 그래야 성공적인 시즌이 될 것이다.

## 레오, 너는 아느냐? 시몬의 향기를!

2014-2015시즌 삼성화재와 OK저축은행의 V-리그 챔피언 결정전. 당시 최고의 외국인선수로 평가받던 레오와 시몬의 맞대결. 끝나지 않을 것 같던 삼성화재의 시대가 막을 내렸다. OK저축은행이 처음으로 V-리그를 정복하는 순간이었다. 당시 3년간 리그를 지배하던 레오는 V-리그를 떠났고 시몬은 다음해까지 팀을 리그 2연패로 이끌었다. V-리그 역대 최고의 외국인선수가 누구인가라는 질문에는 논쟁이 있을 수 있지만 OK팬들에게 외국인 선수는 시몬이 전부다. V-리그를 떠났던 레오가 7년만에 돌아왔다. 그것도 자신의 마지막 경기에 패배를 안긴 팀으로. 레오는 시몬을 넘어 OK금융그룹 최고의 외국인선수가 될 수 있을까? 그렇게 된다면 V-리그 역사상 최고의 외국인 선수가 누구인가라는 논쟁은 필요 없어질 것이다.

14-15    15-16

### 최근 5시즌 정규리그 순위

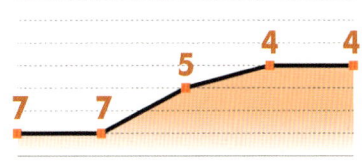

7  7  5  4  4
16-17  17-18  18-19  19-20  20-21

# 2021-2022

## BEST 7

Ⓡ 조재성

Ⓒ 진상현

Ⓛ 레오

Ⓛ 차지환

Ⓒ 박원빈

Ⓢ 곽명우

Ⓛi 정성현

## 라인업

| 1 | 박승수 | L | 10 | 부용찬 | Li |
| 2 | 곽명우 | S | 11 | 박원빈 | C |
| 3 | 정성현 | Ⓒ Li | 12 | 전병선 | R |
| 4 | 조재성 | R | 14 | 문지훈 | C |
| 5 | 권준형 | S | 15 | 최홍석 | L |
| 6 | 레오 | L | 16 | 진상현 | C |
| 7 | 조국기 | Li | 17 | 박창성 | C |
| 8 | 차지환 | L | 19 | 한광호 | Li |
| 9 | 김웅비 | L | 20 | 강정민 | S |

## 인 & 아웃

| IN ▶ | | OUT ▶ | 이민규 |
| | | | 송명근 |
| | | | 전진선 |
| | | | 심경섭 |

## 루키

Ⓛ 박승수

Ⓛi 한광호

Ⓢ 강정민

Ⓛ 윤길재

Ⓒ 문채규

MANAGER

### 석진욱 감독

5년만의 봄 배구. 지난 시즌 OK금융그룹은 리그 2연패를 차지했던 2015-2016시즌 이후 5년만에 포스트시즌에 진출했다. 준플레이오프에서 KB손해보험을 이기며 플레이오프까지 진출한 OK금융그룹은 장기간 하락의 마침표를 찍고 마침내 다시 반등을 시작했다. 석진욱 감독은 부임 첫 해의 경험을 바탕으로 변화를 모색했다. FA 진상헌을 영입해 블로킹을 강화했다. 선택은 적중했다. 1라운드 6전 전승을 기록하며 최고의 출발을 선보였다. 하지만 2019-2020시즌과 마찬가지로 그 기세를 이어가지 못했다. 부상 선수가 많아 장기레이스에서 힘을 발휘하지 못했고 후반기 주전멤버들이 이탈하는 상황이 발생하면서 어수선한 팀 분위기를 수습하는데 에너지를 쏟아야했다. 감독으로 지난 두 시즌을 돌아보면 1라운드의 좋은 출발을 이어가지 못한 것이 가장 아쉬웠다. 2021-2022시즌은 프리시즌부터 강한 체력 훈련을 하며 장기 레이스에 대비하고 있다.

감독 세 번째 시즌. 선물처럼 레오가 찾아왔다. 지난 시즌 3위를 기록해 외국인선수 트라이아웃에서 상위 순번의 선택권을 갖지 못할 것이라 생각했지만 거짓말처럼 OK금융그룹의 구슬이 가장 먼저 나오며 1순위 지명권을 얻었다. 석진욱 감독은 주저없이 레오의 이름을 불렀다. 2012-2013시즌 코트에서 함께 뛰며 삼성화재의 우승을 이룬 두 주인공이 재회했다. 석진욱 감독과 레오의 케미스트리가 다시 한번 폭발한다면 우승도 가능하지 않을까?

석진욱 감독은 V-리그에서 9번 우승했다. 선수로서 7번, 코치로서 2번의 우승이었다. 이번시즌 감독으로 자신의 10번째 V-리그 우승을 기록한다면 배구인생 최고의 선물이 될 것이다.

### 세터

# 2 ⓢ
## 곽명우

1991.04.08.
193cm
소사초-소사중-영생고-성균관대
2013-2014시즌 2라운드 1순위
-

뻔뻔하고 당당하게. 이번 시즌 곽명우의 자세다. 레오가 돌아왔다. 기억속의 레오를 현재로 소환하는 것은 곽명우의 몫이다. 세터는 부담이다. 잘하면 레오 덕, 못하면 세터 탓이다. 공격루트를 다양화해야 한다. 세터의 작전이 중요하다. 곽명우는 OK금융그룹의 창단멤버다. 책임감을 느낀다. 이민규가 없는 첫 시즌이다. 부담은 되지만 또한 기대되고 설레는 시즌이다. 곽명우는 이미 V-리그에서 팀을 우승으로 토스했다. 다시 그 무대를 밟고 싶다. 2021 의정부 컵대회 결승 진출은 희망의 전주곡이다. 프리시즌 내내 즐거운 상상을 한다. 챔피언 결정전. 챔피언십 포인트 그리고 마지막 토스.

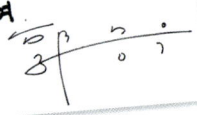

### 곽명우의 BEST 3

|  | 세트(set) | 블로킹(set) | 디그 성공률 |
|---|---|---|---|
| 곽명우 | 6.657 | 0.224 | 69.84 |
| 세터평균 | 7.391 | 0.157 | 68.25 |

### 2020-2021 평균 기록

| 경기 | 세트 | 득점 | 공격 성공률 | 블로킹 | 서브 | 세트(set) | 리시브 효율 | 디그(set) |
|---|---|---|---|---|---|---|---|---|
| 25 | 67 | 18 | 50.00 | 15 | 1 | 6.657 | - | 0.657 |

### 리베로 ⓒ

# 3 Li
## 정 성 현

1991.05.18.
183cm
대구서부초-성지중-성지고-홍익대
2013-2014시즌 1라운드 6순위
-

5년만의 포스트시즌. 하지만 정성현은 뛰지 못했다. 부상으로 6라운드부터 재활을 하면서 팀의 플레이오프를 지켜만 봤다. 여러 가지로 아쉬움이 가득한 지난 시즌이었다. 시즌 도중 주전 선수 2명이 이탈하면서 흐트러진 팀 분위기를 다잡는 것도 주장의 몫이었다. 2013-2014시즌 신생팀 러시안캐시는 1라운드 2순위부터 2라운드 2순위까지 8명의 선수를 한번에 지명했다. 이번 시즌 남은 선수는 정성현과 곽명우 단 두 명. 무엇보다 이민규와 송명근 없이 치르는 첫 시즌. 창단 멤버이자 주장인 정성현의 어깨가 무겁다. 목표는 단 하나. 이번 시즌 전 경기를 뛰면서 팀의 마지막까지 함께 하는 것이다.

### 정성현의 BEST 3

| | 리시브 효율 | 디그(set) | 세트(set) |
|---|---|---|---|
| 정성현 | 43.50 | 1.066 | 0.264 |
| 리베로 평균 | 40.50 | 1.513 | 0.233 |

### 2020-2021 평균 기록

| 경기 | 세트 | 득점 | 공격 성공률 | 블로킹 | 서브 | 세트(set) | 리시브 효율 | 디그(set) |
|---|---|---|---|---|---|---|---|---|
| 31 | 121 | - | - | - | - | 0.264 | 43.50 | 1.066 |

우승 가자!

**라이트**

# 4 ®
## 조 재 성

1995.08.01.
193cm
명륜초-동래중-동성고-경희대
2016-2017시즌 2라운드 1순위
-

MIP에서 MVP로. 2021 의정부 컵 대회에서 조재성은 준우승팀 최고의 선수가 차지하는 MIP가 되었다. 이번 시즌 목표는 라운드 MVP. 한 라운드를 통째로 집어 삼키고 싶다. 여건은 만들어졌다. 다시 주전이다. 3년만이다. 레프트 포지션인 레오의 영입으로 라이트 포지션인 조재성에게 기회의 문이 열렸다. 2018-2019시즌 요스바니가 있던 시절. 조재성은 첫 풀타임 주전을 경험했다. 36경기 전경기에 출전해 경기당 11득점 이상을 기록했다. 서브 48득점에 블로킹 40득점. 단연 커리어 하이시즌이었다. 어게인 2018. 조재성은 그때보다 더 강력하다. 이번시즌 OK는 조재성의 왼손에 달렸다.

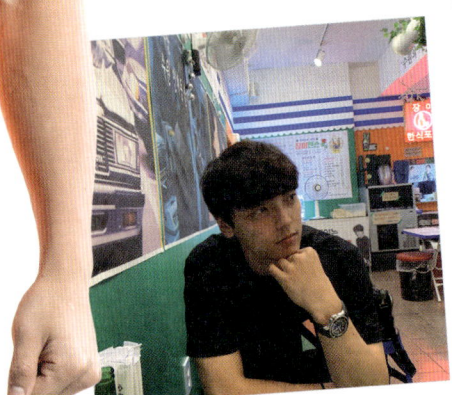

정상을 향해 달리자

### 조재성의 BEST 3

| | 공격 성공률 | 서브(set) | 리시브 효율 |
|---|---|---|---|
| 조재성 | 48.44 | 0.242 | 30.69 |
| 레프트평균 | 50.04 | 0.177 | 34.23 |

### 2020-2021 평균 기록

| 경기 | 세트 | 득점 | 공격 성공률 | 블로킹 | 서브 | 세트(set) | 리시브 효율 | 디그(set) |
|---|---|---|---|---|---|---|---|---|
| 35 | 132 | 194 | 48.44 | 22 | 32 | 0.023 | 30.69 | 0.417 |

### 세터

# 5 Ⓢ
# 권 준 형

1989.09.26.
190cm
가야초-성지중-성지고-성균관대
2011-2012시즌 3라운드 3순위
LIG손해보험-한국전력(2014)
삼성화재(2019)-OK금융그룹(2020)

아찔했다. 2021 의정부 컵 대회 한국전력과의 경기에서 권준형은 쓰러졌다. 일어나지 못했다. 무릎이 말을 듣지 않았다. 절망적인 생각이 들었다. 이날 경기는 토스도 블로킹도 잘 되던 찰나였다. 그러나 다행이었다. 회복이 빨랐다. 다시 마음을 다잡고 시즌을 준비한다. 권준형은 알고 있다. 자신이 경기에 투입되는 시점은 팀이 지고 있을 때라는 것을. 경기를 바꾸고 싶다. 또한 이번 시즌이 터닝포인트가 되기를 바란다. 10번째 시즌, 무엇을 해야하는 지 스스로 알고 있다. 시즌이 끝나면 어떤 말이 듣고 싶을까. 최소한 '이민규가 있었더라면'이란 말은 듣고 싶지 않다.

#### 권준형의 BEST 3

|  | 세트(set) | 디그(set) | 디그 성공률 |
|---|---|---|---|
| 권준형 | 2.800 | 0.200 | - |
| 세터평균 | 7.391 | 0.912 | 68.25 |

#### 2020-2021 평균 기록

| 경기 | 세트 | 득점 | 공격 성공률 | 블로킹 | 서브 | 세트(set) | 리시브 효율 | 디그(set) |
|---|---|---|---|---|---|---|---|---|
| 9 | 10 | 1 | - | 1 | - | 2.800 | - | 0.200 |

올해 V3 가즈아~

V-LEAGUE

## 레프트

# 6 Ⓛ
## 레 오

1990.03.23.
207cm
쿠바
2021-2022시즌 트라이아웃 1순위
삼성화재(2012-2015)-OK금융그룹(2021)

밀림의 사자가 돌아왔다. V-리그의 절대 지배자. 블루팡스의 봄을 꽃피웠던 아슬란. 7년만의 V-리그 복귀에 OK금융그룹은 1순위 선택권을 주저없이 레오에게 던졌다. 레오는 다시 한번 리그를 집어삼킬 준비를 끝냈다. 석진욱 감독과는 긴말이 필요 없다. 2012-2013시즌 삼성화재에서 함께 뛴 두 사람이 다시 만났다. 운명이다. 석진욱이 받고 레오가 때렸다. 이제 레오가 우승 트로피를 감독에게 안길 차례다. 기량은 여전하다. 게다가 경험과 파워가 더해졌다. 시몬을 뛰어넘어 OK금융그룹 역사상 최고의 외국인 선수가 될 수 있을까? 레오라면 가능하다.

### 레오의 BEST 3

| | 공격 성공률 | 서브(set) | 후위 성공률 |
|---|---|---|---|
| 레오 | — | — | — |
| 레프트평균 | 50.04 | 0.177 | 54.58 |

### 2020-2021 평균 기록

| 경기 | 세트 | 득점 | 공격 성공률 | 블로킹 | 서브 | 세트(set) | 리시브 효율 | 디그(set) |
|---|---|---|---|---|---|---|---|---|
| — | — | — | — | — | — | — | — | — |

### 리베로

# 7 Li
## 조국기

1989.03.11.
184cm
도계초-설악중-속초고-명지대
2011-2012시즌 3라운드 5순위
대한항공-러시앤캐시(2013)

조국기는 다른 유니폼을 원한다. 리베로 유니폼이다. 리베로 유니폼은 경기마다 2명에게만 허락된다. 리베로 부자 OK금융그룹에서 경쟁은 필연적이다. 정성현과 부용찬을 넘어서야 생존이 가능하다. 조국기가 리베로 유니폼을 입는 날은 그를 주목해야 한다. 항상 오는 기회가 아니기 때문이다. 결국 서브 리시브가 관건이다. 팀의 문제이기도 하다. OK는 지난시즌 팀 리시브 5위, 디그 6위를 기록했다. 레오의 가세로 공격은 걱정을 덜었다. 수비가 뒷받침된다면 2년연속 봄 배구는 가능하다. 매 세트 20점대 한 점 승부에서 리시브가 흔들릴 때 감독은 조국기를 부를 것이다. 받아야 한다. 버텨야 이긴다.

### 조국기의 BEST 3

| | 리시브 효율 | 디그(set) | 디그 성공률 |
|---|---|---|---|
| 조국기 | 49.17 | 0.667 | 83.67 |
| 리베로평균 | 40.50 | 1.513 | 77.76 |

### 2020-2021 평균 기록

| 경기 | 세트 | 득점 | 공격 성공률 | 블로킹 | 서브 | 세트(set) | 리시브 효율 | 디그(set) |
|---|---|---|---|---|---|---|---|---|
| 36 | 123 | 2 | - | - | 2 | 0.130 | 49.17 | 0.667 |

### 레프트

# 8 Ⓛ
## 차 지 환

1996.05.09.
201cm
문정초-문흥중-현일고-인하대
2017-2018시즌 1라운드 2순위
-

지난 시즌 V-리그 포스트시즌 플레이오프 1차전. 이 경기가 차지환의 터닝포인트였다. 우리카드와의 경기에서 차지환은 12득점, 공격성공률 62.5%를 기록하며 껍질을 깨고 나왔다. 비록 팀은 챔피언 결정전에 진출하지 못했지만 차지환이 비로소 눈을 뜬 경기였다. 준플레이오프에서의 경기내용은 스스로 만족스럽지 않았지만 플레이오프 1차전은 스스로 해결하는 방법을 깨우친 경기였다. 이번 여름 2021 의정부 컵 대회. OK에서 가장 인상적인 선수는 차지환이었다. 확실한 성장이 보였다. 레오와 함께 레프트 한자리에 설 선수는 누가될까? 현재로서는 차지환의 차지가 될 것으로 보인다.

올해도 부상없이
최선을 다하는 최도가 되자

### 차지환의 BEST 3

| | 공격 성공률 | 리시브 효율 | 블로킹(set) |
|---|---|---|---|
| 차지환 | 42.75 | 29.75 | 0.205 |
| 레프트평균 | 50.04 | 34.23 | 0.168 |

### 2020-2021 평균 기록

| 경기 | 세트 | 득점 | 공격 성공률 | 블로킹 | 서브 | 세트(set) | 리시브 효율 | 디그(set) |
|---|---|---|---|---|---|---|---|---|
| 13 | 39 | 74 | 42.75 | 8 | 7 | 0.077 | 29.75 | 0.641 |

## 레프트

## 9 Ⓛ
# 김웅비

1997.12.01.
190cm
김포양곡초-제천중-제천산업고-인하대
2019-2020시즌 1라운드 3순위
-

날아올라!

웅장하게 비상하라! 이번 시즌 김웅비의 슬로건이다. 이제 높이 날 때가 되었다. 점프하면 김웅비. 동료들의 칭찬이 이어진다. KB손해보험 김학민의 은퇴로 이제 공격하면서 라면 먹고 내려올 선수는 김웅비라 한다. 체공 시간이 장점이다. 공격에는 자신이 있다. 그러나 이번 시즌 OK금융그룹 레프트 주전경쟁의 성패는 서브 리시브에 달려있다. 최홍석, 차지환과의 경쟁이다. 누가 더 안정감을 줄 수 있을까? 지난 시즌 후반기. 김웅비는 코트에 서는 시간이 늘어났다. 체력의 중요성을 느꼈다. 상대의 강서브를 견딘다면 어느 순간 주전 경쟁에서 앞서가며 비상하는 김웅비를 볼 수 있을 것이다.

보여줄게 완전히 달라진 나 ★★★

### 김웅비의 BEST 3

| | 공격 성공률 | 리시브 효율 | 서브(set) |
|---|---|---|---|
| 김웅비 | 50.93 | 26.32 | 0.127 |
| 레프트 평균 | 50.04 | 34.23 | 0.177 |

### 2020-2021 평균 기록

| 경기 | 세트 | 득점 | 공격 성공률 | 블로킹 | 서브 | 세트(set) | 리시브 효율 | 디그(set) |
|---|---|---|---|---|---|---|---|---|
| 26 | 63 | 126 | 50.93 | 8 | 8 | 0.079 | 26.32 | 0.873 |

### 리베로

## 10 (Li)
## 부용찬

1989.12.27.
175cm
토평초-별교중-별교제일고-한양대
2011-2012시즌 1라운드 3순위
LIG손해보험-삼성화재(2016)-OK저축은행(2018)

터프가이. OK금융그룹에서 아니 V-리그에서 가장 개성 있는 선수를 한 명 꼽으라면 부용찬이다. 팬들에게 강한 인상을 심어주기 위해 기른 수염은 이제 그의 상징이 되었다. 허슬플레이를 주저하지 않는 그의 터프한 수비는 팬들을 감탄하게 하고 동료들의 투지를 끌어내며 감독을 미소짓게 만든다. 부용찬은 발등 부상으로 2021 컵 대회에 나서지 못해 팀의 결승전을 지켜봐야만 했다. 이번 시즌 목표는 다시 최고가 되는 것이다. 2016-2017, 2017-2018시즌 받았던 리베로 부문 베스트7 상을 다시 받으며, 리그 최고의 리베로로 인정받고 싶다.

자신을 믿고 동료를 믿고 헌신하자!

### 부용찬의 BEST 3

| | 디그(set) | 리시브 효율 | 디그 성공률 |
|---|---|---|---|
| 부용찬 | 1.589 | 37.50 | 76.49 |
| 리베로평균 | 1.513 | 40.50 | 77.76 |

### 2020-2021 평균 기록

| 경기 | 세트 | 득점 | 공격 성공률 | 블로킹 | 서브 | 세트(set) | 리시브 효율 | 디그(set) |
|---|---|---|---|---|---|---|---|---|
| 31 | 129 | - | - | - | - | 0.085 | 37.50 | 1.589 |

### 센터

# 11 ⓒ
## 박 원 빈

1992.04.07.
198cm
삼양초-옥천중-옥천고-인하대
2014-2015시즌 1라운드 2순위
-

지난 7년간 OK의 중앙을 지켰다. 처음 2년간 리그 우승을 맛봤다. 블로킹 TOP 5 안에 들며 리그 최고의 미들블로커를 꿈꿨다. 하지만 아픈 무릎은 팀에게도 본인에게도 시련이었다. 매 시즌 웨이트 트레이닝과 체력에 가장 신경을 쓴다. 2021 컵 대회에서 한층 단련된 피지컬과 속공 능력을 보였다. 지난 시즌 박원빈은 59개의 블로킹 득점으로 블로킹 7위에 올랐다. 이번 시즌 목표는 블로킹 TOP 3. 포지션 경쟁자 박창성의 성장이 박원빈에게는 좋은 자극이다. 배울 게 많은 선배 진상헌과의 시너지도 기대한다. OK에서만 이제 8번째 시즌이다. 미들블로커 하면 떠오르는 이름이 되고 싶다.

### 박원빈의 BEST 3

| | 블로킹(set) | 속공 성공률 | 서브(set) |
|---|---|---|---|
| 박원빈 | 0.527 | 50.00 | 0.009 |
| 센터 평균 | 0.440 | 54.76 | 0.060 |

### 2020-2021 평균 기록

| 경기 | 세트 | 득점 | 공격 성공률 | 블로킹 | 서브 | 세트(set) | 리시브 효율 | 디그(set) |
|---|---|---|---|---|---|---|---|---|
| 31 | 112 | 129 | 49.64 | 59 | 1 | 0.045 | 11.11 | 0.304 |

라이트

# 12 ®
## 전 병 선

1992.04.25.
193cm
관저초-중앙중-중앙고-한양대
2014-2015시즌 2라운드 6순위
-

절박한 시즌이다. 조재성과 함께 라이트 포지션을 책임져야 한다. 무기는 서브다. 빠를 때 110km의 서브 속도가 나온다. 훈련 때의 서브를 실전에 적용하는 것이 관건이다. 컵 대회 결승전에서 기록한 서브 에이스를 지속적으로 보여줄 수 있다면 매 경기 매 세트 전병선을 코트에서 볼 수 있을 것이다. 무릎 수술 후유증으로 몇 년간 힘든 시간을 보냈다. 부상 없이 준비하는 시즌이기에 기대가 크다. 2021 컵 대회에서 팀 동료 권준형과 충돌하며 출혈이 있었지만, 정신을 번쩍 차리는 계기가 됐다. 7번째 시즌, 분명 무언가를 보여줄 수 있을 것이다. 그래야만 한다.

이번 시즌 후회없이 하자

## 전병선의 BEST 3

| | 공격 성공률 | 서브(set) | 디그 성공률 |
|---|---|---|---|
| 전병선 | 57.89 | 0.100 | 71.42 |
| 리그평균 | 50.70 | 0.119 | 73.90 |

## 2020-2021 평균 기록

| 경기 | 세트 | 득점 | 공격 성공률 | 블로킹 | 서브 | 세트(set) | 리시브 효율 | 디그(set) |
|---|---|---|---|---|---|---|---|---|
| 35 | 100 | 21 | 57.89 | – | 10 | 0.010 | – | 0.100 |

### 센 터

# 14 ⓒ
# 문 지 훈

1997.10.11.
194cm
성남초-향림중-벌교상고-조선대
2020-2021시즌 수련선수
-

지난 시즌 수련선수. 연습생 신분이었다. 무조건 정식 선수가 되자는 목표밖에 없었다. 경기에 뛰고 싶은 마음은 간절했지만 준비만 해야 하는 상황이었다. 육성군에서 윤여진 코치와 함께 겨울을 보냈다. 긍정적인 마음으로 미래를 꿈꿨다. 마침내 찾아온 여름, 2021 컵 대회 삼성화재전에서 문지훈은 프로 첫 경기를 치렀다. 너무나 떨렸다. 그 느낌이 좋았다. 두 번째 경기인 현대캐피탈전에서야 긴장이 풀어지고 머릿속이 정리됐다. 남자배구에서 흔치 않은 외발 이동공격이 나왔다. 빠른 발을 장점으로 활용해 새로운 공격 패턴을 보여주고 싶었다. 또 한 명의 인생역전 드라마가 이미 시작됐다.

모두가 한마음으로 V3를 목표로!

### 문지훈의 BEST 3

| | 블로킹(set) | 속공 성공률 | 서브(set) |
|---|---|---|---|
| 문지훈 | - | - | - |
| 센터평균 | 0.440 | 54.76 | 0.060 |

### 2020-2021 평균 기록

| 경기 | 세트 | 득점 | 공격 성공률 | 블로킹 | 서브 | 세트(set) | 리시브 효율 | 디그(set) |
|---|---|---|---|---|---|---|---|---|
| - | - | - | - | - | - | - | - | - |

V-LEAGUE

### 레프트

# 15 Ⓛ
## 최 홍 석

1988.06.26.
193cm
가야초-동래중-동성고-경기대
2011-2012시즌 1라운드 1순위
우리캐피탈-한국전력(2018)-OK저축은행(2019)

최홍석은 최고의 하이볼 컨트롤러다. 어려운 볼을 더 잘 때린다고 느껴질 때가 많다. 그만큼 큰 공격에 장점이 있다. 경기가 잘 풀리는 날에는 외국인 선수가 부럽지 않다. 11번째 시즌. 이제 자신의 커리어에 한 획을 그을 때가 왔다. 한 번도 경험해보지 못한 챔피언 결정전. OK에서라면, 레오와 함께라면 가능해 보인다. 이대로 끝내고 싶지는 않다. 세간의 평가를 바꾸어놓는 시즌을 만들고 싶다. 경험 면에서 팀 내 최고의 레프트라고 자신한다. 송명근 없이 치르는 OK의 첫 번째 시즌. 최홍석이 있기에 가능했다는 말을 듣고 싶다. 오직 필요한 것은 꾸준함이다.

### 최홍석의 BEST 3

| | 공격 성공률 | 블로킹(set) | 리시브 효율 |
|---|---|---|---|
| 최홍석 | 50.00 | 0.214 | 25.29 |
| 레프트평균 | 50.04 | 0.168 | 34.23 |

### 2020-2021 평균 기록

| 경기 | 세트 | 득점 | 공격 성공률 | 블로킹 | 서브 | 세트(set) | 리시브 효율 | 디그(set) |
|---|---|---|---|---|---|---|---|---|
| 24 | 56 | 109 | 50.00 | 12 | 8 | 0.161 | 25.29 | 1.071 |

### 센터

# 16 ⓒ
# 진 상 헌

1986.04.22.
198cm
송전초-인창중-문일고-한양대
2007-2008시즌 1라운드 3순위
대한항공-OK금융그룹(2020)

OK금융그룹의 첫 외부 FA영입은 성공적이었다. 이적 첫 시즌 속공 1위, 블로킹 5위를 기록하며 팀을 5년만의 포스트시즌 무대로 이끌었다. 최근 몇 년간 OK금융그룹은 센터 부자였지만 리그를 대표하는 센터를 갖지 못했다. 진상헌은 지난시즌 자신의 커리어 하이인 72개의 블로킹 득점을 기록하며 팀의 약점을 지웠다. 라운드별 기록을 보자면 3라운드까지 블로킹 48득점을 했지만 4라운드부터는 블로킹 24득점을 하는데 그쳤다. 올 시즌 과제는 지속적인 퍼포먼스를 보여주는 것이다. 지난 시즌 1라운드처럼만 한다면 한 시즌 블로킹 100득점 돌파도 꿈이 아니다.

우승을 위하여. 최선을 다하겠습니다.

### 진상헌의 BEST 3

| | 블로킹(set) | 속공 성공률 | 서브(set) |
|---|---|---|---|
| 진상헌 | 0.571 | 61.17 | 0.024 |
| 센터평균 | 0.440 | 54.76 | 0.060 |

### 2020-2021 평균 기록

| 경기 | 세트 | 득점 | 공격 성공률 | 블로킹 | 서브 | 세트(set) | 리시브 효율 | 디그(set) |
|---|---|---|---|---|---|---|---|---|
| 35 | 126 | 200 | 59.81 | 72 | 3 | 0.135 | 27.27 | 0.500 |

## 센터

# 17 ⓒ
# 박 창 성

1998.09.21.
200cm
관산초-소사중-송림고-한양대
2020-2021시즌 1라운드 3순위
-

2021 컵 대회에서 가장 관심을 모은 선수. OK금융그룹이 치른 5경기에 모두 주전센터로 나서며 팀을 결승으로 이끌었다. 조재성과 전병선이 부상으로 경기에서 이탈하자 한양대 시절 보여줬던 라이트 공격을 선보이기도 했다. 최태웅 감독을 정조준(?)한 서브는 박창성의 실수였지만 이번 컵 대회는 박창성의 다재다능함을 보여준 무대였다. 신인이었던 지난 시즌은 4라운드부터 합류해 더 많이 보여주지 못한 아쉬움이 남았다. 200cm의 큰 키에도 빠른 플레이에 강점이 있다. 진상헌의 속공 스피드, 박원빈의 흔들리지 않는 블로킹을 자신의 것으로 만들고 싶다. 기대해도 좋을 두 번째 시즌이다.

정규 리그 우승 GO

### 박창성의 BEST 3

| | 서브(set) | 블로킹(set) | 속공 성공률 |
|---|---|---|---|
| 박창성 | 0.130 | 0.348 | 46.30 |
| 센터평균 | 0.060 | 0.440 | 54.76 |

### 2020-2021 평균 기록

| 경기 | 세트 | 득점 | 공격 성공률 | 블로킹 | 서브 | 세트(set) | 리시브 효율 | 디그(set) |
|---|---|---|---|---|---|---|---|---|
| 18 | 46 | 51 | 46.77 | 16 | 6 | 0.022 | - | 0.239 |

# 2020-2021 REVIEW & 2021-2022 PREVIEW

## 팀 순위

**3**

| 58 | 19 | 17 |
|---|---|---|
| 승점 | 승 | 패 |

73/71(1.028)
세트 득/실(득실률)

3186/3195(0.997)
점수 득/실(득실률)

### 항목별 팀 순위

| 항목 | 기록 | 순위 |
|---|---|---|
| 득점 | 3,186점 | 4 |
| 공격종합 | 51.35% | 3 |
| 블로킹 | 1.90개 | 6 |
| 서브 | 1.38개 | 3 |
| 디그 | 9.17개 | 5 |
| 세트 | 12.63개 | 2 |
| 리시브 | 32.43% | 6 |
| 수비 | 15.28개 | 5 |

### 승패 조견표

| | 우리카드 | 우리WON | OK금융 | KEPCO | 삼성화재 | 현대캐피탈 | 순위 |
|---|---|---|---|---|---|---|---|
| 1R | 3:1 | 3:1 | 1:3 | 3:1 | 3:2 | 3:2 | 2 |
| 2R | 3:1 | 0:3 | 3:1 | 2:3 | 3:0 | 3:2 | 2 |
| 3R | 2:3 | 0:3 | 3:1 | 3:0 | 3:0 | 0:3 | 3 |
| 4R | 2:3 | 3:0 | 0:3 | 0:3 | 3:2 | 2:3 | 6 |
| 5R | 0:3 | 2:3 | 3:1 | 1:3 | 3:1 | 3:0 | 5 |
| 6R | 0:3 | 0:3 | 2:3 | 2:3 | 3:1 | 3:2 | 4 |
| 계 | 2승4패 | 2승4패 | 3승3패 | 2승4패 | 6승 | 4승2패 | 3 |

## KB손해보험을 바꾼 '케이타 효과'

KB손해보험은 2020-2021시즌 천당과 지옥을 오갔다. 노우모리 케이타라는 '복덩이' 외국인 선수의 합류는 팀을 180도 바꿨다. 괴물 같은 득점력을 갖춘 케이타는 공격을 성공시킬 때마다 화려한 세리머니로 눈길을 끌었다. 세터 황택의와 케이타는 최고의 호흡을 자랑하며 돌풍을 일으켰다. 출발도 좋았다. 1라운드를 5승1패로 시작한 KB손해보험은 2라운드까지 9승3패로 선두에 올랐다. 케이타 효과와 함께 토종 레프트인 김정호의 활약에 힘입어 V-리그 남자부에서 화제를 모았다. 다만 아쉬움도 있었다. 시즌 중 코로나19 확진자가 나오며 주춤했고, 사령탑이 불미스러운 일에 연루돼 도중 하차했다. 오랫동안 원했던 봄배구에 나섰지만 주전 세터 황택의의 부상 공백이 아쉬웠다. 올 시즌 더 높은 곳을 향하는 KB손보는 2년 차 케이타가 어느 정도 활약을 펼치느냐, 주전 세터 황택의가 얼마나 건강한 몸을 유지하는 지가 가장 중요해졌다.

## 대대적인 변화보다는 '안정'

KB손해보험은 선수단의 큰 변화보다는 안정을 택했다. 덕장으로 꼽히는 후인정 감독을 새롭게 선임하며 일찌감치 팀 재정비에 나섰다. 후 감독 체제 하에 조금씩 변화도 엿보인다. 김정호, 정동근이 나섰던 레프트 자리에서도 홍상혁, 황두연 등의 가세로 선수층이 두터워졌다. 여기에 2021-2022시즌에는 국가대표 리베로 정민수가 군 전역 후 합류한다. 라이트 한국민, 세터 양준식 등도 코트로 돌아와 팀에 힘을 보탤 것으로 보인다. 후인정 감독은 치열한 주전경쟁을 통해 선수들의 시너지 효과를 기대하고 있다. 레프트 홍상혁이 얼마나 자신감 있는 활약을 펼쳐주는 지와 토종 선수들이 얼마나 케이타의 짐을 덜어줄 수 있는지가 가장 중요한 포인트다.

### 최근 5시즌 정규리그 순위

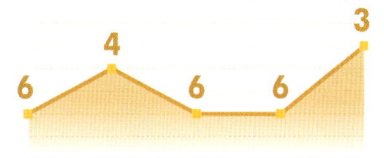

| 16-17 | 17-18 | 18-19 | 19-20 | 20-21 |
|---|---|---|---|---|
| 6 | 4 | 6 | 6 | 3 |

## 2021-2022

### BEST 7

Ⓡ 케이타

Ⓒ 박진우

Ⓛ 김정호

Ⓛ 홍상혁

Ⓒ 김재휘

Ⓢ 황택의

Ⓛ 정민수

### 라인업

| | | |
|---|---|---|
| 1 | 정동근 | L |
| 2 | 황택의 | S |
| 3 | 신승훈 | S |
| 5 | 김지승 | S |
| 6 | 김정호 | L |
| 7 | 박진우 | C |
| 9 | 케이타 | R |
| 10 | 곽동혁 | Li |
| 11 | 김홍정 Ⓒ | C |
| 12 | 황두연 | L |
| 13 | 여민수 | L |
| 14 | 홍상혁 | L |
| 15 | 김도훈 | Li |
| 17 | 양준식 | S |
| 18 | 구도현 | C |
| 19 | 김재휘 | C |

### 인 & 아웃

| IN ▶ | 정민수 | OUT ▶ | 김진수 |
|---|---|---|---|
| | 우상조 | | 정수용 |
| | 한국민 | | 김학민 |
| | 양준식 | | 김동민 |
| | | | 최익제 |

### 루키

Ⓢ 신승훈

Ⓒ 양희준

Ⓛ 손준영

Ⓢ 양인식

MANAGER

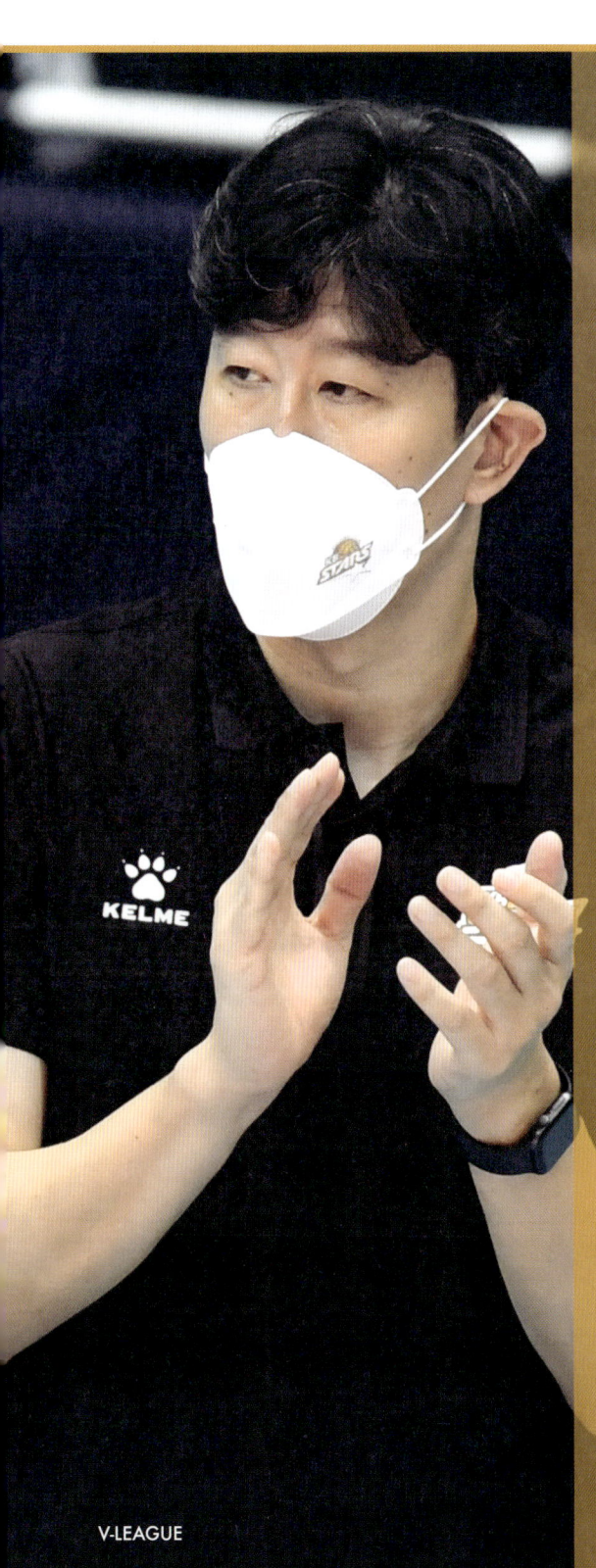

### 후인정 감독

왕년의 거포 출신이었던 후인정 감독은 2020-2021시즌 봄 배구에 진출했던 KB손해보험을 이끌 새로운 사령탑으로 낙점 받았다. KB손해보험은 오랜만에 포스트시즌 무대를 밟았지만 이상렬 감독이 불미스러운 일로 중도 하차하며 이경수 감독대행 등 3인 코치 체제로 정규리그와 준플레이오프를 치른 바 있다.

후 감독은 2005년 V-리그 MVP를 수상했던 스타플레이어 출신으로 2006년 도하 아시안게임에서는 국가대표팀 주장으로 활약하며 금메달을 목에 걸었다.

후 감독은 은퇴 후 남자배구 대표팀 코치와 대학팀 코치, 경기대 감독 등을 역임하며 지도자 커리어를 쌓았다.

후 감독과 KB손해보험의 인연은 부친까지 거슬러 올라간다. 후인정 감독의 아버지인 후국기씨가 KB손해보험의 전신이었던 금성통신 배구단에서 뛰었던 경험이 있다. 아버지가 선수로 뛰었던 팀에 오게 된 후인정 감독은 KB손해보험과 팬들을 위해 최선을 다해 팀을 이끈다는 각오다.

후 감독은 타고난 덕장이다. 선수들과 대화를 통해 명확한 방향과 비전을 제시하고, 각자 책임감을 갖고 따라올 수 있도록 지도한다. 훈련에서도 선수들에게 강요하지 않고 다른 의견이 있으면 언제든 이야기 할 수 있도록 했다. 감독과 코칭스태프의 의견에 정답은 없기에, 서로 열린 마음으로 대화를 통해 옳은 방향으로 나아가자고 강조한다.

긴 시간 동안 패배 의식에 젖어있던 KB손해보험은 2020-2021시즌 봄 배구를 경험하며 한 단계 올라섰다. 후 감독의 목표는 포스트시즌에 일회성이 아닌, 적어도 3년 이상 꾸준히 높은 곳을 경험할 수 있게 하는 것이다. 후인정 감독의 생각은 높은 곳에서 계속 놀아야 그 맛을 알고, 선수들이 챔피언을 향해 나아갈 수 있다는 것이다. 지난 시즌 정규리그서 19승을 했던 만큼, 이번 시즌에는 적어도 1승을 더 채워서 20승을 목표로 한다는 구상이다.

후인정 감독은 노우모리 케이타에 지나치게 의존하는 것이 아니라 국내 선수들이 조금 더 활약할 수 있도록 전략을 세웠다. 대학 시절 거포 이야기를 들었던 홍상혁 등이 2021-2022시즌을 통해 알에서 깨어나 비상하길 바라고 있다.

### 레프트

# 1 Ⓛ
# 정 동 근

1995.01.24
193cm
남양초-송산중-송산고-경기대
2015-2016시즌 1라운드 6순위
삼성화재-KB손해보험(2018)

왼손잡이 레프트 정동근은 2020-2021시즌 준수한 활약으로 팀의 포스트시즌 진출에 힘을 보탰다. 원래 대학 시절 라이트를 봤던 그는 기본기가 좋아 리시브도 잘했고, 이는 프로에서 빛을 보고 있다. 하지만 여전히 정동근은 현실에 만족하기보다 아쉬움이 크다. 더 많은 시간 코트에서 나가기 위해 수비뿐만 아니라 공격에서도 더 나은 모습을 보여야 한다는 생각이다. 정동근의 롤 모델은 한국전력에서 뛰는 서재덕이다. 같은 왼손잡이 레프트를 본다는 공통점이 있기에, 정동근은 서재덕의 플레이를 보고 많은 것을 배운다. 정동근은 강점인 리시브와 수비적인 부분을 더욱 살리려 한다. 어느 순간 코트에 나가더라도 팀 승리에 보탬이 될 수 있는 선수가 바로 정동근이다.

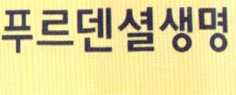

|  | 리시브 효율 | 공격 성공률 | 디그(set) |
|---|---|---|---|
| 정동근 | 30.85 | 46.93 | 1.636 |
| 레프트평균 | 34.24 | 50.04 | 0.967 |

### 2020-2021 평균 기록

| 경기 | 세트 | 득점 | 공격 성공률 | 블로킹 | 서브 | 세트(set) | 리시브 효율 | 디그(set) |
|---|---|---|---|---|---|---|---|---|
| 29 | 99 | 132 | 46.93 | 23 | 2 | 0.333 | 30.85 | 1.636 |

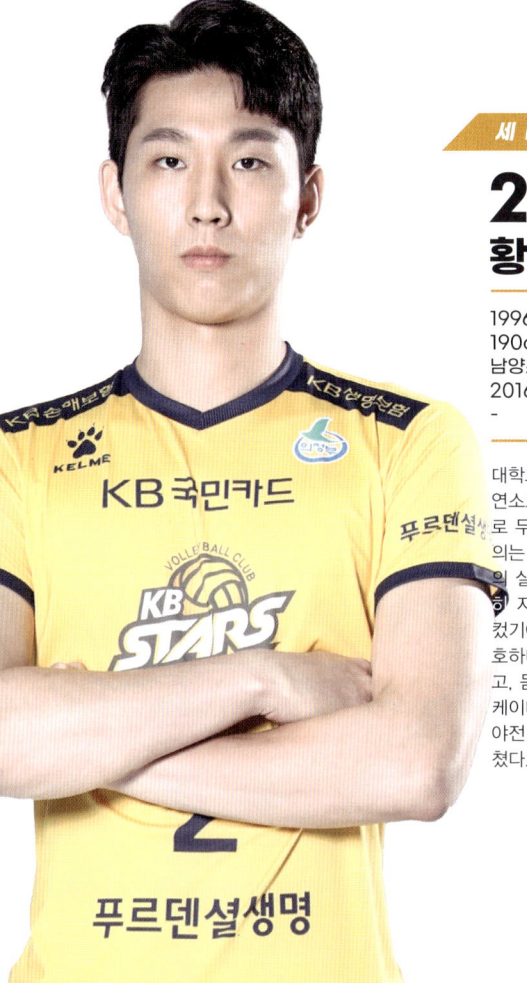

**세터**

# 2 ⓢ
# 황 택 의

1996.11.12
190cm
남양초-송산중-송산고-성균관대
2016-2017시즌 1라운드 1순위
-

대학교 2학년을 마치고 세터로는 V-리그 남자부 최초이자 최연소로 전체 1순위의 영광을 안은 주인공이다. 지난 시즌 프로 무대 5번째 시즌을 앞두고 남자부 최고 연봉을 받았던 황택의는 2021-2022시즌에도 가장 중요한 키 플레이어다. 황택의의 실력은 이미 검증됐다. 그의 발목을 잡는 것은 부상이다. 특히 지난 시즌 막판 부상으로 봄 배구에 나서지 못한 아쉬움이 컸기에, 착실하게 재활을 통해 몸을 만들고 있다. 황택의는 단호하다. 부상을 핑계로 몸을 사리기보다는 코트에서 더 많이 뛰고, 몸을 던지겠다는 각오다. 황택의는 환상의 호흡을 자랑했던 케이타와 더 높은 곳으로 올라가길 바라고 있다. 팀의 완벽한 '야전 사령관'이 된 황택의는 누구보다 강한 책임감으로 똘똘 뭉쳤다.

## 황택의의 BEST 3

| | 세트(set) | 서브(set) | 디그(set) |
|---|---|---|---|
| 황택의 | 10.895 | 0.278 | 1.444 |
| 세터평균 | 7.391 | 0.098 | 0.912 |

## 2020-2021 평균 기록

| 경기 | 세트 | 득점 | 공격 성공률 | 블로킹 | 서브 | 세트(set) | 리시브 효율 | 디그(set) |
|---|---|---|---|---|---|---|---|---|
| 34 | 133 | 80 | 42.42 | 29 | 37 | 10.895 | - | 1.444 |

### 리베로

# 4 Li
## 정민수

1991.10.05
178㎝
하동초-진주동명중-진주동명고-경남과기대
2013-2014시즌 2라운드 4순위
우리카드-KB손해보험(2018)

KB손해보험에 천군만마가 가세했다. 국가대표 출신 리베로 정민수가 군 전역 이후 이번 시즌부터 팀에 함께한다. 2018-2019시즌 V-리그 베스트 7 상을 받았던 정민수는 리시브와 수비 모두 능하다는 평가를 받고 있다. 무엇보다 그는 군 복무 기간 동안 배구에 대한 목마름이 컸다. 코트에 대한 그리움 속에 착실하게 몸을 만든 정민수는 시즌 초반부터 곧바로 팀에 들어가 주전 리베로로 활약할 전망이다. 지난 시즌 베테랑 곽동혁과 루키 김도훈 등이 맡았던 리베로 포지션도 정민수가 가세하면서 큰 힘이 될 것으로 보인다. 정민수의 안정된 리시브가 받쳐준다면 좌우 '쌍포'인 김정호와 케이타의 화력도 극대화 될 것이다.

다시 한번 내 이름을 알리겠다!

### 정민수의 BEST 3

| | 리시브 효율 | 디그(set) | 디그 성공률 |
|---|---|---|---|
| 정민수 리베로평균 | — | — | — |
| | 40.51 | 1.513 | 77.76 |

### 2020-2021 평균 기록

| 경기 | 세트 | 득점 | 공격 성공률 | 블로킹 | 서브 | 세트(set) | 리시브 효율 | 디그(set) |
|---|---|---|---|---|---|---|---|---|
| — | — | — | — | — | — | — | — | — |

### 세터

# 5 Ⓢ
# 김 지 승

1997.01.24
185cm
선학초-진주동명중-진주동명고-한양대
2019-2020시즌 3라운드 2순위
-

데뷔 첫 시즌을 발목 수술로 1경기도 나가지 못했던 김지승은 2020-2021시즌 황택의의 백업으로 9경기에 나가 이름을 알렸다. 김지승은 2021 의정부 도드람컵 프로배구대회에서 부상이었던 황택의 대신 주전 세터로 나가 후인정 감독의 눈도장을 받았다. 이번 시즌 주전 세터인 황택의의 몸 상태가 100%가 아닌 만큼 김지승에게 기회가 돌아올 가능성도 있다. 프로에서 위축됐던 김지승은 컵 대회 등을 경험하며 한 단계 올라섰다. 꾸준히 이미지 트레이닝을 통해 훈련에 했던 모습을 그리며 코트에서 가지고 있는 능력치를 모두 보여주기 위해 노력하고 있다. 스스로 도전정신이 부족했다고 느낀 김지승은 마음을 더 독하게 먹고 자신에게 찾아올 기회를 기다리고 있다.

도전없는 성공은 없다 도전을 생활화 하자!

### 김지승의 BEST 3

| | 세트(set) | 디그(set) | 디그 성공률 |
|---|---|---|---|
| 김지승 | 0.313 | 0.188 | 75.00 |
| 세터평균 | 7.391 | 0.912 | 68.25 |

### 2020-2021 평균 기록

| 경기 | 세트 | 득점 | 공격 성공률 | 블로킹 | 서브 | 세트(set) | 리시브 효율 | 디그(set) |
|---|---|---|---|---|---|---|---|---|
| 9 | 16 | - | - | - | - | 0.313 | - | 0.188 |

### 레프트

# 6 Ⓛ
# 김 정 호

1997.03.01
186cm
오가초-천안쌍용중-평촌고-경희대
2017-2018시즌 2라운드 4순위
삼성화재-KB손해보험(2018)

2시즌 연속 KB손해보험의 주전 레프트로 활약한 김정호는 2020-2021시즌 데뷔 후 최고의 활약을 펼쳤다. 그는 시간차 공격 1위, 공격 종합 3위, 퀵오픈 5위, 득점 10위, 수비 5위 등에 오르며 KB손해보험의 봄 배구를 이끌었다. 신장이 작다는 이유로 저평가 됐던 김정호지만 강력한 공격력을 보여주며 팬들에게 강한 인상을 남겼다. 세터 황택의와 좋은 호흡을 자랑하는 김정호는 스피드배구를 통해 상대 블로커를 따돌린다. 약점으로 꼽혔던 기복을 줄이고, 블로킹도 더 보완하기 위해 노력 중이다. 김정호의 이번 시즌 목표는 '트리플 크라운' 달성이다. 이를 악 문 김정호가 있기에 KB손보의 2년 연속 포스트시즌 진출을 자신한다.

### 김정호의 BEST 3

| | 시간차 성공률 | 공격 성공률 | 퀵오픈 성공률 |
|---|---|---|---|
| 김정호 | 78.57 | 54.73 | 59.12 |
| 레프트 평균 | 63.97 | 50.03 | 55.12 |

### 2020-2021 평균 기록

| 경기 | 세트 | 득점 | 공격 성공률 | 블로킹 | 서브 | 세트(set) | 리시브 효율 | 디그(set) |
|---|---|---|---|---|---|---|---|---|
| 35 | 141 | 481 | 54.73 | 14 | 45 | 0.426 | 33.07 | 1.326 |

### 센터

# 7 ⓒ
## 박 진 우

1990.03.18
197cm
광명동초-부안중-평촌고-경기대
2012-2013시즌 1라운드 2순위
드림식스-KB손해보험(2019)

많은 기대를 받고 KB손해보험과 FA계약을 맺었지만 박진우의 2020-2021시즌은 아쉬움이 컸다. 시즌 중 코로나19 이슈로 어려움을 겪었고, 크고 작은 부상으로 제대로 된 실력 발휘를 하지 못했다. 박진우의 가장 큰 이슈는 부상 회복이다. 고질적인 무릎 통증을 털어내고 완벽한 몸 상태를 만드는 것이 우선목표다. 그래도 프로에 입단한 뒤 처음으로 봄 배구 무대를 경험했던 것도 박진우에게 의미 있는 시간이었다. 할 수 있다는 자신감이 생겼고, 선수들과 한 마음으로 똘똘 뭉칠 수 있는 계기가 됐다. 지난 2년 간 아쉬운 모습을 보였다면 이제는 꾸준한 활약과 건강을 되찾는 것이 중요해졌다.

### 박진우의 BEST 3

| | 블로킹(set) | 속공 성공률 | 공격 성공률 |
|---|---|---|---|
| 박진우 | 0.491 | 54.73 | 53.37 |
| 센터 평균 | 0.440 | 54.76 | 53.75 |

### 2020-2021 평균 기록

| 경기 | 세트 | 득점 | 공격 성공률 | 블로킹 | 서브 | 세트(set) | 리시브 효율 | 디그(set) |
|---|---|---|---|---|---|---|---|---|
| 31 | 116 | 157 | 53.37 | 57 | 5 | 0.069 | 37.50 | 0.466 |

### 라이트

# 9 ®
## 케 이 타

2001.06.26
206cm
말리
2020-2021시즌 트라이아웃 1순위
-

2001년생 말리 출신의 노우모리 케이타는 2020-2021시즌 V-리그에 센세이션을 일으켰다. 엄청난 탄력에서 뿜어져 나오는 스파이크와 코트서 포효하는 세리머니는 신선한 충격으로 다가왔다. 서브와 공격, 심지어 천부적인 운동 능력에서 나오는 수비까지 케이타는 '괴물'같은 선수였다. 케이타가 춤을 추면서 KB손해보험 선수들은 패배 의식에서 벗어날 수 있었다. 실력은 확실히 검증된 케이타의 이번 시즌 변수는 체력이다. 지난 시즌에도 후반으로 갈수록 상대의 집중 견제와 체력 저하로 어려움을 겪었다. 스스로 변화를 위해 웨이트 트레이닝을 하는 모습은 후인정 감독을 미소 짓게 한다.

### 케이타의 BEST 3

|  | 공격 성공률 | 퀵오픈 성공률 | 오픈 성공률 |
|---|---|---|---|
| 케이타 | 52.59 | 63.31 | 49.18 |
| 라이트평균 | 50.80 | 59.26 | 45.53 |

### 2020-2021 평균 기록

| 경기 | 세트 | 득점 | 공격 성공률 | 블로킹 | 서브 | 세트(set) | 리시브 효율 | 디그(set) |
|---|---|---|---|---|---|---|---|---|
| 33 | 134 | 1147 | 52.74 | 40 | 68 | 0.060 | - | 1.269 |

## 리베로

# 10 Li
# 곽 동 혁

1983.03.12
178cm
송전초-인창중-인창고-한양대
2005-2006시즌 2라운드 4순위
LG화재-한국전력(2011)
-삼성화재(2014)-KB손해보험(2016)

국가대표 리베로가 군 입대한 가운데 곽동혁은 팀 내 고참으로 후배들을 이끌며 분주하게 코트를 누볐다. 시즌 중반 이후 김도훈에게 1번 자리를 내줬지만 보이지 않는 곳에서 헌신하며 베테랑으로의 몫을 했다. 곽동혁은 프로배구 코트에서 희로애락을 모두 겪었다. V-리그 원년인 2005년 프로 생활을 시작해 은퇴와 실업 무대를 거쳐 다시 V-리그에 돌아왔다. KB손해보험과 한국전력, 삼성화재 등에서 쌓은 경험은 다른 어떤 선수들도 갖고 있지 못한 것이다. 30대 후반의 나이에도 꾸준한 활약을 할 수 있는 것은 그만큼 철저한 몸 관리가 있었기에 가능했다. 이제는 주전 리베로는 아니지만 팀이 위기에 처했을 때 곽동혁이 보유한 풍부한 경험은 팀에 큰 힘이 될 것이다.

좋은 성적으로 보답하겠습니다.

### 곽동혁의 BEST 3

| | 리시브 효율 | 디그(set) | 세트(set) |
|---|---|---|---|
| 곽동혁 | 38.31 | 1.857 | 0.304 |
| 리베로평균 | 40.51 | 1.513 | 0.233 |

### 2020-2021 평균 기록

| 경기 | 세트 | 득점 | 공격 성공률 | 블로킹 | 서브 | 세트(set) | 리시브 효율 | 디그(set) |
|---|---|---|---|---|---|---|---|---|
| 14 | 56 | - | - | - | - | 0.304 | 38.31 | 1.857 |

V-LEAGUE

센터 ⓒ

# 11 ⓒ
## 김 홍 정

1986.03.26
195cm
경북사대부초-경북사대부중-경북사대부고-경희대
2009-2010시즌 수련 선수
삼성화재-러시앤캐시(2013)-KB손해보험(2017)

지도자들은 입을 모아 김홍정을 칭찬한다. 성실하고, 후배들을 이끄는 리더십까지 갖춘 김홍정은 코트에서 솔선수범하며 모든 것을 실력으로 입증하고 있다. 2020-2021시즌에도 김홍정은 팀의 주전 센터로 뛰며 블로킹 3위, 속공 9위에 올랐다. 센터진이 약점으로 꼽히는 KB손해보험이었기에 김홍정의 활약은 더욱 귀중했다. 김홍정은 지난 시즌 좋았던 활약보다 막판 부상 등으로 힘들었던 것을 돌아보며 부족한 부분을 채웠다. 개인적인 욕심과 성적은 모두 접어두고 오로지 팀이 우선이 되어야 한다는 마음이다. 김홍정의 목표는 간단하다. 한 번 포스트시즌을 경험했기 때문에 선수들과 합심해 더 높은 챔피언 결정전 무대를 밟기를 희망하고 있다.

Never Give up!!

### 김홍정의 BEST 3

|  | 블로킹(set) | 속공 성공률 | 공격 성공률 |
|---|---|---|---|
| 김홍정 | 0.606 | 53.33 | 52.59 |
| 센터평균 | 0.440 | 54.76 | 53.75 |

### 2020-2021 평균 기록

| 경기 | 세트 | 득점 | 공격 성공률 | 블로킹 | 서브 | 세트(set) | 리시브 효율 | 디그(set) |
|---|---|---|---|---|---|---|---|---|
| 26 | 99 | 125 | 52.59 | 60 | 4 | 0.111 | 14.29 | 0.414 |

### 레프트

# 12 Ⓛ
## 황 두 연

1993.04.09
190cm
현내초-인하부중-인하부고-인하대
2015-2016시즌 1라운드 3순위
-

황두연은 KB손해보험에서 가장 필요한 '살림꾼'이다. 하지만 그는 2018-2019시즌을 마치고 군에 입대했고, 어깨 부상으로 국군체육부대(상무)에서 수술대에 오르며 시련을 겪었다. 지난 시즌 중 복귀했지만 6경기에 나섰고, 주로 원포인트 서버 등으로만 모습을 드러냈다. 공백기가 길었던 황두연은 누구보다 간절하다. 황두연은 리시브와 서브가 좋은 선수다. 권순찬 전 감독 시절 황두연은 레프트 한 자리를 꿰차며 매 경기 꾸준한 모습을 보였다. 어깨 수술 이후 배구를 다시 못할 수도 있다는 생각에 피나는 재활에 힘썼던 황두연은 팬들의 함성을 누구보다 간절히 기다리고 있다.

공백기간이 느껴지지 않은 모습 보여드리겠습니다

### 황두연의 BEST 3

| | 서브(set) | 디그(set) | 리시브 효율 |
|---|---|---|---|
| 황두연 | 0.111 | - | - |
| 레프트 평균 | 0.177 | 0.967 | 34.24 |

### 2020-2021 평균 기록

| 경기 | 세트 | 득점 | 공격 성공률 | 블로킹 | 서브 | 세트(set) | 리시브 효율 | 디그(set) |
|---|---|---|---|---|---|---|---|---|
| 6 | 9 | 1 | - | - | 1 | - | - | - |

### 레프트

# 13 Ⓛ
# 여 민 수

1998.03.11
186cm
부송초-남성중-남성고-중부대
2020-2021시즌 2라운드 7순위
-

고비의 순간마다 코트에 들어가 예리한 서브로 상대의 리시브를 흔들어 놓는다. 여민수는 KB손해보험에서 원 포인트 서버로 주목을 받았다. 범실도 있었지만 상대 수비를 당황하게 하는 서브는 일품이었다. 욕심 많은 여민수는 첫 시즌 아쉬움이 가득하다. 서브에서 좋은 모습을 보였지만 범실이 지나치게 많았다는 스스로의 평가다. 학창 시절 많은 우승 경험이 있는 여민수는 당차고 자신감도 넘친다. 팀의 주포인 노우모리 케이타가 주춤할 때 언제든지 경기에 투입돼 흐름을 바꿀 수 있는 공격력도 있다. 첫 번째 역할은 원 포인트 서버가 되겠지만, 장기적으로 레프트도 맡을 수 있도록 리시브 연습도 게을리 하지 않고 있다.

### 여민수의 BEST 3

| | 서브(set) | 리시브 효율 | 공격 성공률 |
|---|---|---|---|
| 여민수 | 0.105 | 17.50 | 30.00 |
| 레프트 평균 | 0.177 | 34.24 | 50.04 |

### 2020-2021 평균 기록

| 경기 | 세트 | 득점 | 공격 성공률 | 블로킹 | 서브 | 세트(set) | 리시브 효율 | 디그(set) |
|---|---|---|---|---|---|---|---|---|
| 33 | 124 | 22 | 30.00 | - | 13 | 0.008 | 17.50 | 0.129 |

### 레프트

# 14 Ⓛ
# 홍 상 혁

1998.07.20
193cm
남양초-송산중-송산고-한양대
2019-2020시즌 1라운드 2순위

이번 시즌 KB손해보험의 중요한 키 플레이어다. 2020-2021 시즌까지 KB손보의 레프트로 김정호와 정동근이 나섰다면 신임 후인정 감독은 홍상혁에게 좀 더 많은 기회를 준다는 구상이다. 2021 의정부 도드람컵 프로배구대회에서 풀타임을 소화한 홍상혁은 대학 시절처럼 빠른 스윙을 선보였고, 자신감을 많이 찾은 모습이었다. 대학 3학년에 프로 무대를 밟았던 그는 조급했고, 너무 잘하려다보니 여유가 부족했다. 후 감독은 침착하게 연습 때처럼만 홍상혁이 해준다면 충분히 주전으로 뛸 수 있다는 믿음이 있다. 193cm의 홍상혁은 준수한 점프와 높이에서 강점이 있어 공격과 블로킹을 잘 한다. 바닥을 찍은 홍상혁은 이제 올라가는 일만 남았다.

### 홍상혁의 BEST 3

| | 공격 성공률 | 디그(set) | 리시브 효율 |
|---|---|---|---|
| 홍상혁 | 40.00 | 0.146 | 18.52 |
| 레프트 평균 | 50.04 | 0.967 | 34.24 |

### 2020-2021 평균 기록

| 경기 | 세트 | 득점 | 공격 성공률 | 블로킹 | 서브 | 세트(set) | 리시브 효율 | 디그(set) |
|---|---|---|---|---|---|---|---|---|
| 29 | 89 | 21 | 40.00 | - | 5 | 0.022 | 18.52 | 0.146 |

**리베로**

# 15 Li
## 김도훈

1998.04.19
182cm
의림초-제천중-제천산업고-홍익대
2020-2021시즌 3라운드 1순위
-

신인 김도훈은 데뷔 시즌 KB손해보험의 주전 리베로를 꿰차며 스포트라이트를 받았다. 화려한 공격을 하는 케이타나 김정호에 비해 많은 조명을 받진 못했지만 몸을 던지는 허슬 플레이와 디그 등은 코칭스태프의 눈도장을 찍었다. 2020-2021시즌 초반만 해도 긴장하는 것이 많았던 김도훈은 시간이 지날수록 안정감을 찾았다. 배구의 첫 시작은 리시브이기 때문에 항상 모든 공이 자신에게 온다는 생각으로 리시브 훈련에 매진하고 있다. 김도훈은 코트에서 파이팅이 좋다. 어린 케이타와 함께 세리머니를 하는 것은 김도훈의 몫이다. 2021-2022시즌에는 국가대표 출신 리베로 정민수가 복귀한다. 자신의 롤 모델인 정민수와 함께 시너지 효과를 내기를 기대하고 있다. 어떤 공이든 받아내겠다는 자신감이 있는 선수가 바로 김도훈이다.

### 김도훈의 BEST 3

| | 디그(set) | 리시브 효율 | 세트(set) |
|---|---|---|---|
| 김도훈 | 0.778 | 33.88 | 0.206 |
| 리베로평균 | 1.513 | 40.51 | 0.233 |

### 2020-2021 평균 기록

| 경기 | 세트 | 득점 | 공격 성공률 | 블로킹 | 서브 | 세트(set) | 리시브 효율 | 디그(set) |
|---|---|---|---|---|---|---|---|---|
| 35 | 126 | – | – | – | – | 0.206 | 33.88 | 0.778 |

**센터**

# 18 ⓒ
# 구 도 현

1992.06.17
197cm
죽곡초-경북사대부중-경북사대부고-성균관대
2014-2015시즌 1라운드 4순위
우리카드-KB손해보험(2019)

구도현은 성균관대 시절에는 주전 센터로 활약했지만 정작 프로 무대에서는 아쉬움이 컸다. 입단 첫 해 기대를 모았지만 활약은 미미했고, 군 전역 이후 2019년 KB손해보험으로 유니폼을 갈아입었다. 크고 작은 부상에 발목이 잡혔던 구도현은 2021-2022시즌을 앞두고 착실히 몸을 만들었고, 코트에 나설 준비를 마쳤다. 일부 선수의 징계와 부상 등으로 구도현은 시즌 초반 많은 기회를 얻을 것으로 보인다. 김홍정과 함께 중앙에서 좋은 활약을 펼쳐야 KB손해보험은 2년 연속 봄 배구 출전권을 얻을 수 있다. 프로 입성 후 부상이 많았던 구도현은 다치지 말고, 이번 시즌 좀 더 코트에 오래 서는 것을 목표로 한다. 언제 들어가더라도 팀에 활력을 불러일으키는 선수가 구도현이 될 것이다.

어제 내일이 아닌 오늘 지금이다.

### 구도현의 BEST 3

|  | 블로킹(set) | 공격 성공률 | 디그(set) |
|---|---|---|---|
| 구도현 | 0.167 | 33.33 | 0.267 |
| 센터평균 | 0.440 | 53.75 | 0.407 |

### 2020-2021 평균 기록

| 경기 | 세트 | 득점 | 공격 성공률 | 블로킹 | 서브 | 세트(set) | 리시브 효율 | 디그(set) |
|---|---|---|---|---|---|---|---|---|
| 15 | 30 | 10 | 33.33 | 5 | - | 0.100 | 100 | 0.267 |

### 센터

# 19 ⓒ
## 김 재 휘

1993.09.06
201cm
화일초-인창중-인창고-한양대
2015-2016시즌 1라운드 2순위
현대캐피탈-KB손해보험(2020)

국가대표 센터 출신인 김재휘는 2020-2021시즌 국군체육부대에서 트레이드 소식을 들었다. KB손해보험이 신인 지명권을 주고 그를 데려온 것은 그만큼 팀에서 필요로 했던 자리였기 때문이다. 다만 전역 후 KB손해보험에 합류한 김재휘는 제 몫을 하지 못했다. 하지만 KB손해보험은 거액의 금액과 함께 김재휘와 FA 계약을 맺었다. 지난 시즌 주춤했지만 그 동안 보여준 것이 있기에, 팀의 주전 센터로 활약할 수 있다는 믿음이 담겨 있었다. 새 팀에서 의욕이 넘쳐 부상을 당했던 김재휘는 최상의 컨디션을 찾기 위해 굵은 땀을 흘렸다. 국가대표팀에서 함께 호흡을 맞췄던 세터 황택의의 존재는 든든하다. 서로 어떤 플레이를 선호하는 지 잘 알기 때문에 시너지 효과가 날 것이라고 자신하고 있다.

### 김재휘의 BEST 3

|  | 블로킹(set) | 공격 성공률 | 디그(set) |
|---|---|---|---|
| 김재휘 | 0.417 | 42.45 | 0.389 |
| 센터평균 | 0.440 | 53.75 | 0.407 |

### 2020-2021 평균 기록

| 경기 | 세트 | 득점 | 공격 성공률 | 블로킹 | 서브 | 세트(set) | 리시브 효율 | 디그(set) |
|---|---|---|---|---|---|---|---|---|
| 20 | 72 | 75 | 42.45 | 30 | - | 0.111 | 75.00 | 0.389 |

# 2020-2021 REVIEW & 2021-2022 PREVIEW

## 팀 순위

**5**

| 55 | 18 | 18 |
|---|---|---|
| 승점 | 승 | 패 |

75/76(0.987)
세트 득/실(득실률)

3346/3315(1.009)
점수 득/실(득실률)

### 항목별 팀순위

| 항목 | 기록 | 순위 |
|---|---|---|
| 득점 | 3,346점 | 2 |
| 공격종합 | 49.00% | 7 |
| 블로킹 | 2.48개 | 1 |
| 서브 | 1.42개 | 2 |
| 디그 | 9.58개 | 3 |
| 세트 | 11.39개 | 7 |
| 리시브 | 35.38% | 4 |
| 수비 | 16.04개 | 4 |

### 승패 조견표

## 승점 1점의 소중함을 다시 배웠다

 지난 시즌 한국전력은 컵 대회에서 깜짝 우승하며 정규리그의 기대감을 바짝 끌어올렸다. 하지만 허무하게도 개막 후 7연패에 빠지며 초반 휘청대는 위기를 겪었고, 결국 이는 시즌 중 과감한 트레이드로 대거 베테랑 선수들을 수집하는 결과로 이어졌다. 반대로 여러 유망주가 팀을 떠나야 했지만 '봄 배구'라는 한국전력의 목표가 분명했기에 어쩔 수 없는 선택이었다. 하지만 결국 한국전력은 승점 1점차로 봄 배구가 무산됐다. 1경기도 아니고 고작 승점 1점이었기에 허탈함은 더 컸다. 이 결과로 2021-2022시즌 한국전력은 더 똘똘 뭉칠 수 있었다. 지난 시즌의 아픔을 다시는 반복하지 않겠다는 각오에 목표는 더욱 분명해졌다.

## 오롯이 모았다.
## 이겨본 베테랑의 힘을…

 한국전력은 박철우를 FA로 데려온 것을 시작으로 신영석과 황동일, 김광국을 트레이드로 영입했다. 여기에 '한국전력의 아들' 서재덕도 전역 후 합류했다. 각기 다른 팀에서 좋은 경험을 했던 이들이 모여 한국전력의 미래를 이끌 후배들에게 아낌없이 자신의 노하우와 경험을 나누는 고마운 형들이다. 장병철 감독도 이들의 존재가 그래서 더욱 든든하다. 코트 안과 밖에서 기둥이 되어주는 덕분에 나이 어린 선수들이 더욱 많은 것을 배우고 있기 때문이다. 그래서 올 시즌은 선수단 전반에 걸쳐 2016-2017시즌 이후 명맥이 끊어진 한국전력의 짜릿한 봄 배구가 더욱 현실이 될 수 있다는 기대가 더욱 크다.

### 최근 5시즌 정규리그 순위

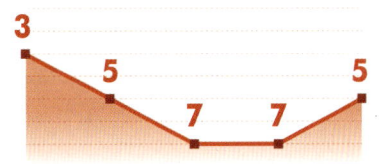

**2021 - 2022**

## BEST 7

Ⓡ 다우디

Ⓒ 신영석

Ⓛ 서재덕

Ⓛ 이시몬

Ⓒ 박찬웅

Ⓢ 황동일

Ⓛ 오재성

### 라인업

| | | | | | | |
|---|---|---|---|---|---|---|
| 1 | 서재덕 | L | | 12 | 이지석 | Li |
| 3 | 박철우 Ⓒ | R | | 13 | 공재학 | L |
| 4 | 다우디 | R | | 14 | 임성진 | L |
| 5 | 오재성 | Li | | 15 | 김광국 | S |
| 6 | 황동일 | S | | 16 | 김동영 | R |
| 7 | 이시몬 | L | | 17 | 박찬웅 | C |
| 8 | 김강녕 | Li | | 18 | 박지윤 | C |
| 9 | 강우석 | L | | 19 | 김인균 | L |
| 11 | 조근호 | C | | 20 | 신영석 | C |

### 인 & 아웃

| IN ▶ | 서재덕 | | OUT ▶ | 이승호 | 정준혁 |
| | | | | 이성환 | 금태용 |
| | | | | 안요한 | 이태호 |
| | | | | 구본승 | 박태환 |

### 루키

Ⓛ 강우석

Ⓛ 김인균

Ⓛ 조용석

# MANAGER

### 장병철 감독

장병철 감독은 2021-2022시즌에 승부수를 던졌다. 한국전력 지휘봉을 잡은 뒤 맞이하는 세 번째 시즌이자 자신에게 주어진 마지막 기회이기 때문이다. 선수로서 출전할 수 있는 모든 대회를 경험했고, 은퇴 후에는 프로팀에서 코치, 수석코치를 거쳐 감독까지 맡았다. 배구선수 출신 지도자로서 할 수 있는 모든 것을 경험했다는 여유는 이전과는 달리 편안한 마음으로 새 시즌을 준비할 수 있게 했다. 장병철 감독은 앞선 두 시즌을 통해 자신이 한국전력에서 보여주고 싶었던 배구를 착실하게 준비했다. 그리고 2021-2022시즌은 코트 위에서 선수들과 함께 결과로 꽃피우고 싶다는 목표를 세웠다. 장병철 감독이 그 어느 때보다 올 시즌 자신감을 드러내는 이유는 간단하다. 최근 어느 때 보다 강한 선수단 구성을 완성했기 때문이다. 지난 시즌과 비교해 선수 유출이 없는 대신 에이스 서재덕이 돌아왔고, 어린 선수들은 성장했다. 다만 지난 시즌 강팀에 강하고, 약팀에 약했던 팀 컬러를 개선하는 것이 숙제다.

장병철 감독이 선수들에게 봄 배구의 중요성을 강조한 이유는 박철우와 신영석 등 든든한 베테랑의 존재 덕분이다. 한국전력에 오기 전 봄 배구 그 이상을 두루 경험해본 이들이라는 점에서 봄 배구 진출 이후 더 잘할 수 있다는 믿음이 크다. 그래서 봄 배구를 향한 갈증은 더욱 커졌.

모든 준비는 끝났다. 철저하게 준비한 만큼 결과를 순순히 받아들이겠다는 각오다. 장병철 감독의 어깨를 더욱 가볍게 해주는 요소는 또 있다. 바로 비시즌 훈련에 임하는 선수들의 표정. 장병철 감독은 자신의 목표에 발맞추는 선수들의 밝은 표정과 활기찬 훈련 분위기에서 봄 배구를 향한 기대감을 확인했다.

다이어트? 올—라잇!!

**레프트**

# 1 ⓛ
# 서 재 덕

1989.07.21
194cm
문정초-문흥중-전자공고-성균관대
2011-2012시즌 1라운드 2순위
-

전역 후 코트로 돌아온 서재덕의 각오는 그가 감량한 40kg가 넘는 몸무게로 확인할 수 있다. 그가 한창 몸이 좋았던 시절의 몸무게로 돌아오는 데 큰 힘이 된 것은 동료이다. 입대 전에는 서재덕이 외롭게 팀을 이끌어야 하는 역할을 맡았지만, 이제는 다르다. 서재덕이 '수준 높은 형들'이라고 부르는 베테랑의 합류 덕에 오롯이 자신의 경기력에만 집중할 수 있게 됐다. 자신의 몸무게 중 1/3가량을 덜어내야 하는 과정조차 즐거웠다는 서재덕에게 2021-2022시즌은 절호의 기회. 서재덕의 봄 배구는 플레이오프가 전부다. 그 이상 올라간 경험이 없다. 그래서 챔피언 결정전이 더 간절하다. 그리고 2021-2022시즌이 다시없을 기회라는 점도 누구보다 더 잘 알고 있다.

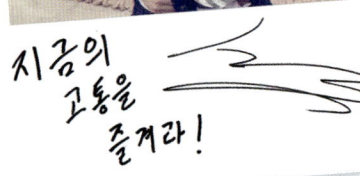

지금의 고통을 즐겨라!

## 서재덕의 BEST 3

| | 공격 성공률 | 오픈 성공률 | 리시브 효율 |
|---|---|---|---|
| 서재덕 | - | - | - |
| 레프트평균 | 50.04 | 42.40 | 34.24 |

## 2020-2021 평균 기록

| 경기 | 세트 | 득점 | 공격 성공률 | 블로킹 | 서브 | 세트(set) | 리시브 효율 | 디그(set) |
|---|---|---|---|---|---|---|---|---|
| - | - | - | - | - | - | - | - | - |

### 라 이 트 ⓒ

# 3 ⓡ
## 박 철 우

1985.07.25
200cm
본리초-경북사대부중-경북사대부고-명지대
2004년 입단
현대캐피탈-삼성화재(2010)-한국전력(2020)

박철우는 업그레이드됐다. 2021-2022시즌을 앞두고 두 차례 수술을 받은 그는 재활을 하며 전보다 훨씬 좋은 컨디션에 절로 미소가 터졌다. 이렇게 은퇴를 해야 하나 싶었던 순간, 새로운 희망을 확인했다. 예정보다 몸 상태가 빠르게 올라왔지만 절대로 서두르지 않는다. 마음만 앞선다고 해결될 일이 아니라는 건 본인이 누구보다 잘 알고 있다. 그래서 박철우는 재활하는 동시에 지난 시즌 분명한 가능성을 확인한 후배들에게 자신의 기술과 배구 노하우를 전수했다. 박철우는 이 과정을 한국전력의 리빌딩이라고 불렀다. 젊은 후배들이 성장해 실력으로 당당히 선배를 이겨내는 과정을 겪고 있다는 것. 하지만 박철우는 후배들에게 절대로 쉽게 물러나지 않겠다고 치열한 경쟁을 약속했다.

### 박철우의 BEST 3

| | 공격 성공률 | 블로킹(set) | 디그 성공률 |
|---|---|---|---|
| 박철우 | 48.64 | 0.390 | 76.03 |
| 라이트평균 | 50.81 | 0.264 | 71.35 |

### 2020-2021 평균 기록

| 경기 | 세트 | 득점 | 공격 성공률 | 블로킹 | 서브 | 세트(set) | 리시브 효율 | 디그(set) |
|---|---|---|---|---|---|---|---|---|
| 34 | 141 | 596 | 48.64 | 55 | 24 | 0.170 | 22.22 | 1.440 |

나는 나를 극복하고 초월 할것이다 매 순간 마다...

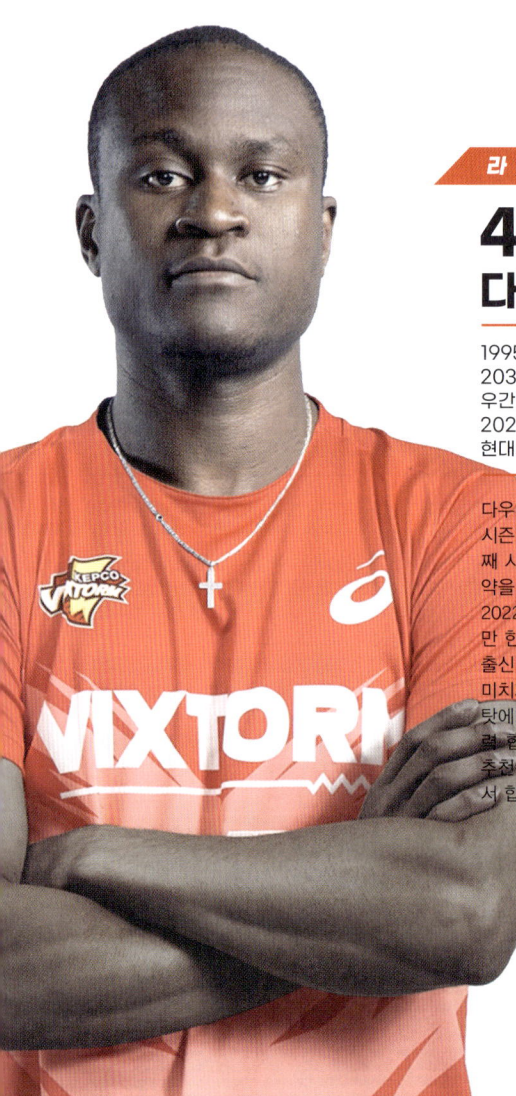

### 라이트

# 4 ®
# 다우디

1995.09.20
203cm
우간다
2021-2022시즌 대체선수
현대캐피탈(2019)-한국전력(2021)

다우디가 돌아왔다. 현대캐피탈의 유니폼을 입고 2018-2019 시즌 처음 한국 무대를 밟았던 다우디는 큰 기대와 함께 두 번째 시즌을 맞았지만 코로나19 등의 여파로 인해 기대만큼의 활약을 보여주지 못했다. 이 때문에 재계약에 실패했고, 2021-2022시즌 트라이아웃에서 어느 팀의 부름도 받지 못했다. 하지만 한국전력이 다우디에게 도움을 청했다. V-리그 최초의 이란 출신 선수로 화제를 모았던 사다트가 비시즌 훈련에서 기대에 미치지 못한 데다 설상가상으로 복근 부상까지 당해 팀을 떠난 탓에 대체선수로 한국전력에 영입됐다. 특히 다우디의 한국전력 합류는 과거 현대캐피탈에서 함께 했던 신영석의 적극적인 추천이 배경이라는 후문이다. 장병철 감독 역시 실력과 인성에서 합격점을 줬다.

AM READY TO GIVE MY BEST FOR TEAM ALL THE WAY. I LOVE YOU ALL STAY SAFE, GOD BLESS YOU ALL. DAUDI OKELLO

### 다우디의 BEST 3

| | 공격 성공률 | 블로킹(set) | 디그 성공률 |
|---|---|---|---|
| 다우디 | 52.19 | 0.432 | 72.46 |
| 라이트평균 | 50.81 | 0.264 | 71.35 |

### 2020-2021 평균 기록

| 경기 | 세트 | 득점 | 공격 성공률 | 블로킹 | 서브 | 세트(set) | 리시브 효율 | 디그(set) |
|---|---|---|---|---|---|---|---|---|
| 34 | 132 | 790 | 52.19 | 57 | 18 | 0.061 | - | 1.136 |

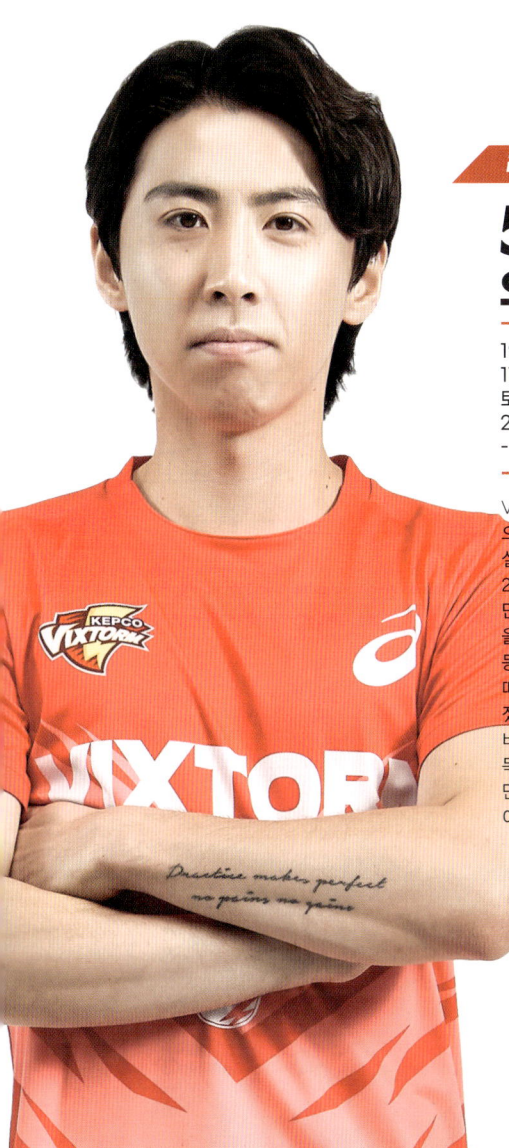

**리베로**

# 5 (Li)
# 오재성

1992.04.02
175cm
토평초-남성중-남성고-성균관대
2014-2015시즌 1라운드 1순위
-

V-리그 남자부 리베로 중 최고 연봉 수령자라는 사실은 실력으로나 기대감으로나 오재성의 현재 위치를 보여주는 가장 확실한 증거다. 오재성은 자신의 가치를 입증하기 위해 2021-2022시즌 봄 배구를 무조건 가야 한다고 생각한다. 자신이 입단한 이래 그 어느 때보다 선수 구성이 좋다는 것이 오재성이 올 시즌 한국전력의 봄 배구를 기대하는 이유다. 특히 자신의 동기 이시몬의 합류로 지난 시즌 더욱 단단해진 수비에 믿고 따르는 선배 서재덕까지 복귀하며 오재성의 자신감이 더욱 커졌다. 지금까지 자신감 하나 믿고 살아왔다는 오재성은 모든 수비 지표에서 한국전력을 2021-2022시즌 1위에 올려놓겠다는 목표를 세웠다. 단단한 수비가 승리로 가는 지름길이라고 믿는 만큼 봄 배구 진출과 그 이상의 성과까지 노릴 수 있다는 계산이다.

## 오재성의 BEST 3

| | 디그(set) | 리시브 효율 | 디그 성공률 |
|---|---|---|---|
| 오재성 | 2.164 | 44.30 | 79.20 |
| 리베로 평균 | 1.513 | 40.51 | 77.76 |

## 2020-2021 평균 기록

| 경기 | 세트 | 득점 | 공격 성공률 | 블로킹 | 서브 | 세트(set) | 리시브 효율 | 디그(set) |
|---|---|---|---|---|---|---|---|---|
| 35 | 146 | - | - | - | - | 0.308 | 44.30 | 2.164 |

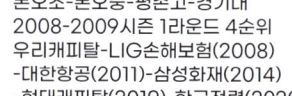

세 터

# 6 Ⓢ
# 황 동 일

1986.04.14
192cm
본오초-본오중-평촌고-경기대
2008-2009시즌 1라운드 4순위
우리캐피탈-LIG손해보험(2008)
-대한항공(2011)-삼성화재(2014)
-현대캐피탈(2019)-한국전력(2020)

어쩌면 황동일은 V-리그에서 가장 간절한 선수다. 데뷔와 함께 수 없이 기회를 얻었지만 지금껏 만족할 만한 성과를 거두지 못한 타이다. 황동일은 스스로 도전의 시간이 이제는 얼마 남지 않았다는 것을 알고 있다. 그래서 누구보다 먼저 코트에 나와 몸을 풀고, 경기를 준비한다. 지난 시즌 한국전력에 합류했으니 이번 시즌이 그에게는 팀을 위해 온 힘을 쏟을 차례다. 황동일의 목표는 한국전력의 봄 배구 진출. 냉정한 프로의 세계에서 결과가 무엇보다 중요하다는 걸 알기에 더 이를 악물었다. 다행인 것은 믿고 따르는 철우형, 그리고 친구 영석이가 함께 한다는 점. 황동일은 솔직하다. 스스로 성공한 배구선수가 아니란 걸 인정한다. 그래서 황동일은 말한다. 나는 아직 실패한 선수가 아니라고.

아직 성공의 맛은 보지 못했지만
성공의 맛 보러 끝없이 달릴 것이다.!!

## 황동일의 BEST 3

| | 세트(set) | 블로킹(set) | 서브(set) |
|---|---|---|---|
| 황동일 | 7.030 | 0.311 | 0.068 |
| 세터평균 | 7.391 | 0.157 | 0.098 |

## 2020-2021 평균 기록

| 경기 | 세트 | 득점 | 공격 성공률 | 블로킹 | 서브 | 세트(set) | 리시브 효율 | 디그(set) |
|---|---|---|---|---|---|---|---|---|
| 35 | 132 | 80 | 42.86 | 41 | 9 | 7.030 | - | 0.962 |

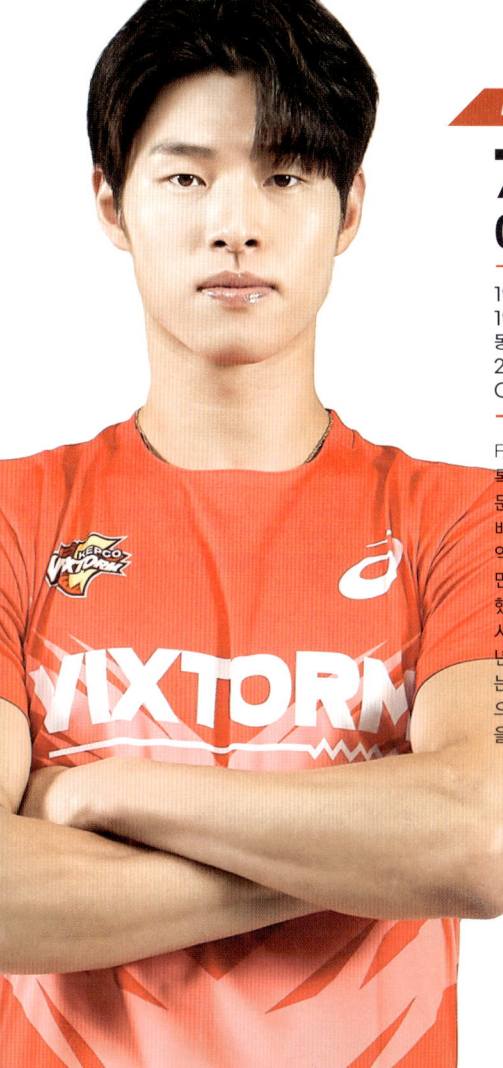

**레프트**

# 7 Ⓛ
## 이 시 몬

1992.11.09
195cm
동북초-남성중-남성고-홍익대
2015-2016시즌 2라운드 1순위
OK금융그룹-한국전력(2020)

FA로 이적한 이시몬의 한국전력 첫 시즌은 성공적이었다. 기록상으로는 그렇다. 하지만 이시몬은 만족할 수 없다. 수비 부문에서 개인 기록은 대부분 목표를 이뤘지만 팀이 목표했던 봄 배구에 나서지 못했기 때문이다. 그래서 아직 자신이 해야 할 역할이 더 남았다고 본다. 이시몬은 자신이 준비되어 있지 않으면 동료들이 불안해할 수 밖에 없는 만큼 스스로 더 채찍질을 했다. 지난 시즌의 이시몬이 가능성을 보여줬다면 올 시즌의 이시몬은 진짜 내 실력을 보여주겠다는 분명한 다짐이다. 결코 작년의 경기력이 우연이 아니었다는 것을 많은 이들에게 보여주는 동시에 자신 역시 재확인하고 싶다는 목표다. 그리고 궁극적으로 이시몬이라는 이름을 배구팬이 기억하게 하고 싶다는 꿈을 향한 걸음이기도 하다.

### 이시몬의 BEST 3

| | 디그(set) | 리시브 효율 | 디그 성공률 |
|---|---|---|---|
| 이시몬 | 1.980 | 44.57 | 75.00 |
| 레프트평균 | 0.967 | 34.25 | 74.07 |

### 2020-2021 평균 기록

| 경기 | 세트 | 득점 | 공격 성공률 | 블로킹 | 서브 | 세트(set) | 리시브 효율 | 디그(set) |
|---|---|---|---|---|---|---|---|---|
| 36 | 150 | 181 | 51.09 | 34 | 6 | 0.367 | 44.57 | 1.980 |

실패를 두려워하지 말고
앞만보고 달려가자!

### 리베로

# 8 Li
# 김 강 녕

1986.05.14
175cm
영등초-남성중-남성고-조선대
2008-2009시즌 수련선수
삼성화재-한국전력(2019)

김강녕은 꾸준함의 상징이다. 수련선수로 프로에 입문한 김강녕은 바위처럼 변함 없이 자신의 자리를 지켰다. 그러다 보니 어느덧 13번째 시즌에 나선다. 그동안 수많은 선수가 소리없이 사라지는 가운데 김강녕이 버틸 수 있었던 비결은 성실 또 성실. 지난 시즌 막판 오른쪽 어깨 근육이 파열된 김강녕에게 FA 재계약이라는 선물이 찾아온 것도 그동안 코트 안팎에서 보여준 성실함 덕분이다. 김강녕은 2021-2022시즌을 위해 비시즌을 고스란히 재활에만 집중했다. 구단에 대한 감사를 자신이 보답하는 길은 죽도록 운동하는 것뿐이라고 믿었다. 그래서 힘든 재활도 묵묵하게 버텼다. 비록 주전은 아닐지라도 자신의 위치에서 동료들에게 강한 힘을 불어넣기 위해 오뚝이처럼 다시 일어섰다.

시한불란
땀을 믿으면 흔들리지 않는다!
김강녕

### 김강녕의 BEST 3

| | 리시브 효율 | 디그(set) | 디그 성공률 |
|---|---|---|---|
| 김강녕 | 30.36 | 0.792 | 76.00 |
| 리베로평균 | 40.51 | 1.513 | 77.76 |

### 2020-2021 평균 기록

| 경기 | 세트 | 득점 | 공격 성공률 | 블로킹 | 서브 | 세트(set) | 리시브 효율 | 디그(set) |
|---|---|---|---|---|---|---|---|---|
| 13 | 24 | – | – | – | – | 0.125 | 30.36 | 0.792 |

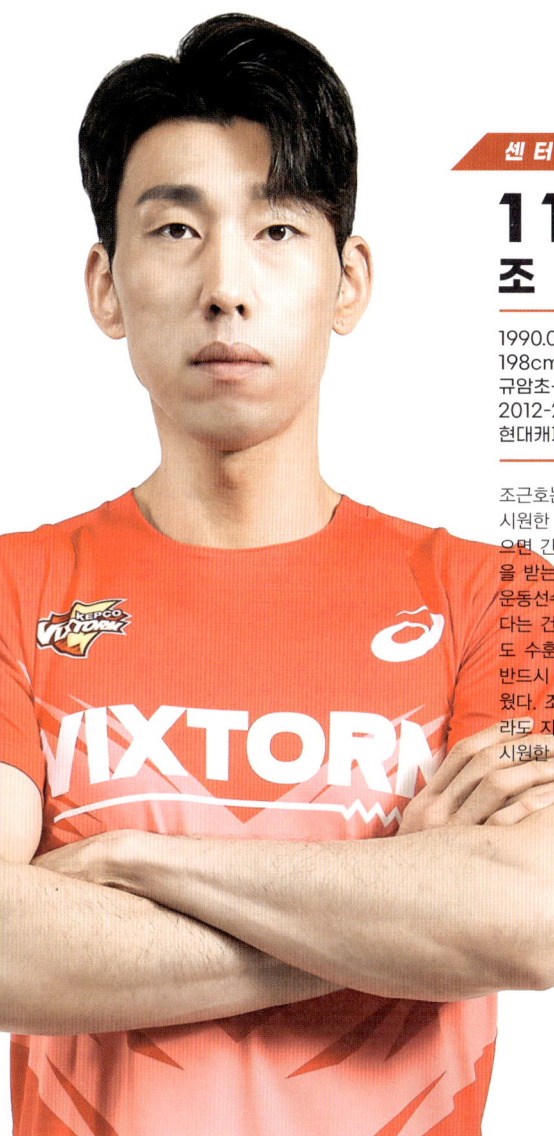

### 센터

# 11 ⓒ
# 조근호

1990.05.23
198cm
규암초-부안중-평촌고-경기대
2012-2013시즌 2라운드 3순위
현대캐피탈-우리카드(2017)-한국전력(2018)

조근호는 부끄러움이 많은 성격이다. 그러다 보니 코트 위에서 시원한 세리머니를 하는 선수들이 부럽다. 경기에 집중하고 있으면 긴장하고 있느냐는 오해도 종종 받는다. 누구에게 큰 주목을 받는 것도 부담스러워하는 성격이다. 하지만 경쟁이 필수인 운동선수라는 직업을 선택한 이상 자신의 성격을 극복해야 한다는 건 잘 알고 있다. 조근호는 프로 데뷔 후 지금까지 한 번도 수훈 선수 인터뷰를 경험하지 못했다. 그래서 올 시즌에는 반드시 수훈 선수가 되어 팬들에게 인정받고 싶다는 목표를 세웠다. 조근호는 테트리스 게임의 일자 블록처럼 언제 등장하더라도 자기 역할을 하는 선수를 꿈꾼다. 그래야 많은 팬 앞에서 시원한 세리머니도 보여줄 수 있기 때문이다.

### 조근호의 BEST 3

|  | 공격 성공률 | 블로킹(set) | 속공 성공률 |
|---|---|---|---|
| 조근호 | 52.34 | 0.366 | 52.54 |
| 센터 평균 | 53.75 | 0.440 | 54.77 |

### 2020-2021 평균 기록

| 경기 | 세트 | 득점 | 공격 성공률 | 블로킹 | 서브 | 세트(set) | 리시브 효율 | 디그(set) |
|---|---|---|---|---|---|---|---|---|
| 26 | 82 | 101 | 52.34 | 30 | 4 | 0.037 | 40.00 | 0.378 |

### 리베로

# 12 Li
# 이지석

1998.02.05
183cm
흥덕초-남성중-남성고-한양대
2018-2019시즌 1라운드 5순위
삼성화재-한국전력(2020)

이지석은 지난 시즌 삼성화재에서 레프트에서 리베로로 포지션 변경을 준비했다. 하지만 완성형이 되지 못한 채 시즌 중 팀을 떠났다. 이지석에게 한국전력이 손을 내밀었고, 고민 끝에 다시 코트에 섰다. 장병철 감독은 이지석에게 실수를 해도 좋으니 자신감있게 하라고만 주문했다. 무조건 이겨내야 한다는 부담을 떨치자 할 수 있다는 자신감이 자라났다. 이지석의 표정이 밝아지기 시작한 것도 그 순간부터. 이지석의 2021-2022시즌 목표는 장병철 감독에게 "지석이를 데려오길 잘했다"는 칭찬을 듣는 것이다. 이지석은 자신의 이적 전까지를 시즌1, 그리고 한국전력 이적 후를 시즌2라고 이름 붙였다. 시즌1보다 나은 시즌2를 보여주겠다는 분명한 다짐도 빼놓지 않았다.

생각이 바뀌면 행동이 바뀌고 행동이 바뀌면 주변이 바뀌고. 인생이 달라진다.

L Jiseok

### 이지석의 BEST 3

| | 디그(set) | 디그 성공률 | 리시브 효율 |
|---|---|---|---|
| 이지석 | 0.313 | 71.43 | 58.33 |
| 리베로 평균 | 1.513 | 77.76 | 40.51 |

### 2020-2021 평균 기록

| 경기 | 세트 | 득점 | 공격 성공률 | 블로킹 | 서브 | 세트(set) | 리시브 효율 | 디그(set) |
|---|---|---|---|---|---|---|---|---|
| 8 | 16 | - | - | - | - | - | 58.33 | 0.313 |

### 레프트

## 13 Ⓛ
## 공 재 학

1991.06.27
194cm
문정초-문흥중-광주전자공고-인하대
2012-2013시즌 2라운드 2순위
대한항공-한국전력(2017)

공재학은 자타공인 한국전력의 분위기메이커다. 코트 안에 있을 때나 밖에 있을 때나 공재학의 목소리가 경기장에서 가장 크게 들리는 덕분이다. 지난 시즌 공재학은 레프트뿐만 아니라 센터, 라이트까지 여러 포지션을 소화했다. 팀이 필요로 할 때 코트에 들어가 낯선 역할도 무난하게 해냈다. 솔직히 자존심이 상할 때도 있었다. 하지만 경험을 하고 나니 생각이 바뀌었다. 공재학의 2021-2022시즌 목표는 팀을 위해 자신에게 주어진 역할에 최선을 다해 승리에 보탬이 되겠다는 것. 장병철 감독도 공재학에게 투입되면 경기 분위기를 바꿔주는 역할을 주문했다. 공재학은 팀이 지고 있는 상황에서 투입돼 자신의 힘으로 경기 흐름을 뒤집는 바로 그 장면을 상상하며 훈련장에서 누구보다 크게 목소리를 냈다.

### 공재학의 BEST 3

| | 공격 성공률 | 리시브 효율 | 디그 성공률 |
|---|---|---|---|
| 공재학 | 51.79 | 14.43 | 80.00 |
| 레프트 평균 | 50.04 | 34.24 | 74.07 |

### 2020-2021 평균 기록

| 경기 | 세트 | 득점 | 공격 성공률 | 블로킹 | 서브 | 세트(set) | 리시브 효율 | 디그(set) |
|---|---|---|---|---|---|---|---|---|
| 25 | 58 | 33 | 51.79 | 4 | - | 0.086 | 14.43 | 0.621 |

### 레프트

# 14 ⓛ
# 임성진

1999.01.11
195cm
의림초-제천중-제천산업고-성균관대
2020-2021시즌 1라운드 2순위
-

드래프트 최대어라는 수식어가 주는 무게감은 남달랐다. 자신을 향한 큰 기대는 감사했지만 프로의 벽은 생각보다 높고 단단했다. 스스로 기회는 충분했다고 생각하지만 살리지 못한 만큼 실망이 컸다. 10점 만점에 1점을 줬을 만큼 만족할 수 없었던 데뷔 시즌이다. 하지만 임성진은 좌절하는 대신 훈련을 더 열심히 훈련에 매진했다. 무엇보다 임성진은 새 시즌에는 후회하고 싶지 않다는 목표뿐이다. 자신이 목표로 하는 '완성형 3년차'가 되기 위해서는 실망스러웠던 1년차를 잊고 2년차에 10점 만점에 5, 6점을 줄 수 있을 만큼 성장해야 한다. 그렇기에 2021-2022시즌은 임성진에게 배우처럼 잘생긴 얼굴이 아닌 배구로 자신의 존재감을 배구팬에게 입증하는 한 해가 되어야 한다.

### 임성진의 BEST 3

| | 공격 성공률 | 리시브 효율 | 디그(set) |
|---|---|---|---|
| 임성진 | 38.30 | 28.64 | 0.448 |
| 레프트 평균 | 50.31 | 34.24 | 0.967 |

### 2020-2021 평균 기록

| 경기 | 세트 | 득점 | 공격 성공률 | 블로킹 | 서브 | 세트(set) | 리시브 효율 | 디그(set) |
|---|---|---|---|---|---|---|---|---|
| 30 | 87 | 67 | 38.30 | 8 | 5 | 0.034 | 28.64 | 0.448 |

### 세 터

# 15 ⓢ
## 김광국

1987.08.13
187cm
신안초-동명중-동명고-성균관대
2009-2010시즌 1라운드 3순위
우리캐피탈-삼성화재(2020)-한국전력(2020)

프로 데뷔 후 한 팀에서만 줄곧 활약했던 김광국은 지난 시즌에만 두 번의 트레이드를 겪었다. 그러다 보니 새로운 동료들과 호흡을 제대로 맞출 시간이 부족했다. 그래서 김광국은 동료들을 기다리기 보다 자신이 바뀌기로 했다. 그동안 코트에서 자신이 돋보여야 한다는 생각을 버리고 팀을 우선해야 한다는 생각을 장착했다. 주전 여부와 상관없이 팀이 승리하는데 보탬이 되는 선수가 되겠다는 각오는 그 어느 때보다 굳건해졌다. 코트에 들어가면 감독과 동료에게 믿음을 주는 선수가 되고 싶다는 김광국은 비시즌에 길게 길렀던 머리도 단정하게 잘랐다. 프로 데뷔 후 팬들에게 알려진 김광국이 아닌 완전히 달라진 김광국이 되겠다는 분명한 각오다. 김광국의 희망사항이 현실이 된다면 장병철 감독도 고민을 덜 수 있다.

### 김광국의 BEST 3

|  | 세트(set) | 디그(set) | 서브(set) |
|---|---|---|---|
| 김광국 | 4.607 | 0.750 | 0.012 |
| 세터평균 | 7.391 | 0.912 | 0.098 |

### 2020-2021 평균 기록

| 경기 | 세트 | 득점 | 공격 성공률 | 블로킹 | 서브 | 세트(set) | 리시브 효율 | 디그(set) |
|---|---|---|---|---|---|---|---|---|
| 31 | 84 | 16 | 29.41 | 10 | 1 | 4.607 | – | 0.750 |

V-LEAGUE

## 라 이 트

# 16 ⓡ
# 김동영

1996.07.02
186cm
대원초-함안중-군북고-중부대
2019-2020시즌 2라운드 4순위
삼성화재-한국전력(2021)

2020-2021시즌이 끝나고 삼성화재를 떠나 한국전력으로 유니폼을 갈아입었다. 소속팀은 달라졌지만 김동영의 역할은 바뀌지 않는다. 외국인 공격수가 잘 풀리지 않을 때 경기 흐름을 바꿔 주는 역할, 그리고 강력한 서브 한 방으로 경기 흐름을 바꾸는 역할. 스스로 코트 위에서 보여줄 수 있는게 많지 않다고 생각하기에 그저 내가 가장 잘 하는 것만 보여주고 나온다는 생각뿐이다. 김동영이 언제 어디서나 기죽지 않고 가장 크게 파이팅을 외칠 수 있는 이유는 백업 선수라고, 또 원포인트 서버라고 해서 그 팀에 중요하지 않은 선수가 아니란 걸 알기 때문이다. 그래서 김동영은 가장 자신 있는 주무기인 서브를 상대 코트에 누구보다 정확하게 꽂기 위해서 최선을 다하고 있다.

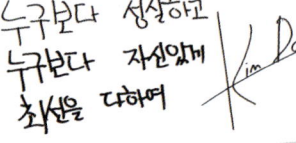

### 김동영의 BEST 3

|  | 공격 성공률 | 서브(set) | 블로킹(set) |
|---|---|---|---|
| 김동영 | 46.19 | 0.180 | 0.031 |
| 라이트평균 | 50.81 | 0.264 | 0.264 |

### 2020-2021 평균 기록

| 경기 | 세트 | 득점 | 공격 성공률 | 블로킹 | 서브 | 세트(set) | 리시브 효율 | 디그(set) |
|---|---|---|---|---|---|---|---|---|
| 36 | 128 | 203 | 46.19 | 4 | 23 | 0.047 | - | 0.430 |

**센 터**

# 17 ⓒ
# 박 찬 웅

1997.08.13
196cm
이리고현초-연현중-영생고-한양대
2020-2021시즌 2라운드 6순위
-

박찬웅은 인중에 도드라진 점처럼 톡톡 튄다. 이제 갓 신인의 꼬리표를 뗀 선수라고 믿기 어려울 정도로 주눅든 모습은 찾기가 어렵다. 스스로 자신의 장점이 활발하고 파이팅 좋고 뛰어다니길 좋아하는 점이라고 평가한다. 그래서 지난 시즌 코트 위에서 세리머니를 보여줄 기회를 많이 얻지 못한 것을 가장 아쉬워했다. 배구 기량면에서는 아직 많이 부족하다는 자가진단을 내렸다. 그래서 모방은 창조의 어머니라는 말처럼 영석이 형의 모든 것을 자신의 것으로 만들기 위해 노력 중이다. 이런 모습을 장병철 감독도 크게 반겼다. 박찬웅의 2021-2022시즌 목표는 한국전력의 '넘버2' 센터. 신영석 말고도 한국전력에 블로킹 잘하는 선수가 있다는 걸 보여주고 싶다는 목표를 세웠다.

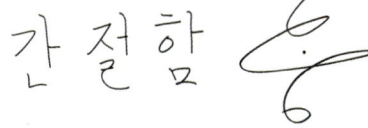

### 박찬웅의 BEST 3

| | 공격 성공률 | 블로킹(set) | 서브(set) |
|---|---|---|---|
| 박찬웅 | 23.53 | 0.429 | - |
| 센터평균 | 53.75 | 0.440 | 0.060 |

### 2020-2021 평균 기록

| 경기 | 세트 | 득점 | 공격 성공률 | 블로킹 | 서브 | 세트(set) | 리시브 효율 | 디그(set) |
|---|---|---|---|---|---|---|---|---|
| 8 | 14 | 10 | 23.53 | 6 | - | - | - | 0.286 |

V-LEAGUE

### 센터

# 18 ⓒ
## 박 지 윤

1996.03.04
197cm
본원초-남성중-남성고-성균관대
2019-2020시즌 2라운드 7순위
-

박지윤은 대학팀과 연습경기에서 큰 실수를 하고 나서는 자신감을 크게 잃었다. 큰 덩치와 달리 말수가 적은 편이라 스스로 위축되는 경우도 많았다. 그래서 박지윤은 2021-2022시즌을 자신감 회복을 최우선 목표로 삼는다. 그래야 지난 시즌 한 경기도 코트에 서지 못했던 아쉬움을 말끔히 씻을 수 있기 때문이다. 이런 박지윤에게 가장 큰 도움이 되는 건 지난 시즌 합류한 영석이형의 존재다. 리그 최고의 센터에게 과외를 받는 박지윤은 스스로도 실력이 성장하고 있다고 느낀다. 비록 속도는 느릴 수 있지만 박지윤은 성장이라는 옳은 방향을 향해 가고 있다. 여기에 자신감이 더해진다면 속도는 더 빨라질 수 있다. 비시즌 박지윤의 금발 변신은 자신감 회복을 위한 첫 걸음이었다. 성인이 되어 자기가 하고 싶은 걸 해봤으니 이제 코트 위에서 하고 싶은 걸 보여줄 차례다.

### 박지윤의 BEST 3

| | 공격 성공률 | 블로킹(set) | 속공 성공률 |
|---|---|---|---|
| 박지윤 | - | - | - |
| 센터평균 | 52.75 | 0.440 | 54.77 |

### 2020-2021 평균 기록

| 경기 | 세트 | 득점 | 공격 성공률 | 블로킹 | 서브 | 세트(set) | 리시브 효율 | 디그(set) |
|---|---|---|---|---|---|---|---|---|
| - | - | - | - | - | - | - | - | - |

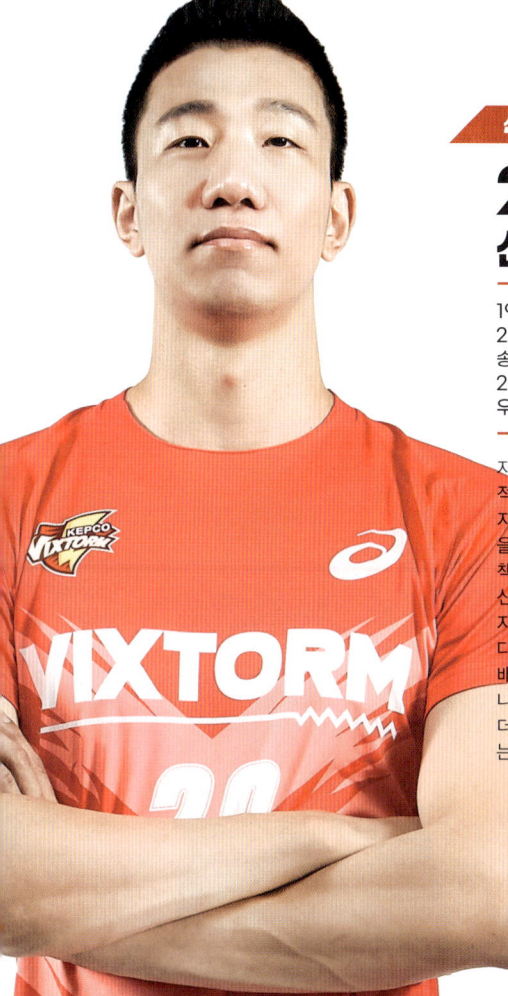

### 센터

## 20 ⓒ
## 신 영 석

1986.10.04
200cm
송전초-인창중-인창고-경기대
2008-2009시즌 1라운드 2순위
우리카드-현대캐피탈(2016)-한국전력(2020)

영석이형은 우리나라 넘버원!

자타공인 V-리그 남자부 최고의 다재다능 센터. 신영석의 이적에 V-리그 전체가 들썩였다. 하지만 신영석은 지난 시즌 웃지 못했다. 누구보다 솔선수범했지만 한국전력의 봄 배구 진출을 이끌지 못한 탓이다. 신영석의 배구 인생에 실패가 더해지자 책임감도 커졌다. 2021-2022시즌 신영석의 목표는 분명하다. 신영석이 신영석 했다는 평가를 듣겠다는 것. 여기에 또 하나. 지더라도 재미있는 배구, 끝까지 포기하지 않는 배구를 하고 싶다. 여자배구 대표팀의 도쿄 올림픽 4강 진출은 신영석을 더욱 배구로 목마르게 만들었다. 신영석은 할 수 있다면 자신의 신체 나이를 20대로 되돌리고 싶다고 했다. 왜냐고 물으니 지금보다 더 나은 배구를 하고 싶다고 답한다. 신영석은 배구 밖에 모르는 바보다.

나는 아직도 목이 마르다.

### 신영석의 BEST 3

| | 블로킹(set) | 속공 성공률 | 세트(set) |
|---|---|---|---|
| 신영석 | 0.662 | 61.04 | 0.106 |
| 센터평균 | 0.440 | 54.77 | 0.087 |

### 2020-2021 평균 기록

| 경기 | 세트 | 득점 | 공격 성공률 | 블로킹 | 서브 | 세트(set) | 리시브 효율 | 디그(set) |
|---|---|---|---|---|---|---|---|---|
| 36 | 151 | 344 | 59.27 | 100 | 33 | 0.106 | 24.24 | 0.550 |

# 2020-2021 REVIEW & 2021-2022 PREVIEW

## 팀 순위

**6**

| 41 | 15 | 21 |
|---|---|---|
| 승점 | 승 | 패 |

63/80 (0.788)
세트 득/실 (득실률)

3156/3268 (0.966)
점수 득/실 (득실률)

### 항목별 팀 순위

| 항목 | 기록 | 순위 |
|---|---|---|
| 득점 | 3,156점 | 6 |
| 공격종합 | 49.79% | 5 |
| 블로킹 | 2.43개 | 2 |
| 서브 | 0.87개 | 7 |
| 디그 | 9.45개 | 4 |
| 세트 | 11.88개 | 4 |
| 리시브 | 36.96% | 2 |
| 수비 | 16.54개 | 2 |

### 승패조견표

| | | | | | | | 순위 |
|---|---|---|---|---|---|---|---|
| 1R | 1:3 | 3:0 | 1:3 | 2:3 | 3:2 | 3:2 | 4 |
| 2R | 0:3 | 3:1 | 1:3 | 0:3 | 1:3 | 0:3 | 7 |
| 3R | 1:3 | 1:3 | 1:3 | 0:3 | 0:3 | 3:0 | 7 |
| 4R | 3:2 | 3:2 | 2:3 | 2:3 | 3:2 | 3:0 | 2 |
| 5R | 0:3 | 3:2 | 3:2 | 1:3 | 3:0 | 3:0 | 4 |
| 6R | 0:3 | 1:3 | 3:2 | 1:3 | 2:3 | 3:0 | 6 |
| 계 | 1승<br>5패 | 4승<br>2패 | 2승<br>4패 | 6패 | 3승<br>3패 | 5승<br>1패 | 6 |

## 모두를 깜짝 놀라게 한 리빌딩, 새 판 짜기에 나서다

현대캐피탈은 2020-2021시즌 중 '리빌딩'이라는 모험을 걸었다. 당장이 아닌 향후 5년, 10년 뒤를 바라본 최태웅 감독과 프런트 등의 결단이었다.

봄 배구 단골 손님이었던 현대캐피탈은 7개 팀 중 6위로 밀리며 아쉬움을 남겼지만 성과도 있었다. 박경민, 김선호, 김명관 등 젊은 선수들이 가세한 현대캐피탈은 완전히 새로운 팀으로 변모했다. 팀은 젊어졌고, 한 번 불 붙으면 어느 팀도 쉽게 상대할 수 없는 팀이 됐다. 베테랑 센터 박상하의 합류로 약점으로 꼽혔던 중앙을 보강한 현대캐피탈은 주전 레프트로 자리매김한 허수봉의 꾸준한 활약이 필요하다. 장신 센터인 김명관도 이제는 유망주 껍질을 깨고 현대캐피탈의 '야전사령관'으로 올라서야 한다.

## 신구 조화, 그리고 무한 경쟁

올 시즌 현대캐피탈의 화두는 '무한 경쟁'이다. 지난 시즌에는 젊은 선수들에게 우선적으로 기회를 줬다면, 이제는 말 그대로 더 나은 실력이 있는 선수가 코트에 나선다. 현대캐피탈의 아이콘이자 베테랑 공격수 문성민까지 합류하면서 치열한 경쟁이 펼쳐질 전망이다. 12월 말에는 현대캐피탈의 우승을 이끌었던 레프트 전광인까지 군 전역 후 합류한다. 주장 최민호를 비롯해 박상하, 여오현, 문성민, 박주형 등 베테랑과 박경민, 김선호, 허수봉 등 '젊은 피'들의 신구 조화가 가장 필요한 시즌이 될 것으로 보인다. 최 감독은 경험 많은 선수들의 힘이 꼭 필요할 순간이 올 것이라 생각하고 있다. 리빌딩을 통해 체질 개선에 성공한 현대캐피탈은 더 빠르고, 강한 팀으로 도약하기 위한 준비를 마쳤다.

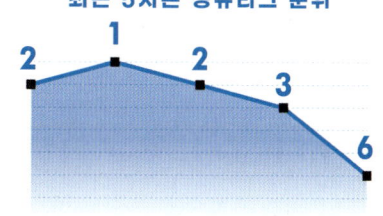

최근 5시즌 정규리그 순위

# Hyundai Capital SKY WALKERS

**2021 - 2022**

## BEST 7

Ⓡ 히메네즈

Ⓒ 박상하

Ⓛ 김선호

Ⓛ 허수봉

Ⓒ 최민호 / Ⓢ 김명관 / Ⓛ 박경민

## 라인업

| # | 이름 |  | # | 이름 |  |
|---|---|---|---|---|---|
| 1 | 차영석 | C | 10 | 박준혁 | C |
| 2 | 히메네즈 | R | 11 | 최민호 Ⓒ | C |
| 3 | 김명관 | S | 13 | 박경민 | Li |
| 4 | 김형진 | S | 14 | 최은석 | Li R |
| 5 | 여오현 | Li | 15 | 문성민 | L |
| 6 | 김선호 | L | 16 | 이준승 | Li |
| 7 | 허수봉 | L | 17 | 박상하 | C |
| 8 | 송준호 | L | 19 | 송원근 | C |
| 9 | 박주형 | L | 20 | 황형진 | L |

## 인 & 아웃

**IN** ▶ 전광인, 이원중, 박상하

**OUT** ▶ 이시우, 이승준, 노경민, 이준승

## 루키

Ⓛ 홍동선

Ⓛ 김승빈

Ⓛ 이상우

Ⓒ 정태준

# MANAGER

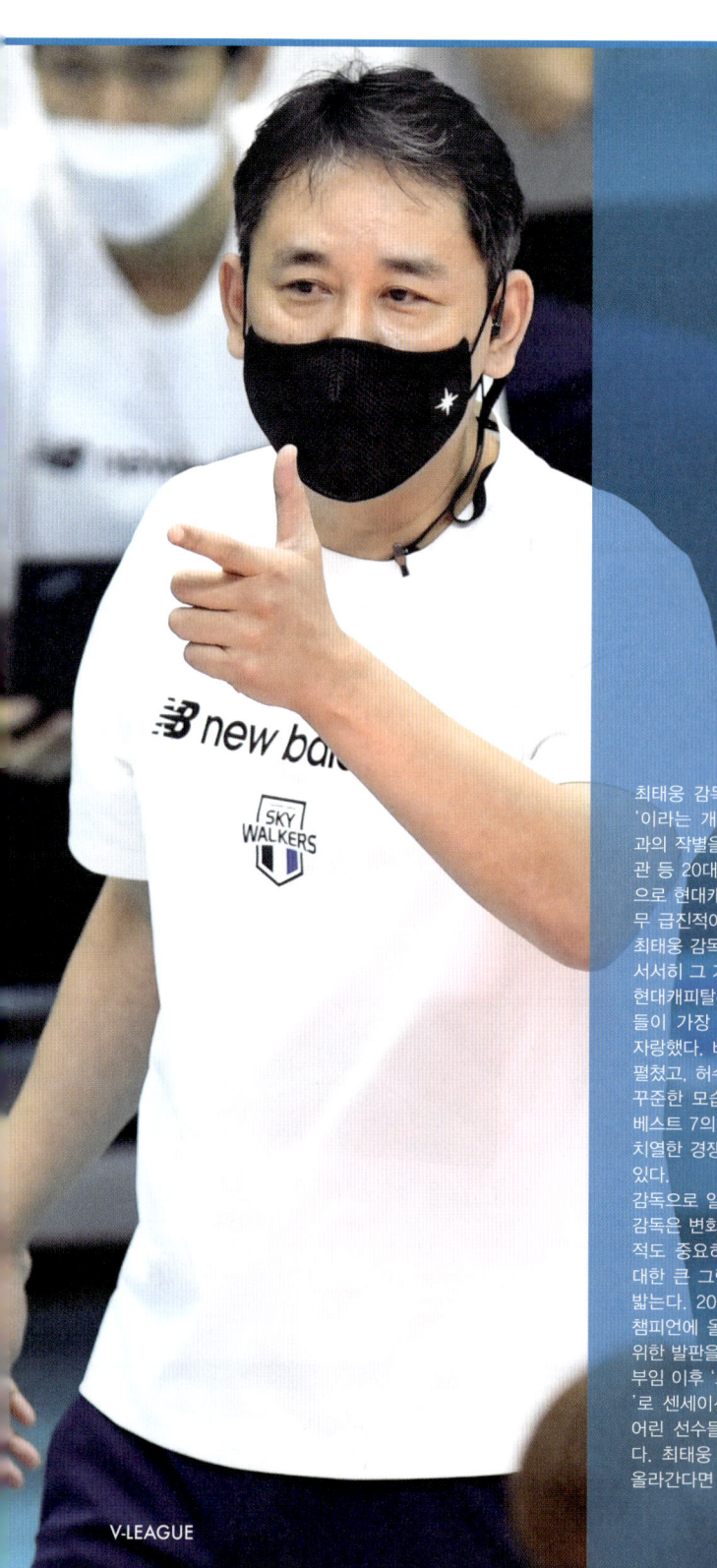

### 최태웅 감독

최태웅 감독은 2020-2021시즌 중 '리빌딩'이라는 개혁 드라이브를 걸었다. 베테랑들과의 작별을 택한 그는 김선호, 박경민, 김명관 등 20대 초중반 선수들을 데려와 젊은 팀으로 현대캐피탈을 변모 시켰다. 주변에서 너무 급진적이고, 무모하다는 비판도 있었지만 최태웅 감독은 어린 선수들의 재능을 믿었고, 서서히 그 가능성이 터지고 있다.

현대캐피탈은 2020-2021시즌 막판 6개 팀들이 가장 두려워할 정도로 탄탄한 전력을 자랑했다. 베테랑 문성민이 고비마다 활약을 펼쳤고, 허수봉, 김선호, 박경민 등도 비교적 꾸준한 모습을 보여줬다. 지난 시즌에 비해 베스트 7의 대부분이 바뀌었지만 포지션마다 치열한 경쟁을 통해 시너지 효과를 기대하고 있다.

감독으로 일곱 번째 시즌을 맞이하는 최태웅 감독은 변화를 두려워하지 않는다. 당장의 성적도 중요하지만 팀이 나아가야 할 방향에 대한 큰 그림을 그리고, 그것을 향해 단계를 밟는다. 2016-2017시즌, 2018-2019시즌 챔피언에 올랐던 현대캐피탈은 다시 도약을 위한 발판을 마련했다.

부임 이후 '스피드 배구'라 불리는 '토탈 배구'로 센세이션을 일으켰던 최 감독은 이제는 어린 선수들과 함께 높은 곳을 바라보고 있다. 최태웅 감독은 최소 포스트시즌 이상만 올라간다면 충분히 해볼만 하다는 판단이다.

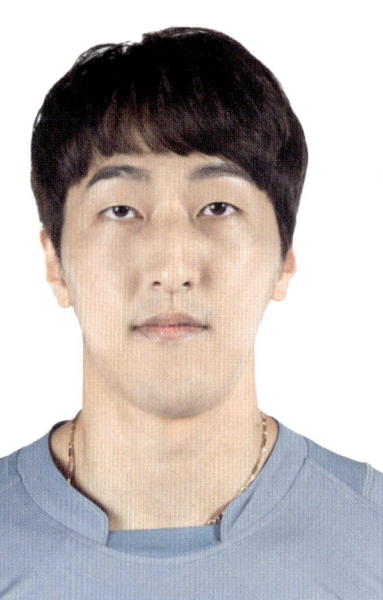

내가 다음 영석!

**센터**

# 1 ⓒ
# 차 영 석

1994.04.17
193cm
담양동초-담양중-순천제일고-인하대
2016-2017시즌 2라운드 2순위
-

2016-2017시즌 2라운드 2순위로 현대캐피탈에 입단한 차영석은 속공과 공격적인 부분에서 장점이 분명한 선수다. 신장은 센터치고 그리 크지 않은 193cm지만 상대 블로커를 따돌리는 전광석화 같은 속공만큼은 팀 내에서도 일품으로 꼽힌다. 2018 코보컵에서 발목 수술로 이후 두 시즌 간 부침을 겪었던 차영석이지만 2020-2021시즌 다시 활발하게 코트를 누비며 존재감을 보여줬다. 박상하의 합류로 탄탄한 센터진을 꾸리게 된 현대캐피탈에서 그의 목표는 분명하다. 베테랑 박상하와 최민호라는 양대 산맥을 넘어야 하는 것 뿐 아니라 박준혁 등 젊은 선수들과의 경쟁에서도 앞서야 한다.

우승을 위해서 팀에 더 공헌하고 부상 없이 시즌 잘 치르겠습니다.

### 차영석의 BEST 3

| | 속공 성공률 | 블로킹(set) | 공격 성공률 |
|---|---|---|---|
| 차영석 | 59.66 | 0.485 | 57.98 |
| 센터평균 | 54.77 | 0.440 | 53.75 |

### 2020-2021 평균 기록

| 경기 | 세트 | 득점 | 공격 성공률 | 블로킹 | 서브 | 세트(set) | 리시브 효율 | 디그(set) |
|---|---|---|---|---|---|---|---|---|
| 28 | 99 | 162 | 57.98 | 48 | 5 | 0.081 | 54.55 | 0.576 |

### 라이트

## 2 ®
## 히메네즈

1990.01.09
200㎝
콜롬비아
2021-2022시즌 대체선수
-

보이다르 뷰세비치의 대체 선수로 합류한 로날드 히메네즈는 리버맨 아가메즈(전 현대캐피탈·전 우리카드)와 같은 콜롬비아 대표팀 출신이다. 그는 남미 선수들 특징인 빠르고 유연한 플레이와 높은 점프력이 장점인 선수다. 2016년부터 지난해까지 프랑스리그 쿠르투앵에서 뛰었으며 가장 최근에는 폴란드리그 쿠르품 루빈서 활약했다. 최근 2시즌 동안 다우디 오켈로와 호흡을 맞췄던 현대캐피탈은 새로운 '토털 배구'를 위해 더 빠르고 공격력이 좋은 히메네즈를 데려왔다. 젊고 빨라진 현대캐피탈은 유럽 무대서 오랫동안 뛰면서 경험이 풍부한 히메네즈에게 많은 기대를 걸고 있다.

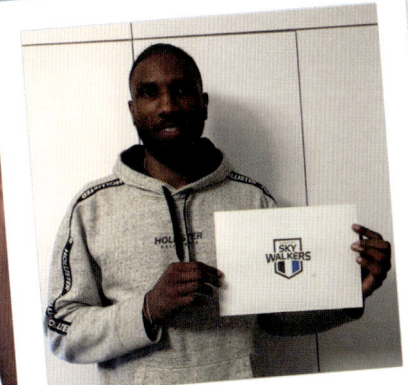

### 히메네즈의 BEST 3

| | 공격 성공률 | 퀵오픈 성공률 | 오픈 성공률 |
|---|---|---|---|
| 히메네즈 | - | - | - |
| 라이트 평균 | 50.81 | 58.26 | 45.53 |

### 2020-2021 평균 기록

| 경기 | 세트 | 득점 | 공격 성공률 | 블로킹 | 서브 | 세트(set) | 리시브 효율 | 디그(set) |
|---|---|---|---|---|---|---|---|---|
| - | - | - | - | - | - | - | - | - |

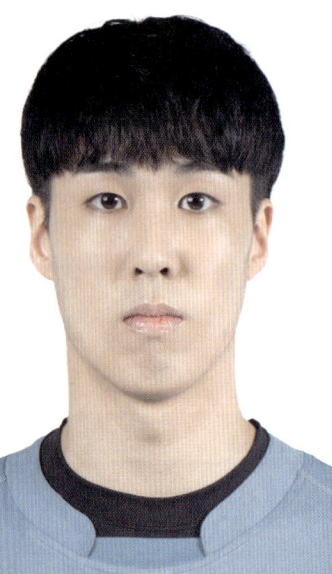

너는 드래프트 1순위!

**세터**

# 3 ⓢ
# 김 명 관

1997.07.08
195cm
동인초-각리중-순천제일고-경기대
2019-2020시즌 1라운드 1순위
한국전력-현대캐피탈(2020)

김명관에게 2020-2021시즌은 중요한 터닝 포인트가 된 시간이었다. 2019-2020시즌 전체 1라운드 1순위로 한국전력 유니폼을 입은 김명관은 2020-2021시즌 중 트레이드를 통해 현대캐피탈로 이적했다. 세터 출신 최태웅 감독 밑에서 많은 지도를 받은 김명관은 팀의 진정한 주전 세터로 발전하고 있다. 남들과 다른 195cm의 장신 세터라는 점은 김명관의 최대 장점이다. 첫 시즌이겨야 한다는 압박감에서 벗어나 새로 태어났다. 토스할 때 폼부터 모든 것을 뜯어고친 김명관은 스스로 "나를 완벽히 바꿨다"고 할 정도로 계속 변화하고, 진화하고 있다. 더 젊어진 현대캐피탈 리빌딩의 주축 전력으로 팀의 비상을 이끌어야 한다는 책임감도 커졌다. 이제는 단순히 '유망주'가 아닌 현대캐피탈의 봄 배구를 이끌 '야전사령관'으로 거듭나길 바라고 있다.

무언가의 노력 없이 아무것도 얻을수 없다.
무언가를 얻기 위해선 대단한 노력이 필요하다.

## 김명관의 BEST 3

|  | 세트(set) | 블로킹(set) | 디그(set) |
|---|---|---|---|
| 김명관 | 9.769 | 0.231 | 1.126 |
| 세터평균 | 7.391 | 0.157 | 0.912 |

## 2020-2021 평균 기록

| 경기 | 세트 | 득점 | 공격 성공률 | 블로킹 | 서브 | 세트(set) | 리시브 효율 | 디그(set) |
|---|---|---|---|---|---|---|---|---|
| 36 | 143 | 85 | 45.78 | 33 | 14 | 9.768 | - | 1.126 |

### 세 터

## 4 ⓢ 김 형 진

1995.03.10
186cm
토평초-삼성중-남성고-홍익대
2017-2018시즌 1라운드 4순위
삼성화재-현대캐피탈(2020)

2017-2018시즌 1라운드에 삼성화재의 지명을 받으며 가능성을 보였던 김형진은 2018-2019시즌에는 전 경기에 출전하며 주전 세터로 풀 타임을 보냈다. 하지만 그를 둘러싼 압박감으로 토스가 흔들렸고, 아쉬운 모습도 있었다. 2020년 현대캐피탈 이승원과 1대1 트레이드를 통해 새로운 팀에 둥지를 튼 김형진은 다사다난한 시즌을 보냈다. 현대캐피탈 팀 사정상 김명관에게 많은 출전 기회가 주어지고 있지 않지만, 김형진은 자신에게 찾아올 기회를 기다리고 있다. 세터 출신 최태웅 감독의 조련 속에 비가 오고 난 뒤 더 단단해지고 있다. 김형진은 팀이 위기에 처했을 때 소방수 역할을 할 수 있도록 묵묵히 땀 흘리고 있다.

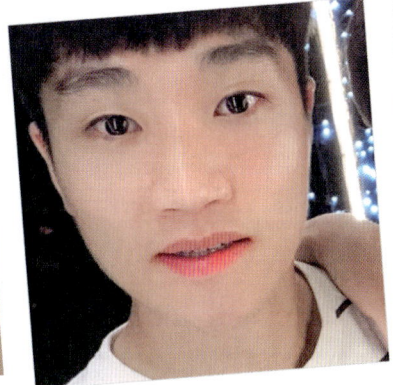

올해는 봄까지 배구하자!

### 김형진의 BEST 3

| | 세트(set) | 블로킹(set) | 디그(set) |
|---|---|---|---|
| 김형진 | 8.444 | 0.222 | 1.156 |
| 세터평균 | 7.391 | 0.157 | 0.912 |

### 2020-2021 평균 기록

| 경기 | 세트 | 득점 | 공격 성공률 | 블로킹 | 서브 | 세트(set) | 리시브 효율 | 디그(set) |
|---|---|---|---|---|---|---|---|---|
| 20 | 45 | 15 | 38.46 | 10 | - | 8.444 | - | 1.156 |

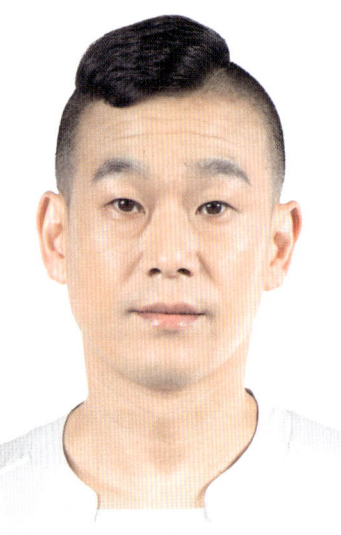

**리베로**

# 5 (Li)
# 여오현

1978.09.02
175cm
대전유성초-대전중앙중-대전중앙고-홍익대
2000년 입단
삼성화재-현대캐피탈(2013)

V-리그 최고령 선수이자, 한국 남자 배구의 살아있는 전설이다. 43세의 나이에도 여전히 현역으로 활동하며 후배들에게 모범을 보이는 선수다. 여오현은 팀 내 박경민 등 어린 리베로들에게 교과서 같은 존재다. 젊은 팀으로 리빌딩을 선언한 현대캐피탈에서 여전히 현역으로 뛰고 있는 이유는 간단하다. 코트에 그가 서 있는 것만으로도 수비에서의 무게감이 다르다. 프로 출범 후 남녀부를 통틀어 처음으로 개인 통산 500경기 출전 기록을 세웠던 그는 경기장 안에서 모든 것을 보여주고 있다. 어느덧 남녀부 통틀어 V-리그 최고령 선수가 됐지만 철저한 자기관리를 하며 '나이는 숫자에 불과하다'는 말을 증명하고 있다.

## 여오현의 BEST 3

| | 리시브 효율 | 디그(set) | 세트(set) |
|---|---|---|---|
| 여오현 | 47.22 | 1.016 | 0.317 |
| 리베로평균 | 40.51 | 1.513 | 0.233 |

## 2020-2021 평균 기록

| 경기 | 세트 | 득점 | 공격 성공률 | 블로킹 | 서브 | 세트(set) | 리시브 효율 | 디그(set) |
|---|---|---|---|---|---|---|---|---|
| 29 | 63 | – | – | – | – | 0.317 | 47.22 | 1.016 |

### 레프트

# 6 ⓛ
# 김 선 호

1999.01.18
187cm
부송초-남성중-남성고-한양대
2020-2021시즌 1라운드 1순위
-

'제2의 석진욱' 또는 '제2의 곽승석'으로 불리는 김선호는 현대캐피탈 리빌딩의 중심이다. 팀의 미래이자 현재인 그는 2020-2021시즌 1라운드 전체 1순위로 현대캐피탈 유니폼을 입었고, 왜 자신이 가장 먼저 지명됐는지 코트에서 증명했다. 안정된 리시브와 빼어난 디그, 준수한 공격력까지 갖춘 그는 현대캐피탈에서 '살림꾼' 역할을 하며 생애 단 한 번뿐인 신인상을 차지했다. 하지만 김선호는 현실에 안주하지 않고 더 발전하길 원하고 있다. 현대캐피탈에 등장한 새로운 '배구 도사'는 팀에서 궂은 일을 마다하지 않으며 공격에서도 더 나은 모습을 보이겠다고 스스로를 채찍질하고 있다.

과거에 머물러 살지 말고
미래를 꿈 꾸지 말고
오직 지금 이 순간에 집중해라

### 김선호의 BEST 3

| | 리시브 효율 | 디그(set) | 블로킹(set) |
|---|---|---|---|
| 김선호 | 35.60 | 1.353 | 0.255 |
| 레프트 평균 | 34.24 | 0.967 | 0.168 |

### 2020-2021 평균 기록

| 경기 | 세트 | 득점 | 공격 성공률 | 블로킹 | 서브 | 세트(set) | 리시브 효율 | 디그(set) |
|---|---|---|---|---|---|---|---|---|
| 28 | 102 | 185 | 44.94 | 26 | 8 | 0.137 | 35.60 | 1.353 |

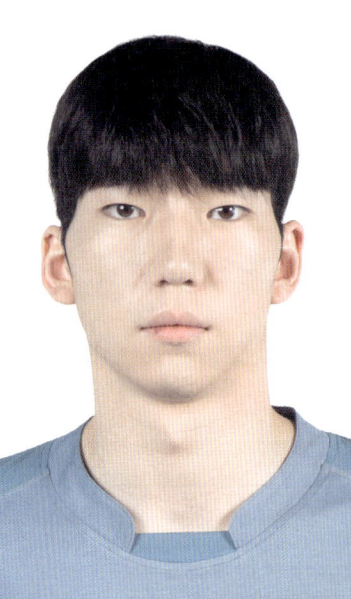

### 레프트

# 7 Ⓛ
## 허 수 봉

1998.04.07
195cm
경북사대부중-경북사대부고
2016-2017시즌 1라운드 3순위
대한항공-현대캐피탈(2016)

경북사대부고를 졸업하고 2016-2017시즌 프로무대에 뛰어든 허수봉은 현대캐피탈이 공들여 키운 선수다. 장기 프로젝트 속에서 성장한 허수봉은 데뷔 때보다 2cm 이상 키가 컸고, 꾸준한 노력을 통해 10kg 이상 체중을 불리며 '벌크업'에도 성공했다. 일찌감치 군 문제까지 해결한 허수봉은 최태웅 감독이 가장 기대하는 선수 중 한 명이다. 라이트와 레프트, 센터 등 모든 포지션에서 다재다능한 허수봉이지만 2021-2022시즌에는 팀에서 레프트를 맡을 전망이다. 박철우(한국전력), 정지석(대한항공)처럼 고졸 신화를 썼던 선배들을 보며 꿈을 키웠던 허수봉은 어느덧 다른 고졸 선수들에게 '롤 모델'로 성장했다.

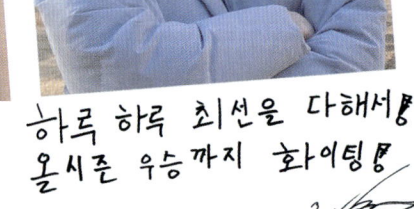

### 허수봉의 BEST 3

| | 서브(set) | 블로킹(set) | 공격 성공률 |
|---|---|---|---|
| 허수봉 | 0.412 | 0.284 | 49.43 |
| 레프트 평균 | 0.177 | 0.168 | 50.04 |

### 2020-2021 평균 기록

| 경기 | 세트 | 득점 | 공격 성공률 | 블로킹 | 서브 | 세트(set) | 리시브 효율 | 디그(set) |
|---|---|---|---|---|---|---|---|---|
| 26 | 102 | 330 | 49.43 | 29 | 42 | 0.157 | 31.07 | 0.951 |

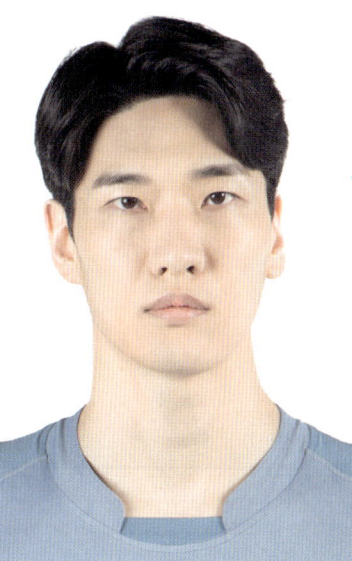

### 레프트

## 8 Ⓛ
## 송 준 호

1991.06.05
192㎝
대전유성초-대전중앙중-대전중앙고-홍익대
2012-2013시즌 1라운드 4순위
-

2012-2013시즌 드래프트 1라운드 4순위로 현대캐피탈 유니폼을 입은 송준호는 벌써 프로 10년 차가 됐다. 2013 컵 대회 MVP를 받으며 '유망주'였던 송준호도 어느덧 팀 내 중고참으로 성장했다. 군 제대 이후 복귀한 지난 시즌은 부상 등으로 인해 아쉬움이 컸다. 발목 부상으로 지난 5월 수술대에 오른 그는 피나는 재활을 통해 다시 비상을 준비하고 있다. 송준호는 장점인 공격력을 최대한 살려 어느 상황에 코트에 들어가더라도 제 몫을 하겠다는 각오다. 이제는 활기차게 후배들을 이끌고, 분위기를 끌어 올리며 팀에 최대한 보탬이 되기 위해 많은 노력을 기울이고 있다. 공격에 비해 약점으로 꼽히는 리시브 연습에도 매진하고 있다.

우승을 위해 최선을 다하고 내 자신의 발전을 위해 더 노력하겠습니다.

### 송준호의 BEST 3

|  | 리시브 효율 | 디그(set) | 공격 성공률 |
|---|---|---|---|
| 송준호 | 42.13 | 1.261 | 49.44 |
| 레프트평균 | 34.24 | 0.967 | 50.04 |

### 2020-2021 평균 기록

| 경기 | 세트 | 득점 | 공격 성공률 | 블로킹 | 서브 | 세트(set) | 리시브 효율 | 디그(set) |
|---|---|---|---|---|---|---|---|---|
| 21 | 46 | 103 | 49.44 | 10 | 4 | 0.130 | 42.13 | 1.261 |

### 레프트

# 9 Ⓛ
# 박 주 형

1987.08.05
193㎝
대천초-성지중-성지공고-성균관대
2010-2011시즌 1라운드 2순위
우리캐피탈-현대캐피탈(2011)

2010-2011시즌 1라운드 2순위로 우리캐피탈에 입단한 박주형은 이듬해 현대캐피탈 유니폼으로 갈아입었고, 이제는 팀에서 빠질 수 없는 '밀알' 같은 존재다. 그 동안 많은 스타플레이어들이 현대캐피탈을 거쳐 갔다면 그는 꾸준함을 무기로 레프트 한 자리를 차지하며 팀에서 롱런하고 있다. '젊은 팀'으로 리빌딩을 한 현대캐피탈이지만 베테랑 박주형의 존재감은 여전하다. 안정된 리시브와 준수한 공격력을 갖춘 그는 화려하진 않지만 언제 어느 순간 코트에 들어가더라도 몫을 하는 선수다. 허수봉, 김선호 등 어린 선수들이 성장할 수 있었던 것은 박주형 같은 꾸준한 선배가 존재 했기에 가능했다. 예전에 비해 출전 시간은 조금 줄어들었지만 팀이 위기에 있을 때 최태웅 감독은 언제나처럼 박주형을 찾을 것이다. 언제나 그랬듯이 묵묵히 자기 자리에 있을 것이다.

### 박주형의 BEST 3

| | 리시브 효율 | 디그(set) | 서브(set) |
|---|---|---|---|
| 박주형 | 40.85 | 1.058 | 0.115 |
| 레프트 평균 | 34.24 | 0.967 | 0.177 |

팀에 도움이 될수 있는 선수가 되겠습니다!

### 2020-2021 평균 기록

| 경기 | 세트 | 득점 | 공격 성공률 | 블로킹 | 서브 | 세트(set) | 리시브 효율 | 디그(set) |
|---|---|---|---|---|---|---|---|---|
| 19 | 52 | 57 | 34.65 | 7 | 6 | 0.212 | 40.85 | 1.058 |

**센터**

# 10 ⓒ
# 박 준 혁

1997.02.23
205cm
매산초-명지중-송림고-명지대
2017-2018시즌 2라운드 1순위
-

2017-2018시즌 2라운드 1순위로 현대캐피탈에 입단한 박준혁은 팀의 '미래'에서 '현재'가 되기 위해 항상 최선을 다하고 있다. 205㎝의 좋은 신체조건을 갖춘 그는 2020-2021시즌 중 신영석이 한국전력으로 트레이드 되면서 많은 기회를 얻었다. 데뷔 후 최다인 34경기를 소화하며 존재감을 드러냈다. 좋은 높이와 함께 블로킹에서 강점이 있는 그는 센터 김명관과 좋은 호흡을 자랑하며 센터 한 자리를 차지하기 위해 굵은 땀을 흘리고 있다. 여자 프로농구 최고 스타인 박지수(KB스타즈)의 오빠인 박준혁은 '박지수의 오빠'란 수식어와 함께 농구와 배구를 잘하는 '최고의 남매'로 거듭나기 위해 힘쓰고 있다.

### 박준혁의 BEST 3

| | 공격 성공률 | 블로킹(set) | 리시브 효율 |
|---|---|---|---|
| 박준혁 | 57.58 | 0.230 | 83.33 |
| 센터평균 | 53.75 | 0.440 | 23.48 |

### 2020-2021 평균 기록

| 경기 | 세트 | 득점 | 공격 성공률 | 블로킹 | 서브 | 세트(set) | 리시브 효율 | 디그(set) |
|---|---|---|---|---|---|---|---|---|
| 34 | 87 | 58 | 57.58 | 20 | – | 0.046 | 83.33 | 0.092 |

V-LEAGUE

### 센 터 ©

# 11 ©
## 최 민 호

1988.04.19
195㎝
경북체육중-경북체육고-홍익대
2011-2012시즌 1라운드 4순위
-

2011-2012시즌 1라운드 4순위로 현대캐피탈에 입단한 최민호는 대표적인 '원 클럽 맨'이다. 젊어진 현대캐피탈을 이끄는 '캡틴' 최민호는 여전히 V-리그 최정상급 센터로 꼽힌다. 지난 시즌 중 단짝이었던 신영석이 한국전력으로 트레이드 되면서 혼란도 겪었지만 후배들을 다독이며 팀을 이끌었다. 팀의 주장으로, 후배들과 세대차를 극복하기 위해 먼저 다가가며 장난도 스스럼없이 하고 있다. 최민호를 버틸 수 있게 하는 것은 명문 구단 현대캐피탈에서 10년 넘게 뛰었다는 자부심이다. 그는 자신의 유니폼에 새겨진 현대캐피탈 스카이워커스 엠블럼을 누구보다 자랑스러워하고 있다. 여러 차례 우승을 경험했던 최민호는 팀이 다시 한 번 재도약할 수 있도록 항상 솔선수범하며, 모든 것을 코트서 쏟아내겠다고 다짐했다.

### 최민호의 BEST 3

|  | 블로킹(set) | 공격 성공률 | 디그(set) |
|---|---|---|---|
| 최민호 | 0.566 | 51.31 | 0.529 |
| 센터평균 | 0.440 | 53.75 | 0.407 |

### 2020-2021 평균 기록

| 경기 | 세트 | 득점 | 공격 성공률 | 블로킹 | 서브 | 세트(set) | 리시브 효율 | 디그(set) |
|---|---|---|---|---|---|---|---|---|
| 35 | 135 | 223 | 51.31 | 77 | 9 | 0.110 | 34.48 | 0.529 |

### 리베로

# 13 Li
# 박경민

1999.06.05
170cm
하양초-소사중-송산고-인하대
2020-2021시즌 1라운드 4순위
-

V-리그 데뷔와 함께 현대캐피탈의 주전 리베로 자리를 꿰찬 박경민은 '포스트 여오현'의 유력한 후보다. 살아있는 전설 여오현과 함께 뛰는 박경민은 데뷔 시즌에 디그 2위, 리시브 5위, 수비 6위에 오르며 기대 이상의 활약을 펼쳤다. 최태웅 감독이 박경민을 왜 선택했는지 코트에서 자신의 가치를 증명했다. 박경민의 최대 강점은 코트에서 크게 긴장하지 않는다는 점이다. 중학교 3학년 때까지 세터를 해서 기본기가 좋고, 배구에 대한 이해도가 뛰어나다는 평가다. 첫 시즌을 보내며 만족감을 나타낸 박경민은 자신의 두 번째 시즌에는 더 나은 활약을 펼치고자 집중하고 있다. 현대캐피탈 '리빌딩'의 중심인 박경민은 준비했던 것만 보여준다면 충분히 더 좋은 기량을 보여줄 수 있을 것이란 자신감이 크다.

성공이 행복의 열쇠가 아니라 행복이 성공의 열쇠다.

### 박경민의 BEST 3

| | 디그(set) | 리시브 효율 | 세트(set) |
|---|---|---|---|
| 박경민 | 2.239 | 43.02 | 0.296 |
| 리베로 평균 | 1.513 | 40.51 | 0.233 |

### 2020-2021 평균 기록

| 경기 | 세트 | 득점 | 공격 성공률 | 블로킹 | 서브 | 세트(set) | 리시브 효율 | 디그(set) |
|---|---|---|---|---|---|---|---|---|
| 36 | 142 | - | - | - | - | 0.296 | 43.02 | 2.239 |

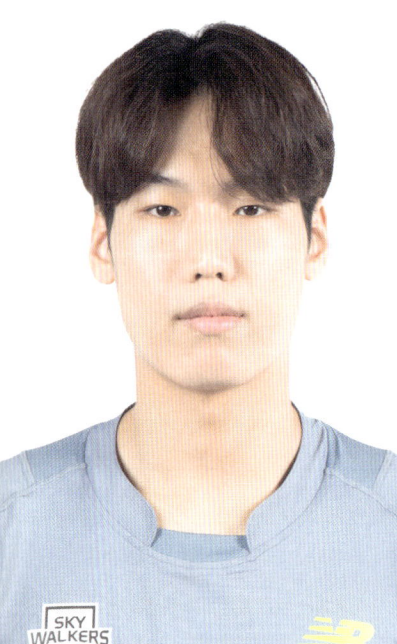

### 라이트

# 14 ®
# 최은석

1998.03.17
193cm
순천팔마중-순천제일고-중부대
2019-2020 시즌 1라운드 7순위
-

왼손잡이 라이트인 최은석은 2021 컵 대회에서 활약을 펼치며 팬들에게 강한 인상을 남겼다. 강력한 서브와 빠른 팔 스윙이 장점인 그는 준수한 공격력을 갖춰 상대 수비와 블로킹을 어렵게 만드는 선수다. 이시우의 군 입대로 원 포인트 서버가 줄어든 가운데 최은석은 세트 막판 가장 중요한 순간에 들어가 분위기를 바꿀 수 있는 적임자로 꼽힌다. 아포짓에 자리한 외국인 선수가 잘 풀리지 않을 때 그 자리를 채워줄 1순위 선수이기도 하다. 블로킹과 순발력이 떨어지는 것은 보완해야할 점이지만, 자신의 장점인 공격적인 능력을 100% 발휘한다면 충분히 기회가 찾아올 것이다. 최은석은 더 젊고 패기 넘치는 현대캐피탈에서 항상 긍정적인 마인드로 분위기를 끌어 올리고 있다. 예리하게 꽂히는 서브 능력이 있기에 상대 리시브 라인을 긴장하게 만드는 선수다.

하루 하루 감사하며 열 심히!

### 최은석의 BEST 3

|  | 서브(set) | 공격 성공률 | 디그(set) |
|---|---|---|---|
| 최은석 | 0.111 | 40.00 | 0.156 |
| 라이트평균 | 0.240 | 50.81 | 0.987 |

### 2020-2021 평균 기록

| 경기 | 세트 | 득점 | 공격 성공률 | 블로킹 | 서브 | 세트(set) | 리시브 효율 | 디그(set) |
|---|---|---|---|---|---|---|---|---|
| 21 | 45 | 17 | 40.00 | - | 5 | 0.022 | - | 0.156 |

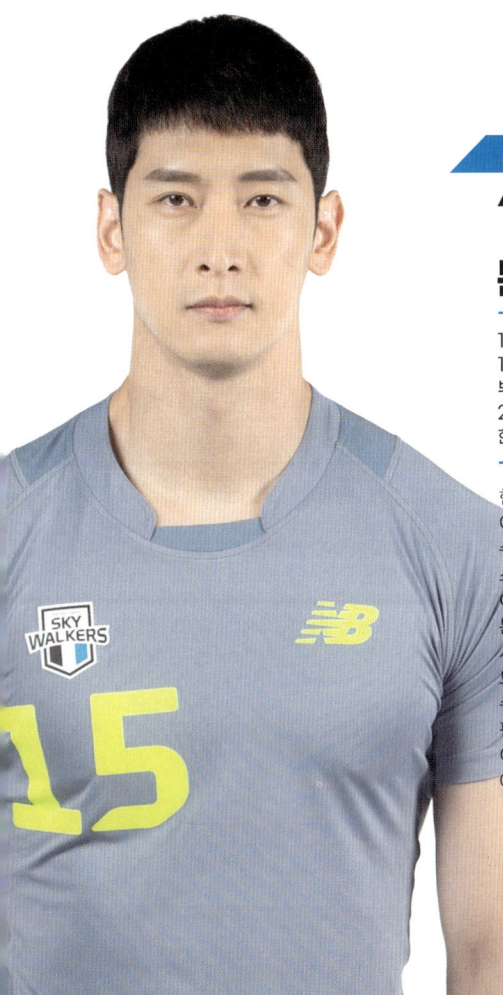

레프트

# 15 Ⓛ
# 문 성 민

1986.09.14
198㎝
부산명륜초-부산동성중-부산동성고-경기대
2008-2009시즌 1라운드 1순위
한국전력-현대캐피탈(2010)

현대캐피탈의 아이콘이다. 전성기는 지났다는 평가를 받지만 여전히 문성민은 천안 현대캐피탈 스카이워커스를 상징하는 선수다. 2020-2021시즌을 앞두고 받은 무릎 수술의 여파로 다소 출발은 늦었지만 젊어진 팀을 이끄는 리더로 '역시 문성민'이라는 평가를 받았다. 최태웅 감독은 건강을 찾은 문성민이 충분히 몫을 해줄 것이라 기대하고 있다. 최 감독은 2021-2022시즌에는 레프트와 라이트 등 날개공격수뿐만 아니라 '센터'로도 활용한다는 구상이다. 30대 중반의 나이에도 꾸준함과 솔선수범하는 그는 현대캐피탈의 리더이자, 나아가 남자 배구의 간판 스타다. 많은 팬들은 문성민이 단순히 베테랑으로 후배들을 이끄는 역할에 머무는 것이 아닌, V-리그 최고의 공격수로 돌아오길 바라고 있다.

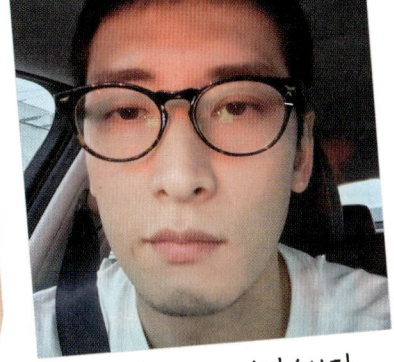

항상 최선을 다하겠습니다.
현대 캐피탈 스카이 워커스
화이팅!!

## 문성민의 BEST 3

| | 블로킹(set) | 공격 종합 | 디그(set) |
|---|---|---|---|
| 문성민 | 0.121 | 47.29 | 1.030 |
| 레프트 평균 | 0.168 | 50.04 | 0.967 |

## 2020-2021 평균 기록

| 경기 | 세트 | 득점 | 공격 성공률 | 블로킹 | 서브 | 세트(set) | 리시브 효율 | 디그(set) |
|---|---|---|---|---|---|---|---|---|
| 12 | 33 | 66 | 47.29 | 4 | 1 | 0.061 | 16.92 | 1.030 |

### 리베로

# 16 Li
# 이 준 승

2002.02.28
170㎝
가야초-대연중-성지고
2020-2021시즌 2라운드 4순위
-

고졸 리베로인 이준승은 현대캐피탈이 장기적인 관점에서 뽑은 선수다. 아직 현역인 여오현 리베로가 은퇴한다면 박경민과 함께 현대캐피탈의 수비를 이끌어 갈 선수로 꼽힌다. 2020-2021시즌 많은 기회를 받진 못했지만 여오현 코치의 집중 조련을 받으며 계속해서 성장해 가고 있다. V-리그의 살아있는 전설 여오현 코치는 이준승에게 좋은 교과서다. 대학으로 향한 동기들보다 먼저 프로에 발을 내민 이준승은 서두르지 않고 차근차근 단계를 밟으며 훗날을 바라보고 있다. 나이는 어리지만 더 많은 기회를 얻어, 팀 승리에 더 기여하고 싶다는 욕심을 나타낸 이준승의 눈빛은 반짝이고 있다.

### 이준승의 BEST 3

| | 리시브 효율 | 디그 성공률 | 디그(set) |
|---|---|---|---|
| 이준승 | 33.33 | - | - |
| 리베로평균 | 40.51 | 77.76 | 1.513 |

### 2020-2021 평균 기록

| 경기 | 세트 | 득점 | 공격 성공률 | 블로킹 | 서브 | 세트(set) | 리시브 효율 | 디그(set) |
|---|---|---|---|---|---|---|---|---|
| 3 | 4 | - | - | - | - | - | 33.33 | - |

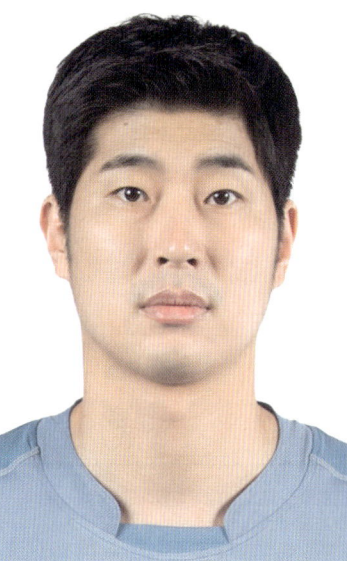

**센 터**

# 17 ⓒ
# 박 상 하

1986.04.04
196㎝
제천중-의림공고-경희대
2008-2009시즌 1라운드 5순위
우리캐피탈-삼성화재(2016)-현대캐피탈(2021)

지난 시즌 불미스러운 일로 잠시 코트를 떠났던 박상하가 현대캐피탈 유니폼을 입고 V-리그로 다시 복귀했다. 박상하는 초심을 강조하며 신인 때의 마음가짐으로 돌아가겠다고 거듭 강조했다. 35세의 베테랑은 현대캐피탈에서 더 나은 배구를 하기 위해 변화를 꿈꾸고 있다. 스스로 유럽 배구를 찾아보며 새로운 자세와 폼도 연구하고 있는 등 배움에 대한 열망이 크다. 10년 만에 플로터 서브가 아닌 스파이크 서브로 바꾼 것을 비롯해 계속 공부하며 변화하고 있다. 후배들과 함께 호흡하며 완전히 달라진 모습을 보여주기 위해 땀 흘리고 있다. 지난 시즌 블로킹 2위에 올랐던 박상하는 최민호와 함께 현대캐피탈의 중앙을 든든하게 지킬 전망이다.

## 박상하의 BEST 3

|  | 블로킹(set) | 공격 성공률 | 디그(set) |
|---|---|---|---|
| 박상하 | 0.641 | 47.26 | 0.453 |
| 센터평균 | 0.440 | 53.75 | 0.407 |

## 2020-2021 평균 기록

| 경기 | 세트 | 득점 | 공격 성공률 | 블로킹 | 서브 | 세트(set) | 리시브 효율 | 디그(set) |
|---|---|---|---|---|---|---|---|---|
| 29 | 117 | 175 | 47.26 | 75 | 5 | 0.137 | 18.52 | 0.453 |

### 센터

# 19 ⓒ
# 송 원 근

1997.01.23
197㎝
반석초-반송중-수성고-인하대
2019-2020시즌 2라운드 1순위
-

2019-2020시즌 2라운드 1순위로 현대캐피탈에 입단한 송원근은 지난 시즌 처음 코트를 밟으며 프로 생활을 경험했다. 아직 경험이 부족하지만 좋은 신체조건을 갖춘 그는 좀 더 많은 기회가 찾아올 것이란 믿음 속에 열심히 훈련하고 있다. 점프가 좋고 범실이 적은 송원근은 자신의 롤 모델인 한국전력의 센터 신영석처럼 성장하기를 희망하고 있다. 공격이나 블로킹 등에서 좀 더 존재감을 드러내고, 코트에 들어가면 자신감 모습을 보여주겠다고 신발 끈을 조여매고 있다. 단순히 유망주가 아닌, 경기장에서 송원근이라는 이름 석자를 많은 팬들에게 알리고 싶은 마음이 크다.

남들과 너무 똑같을 려고 하지말고 나의 길을 찾자!

### 송원근의 BEST 3

| | 공격 성공률 | 블로킹(set) | 디그(set) |
|---|---|---|---|
| 송원근 | 45.85 | 0.143 | 0.143 |
| 센터평균 | 53.75 | 0.440 | 0.407 |

### 2020-2021 평균 기록

| 경기 | 세트 | 득점 | 공격 성공률 | 블로킹 | 서브 | 세트(set) | 리시브 효율 | 디그(set) |
|---|---|---|---|---|---|---|---|---|
| 12 | 21 | 16 | 45.83 | 3 | 2 | - | - | 0.143 |

**레프트**

## 20 ⓛ
# 함 형 진

1995.06.25
188㎝
율곡초-설악중-속초고-중부대
2017-2018시즌 2라운드 7순위
-

지난해 군 제대 후 복귀한 함형진은 기본기가 좋은 선수다. 국군체육부대에서 한 층 더 성장한 그는 스피드와 빠른 스윙을 보유하고 있어 현대캐피탈의 '스피드 배구'에 최적화된 선수로 꼽힌다. 상대 블로커보다 반 박자 빠른 스파이크로 쳐내기 공격에 능하다. 2020-2021시즌 막판 최태웅 감독은 함형진에게 레프트 한 자리를 맡기며 가능성을 봤다. 중부대 시절부터 다져온 실력을 토대로 코트에서도 씩씩하게 경기에 임한다. 세터 김명관과 좋은 호흡을 보이는 함형진은 2021-2022시즌에도 레프트로 인정받기 위해 치열한 주전 경쟁을 펼치고 있다. 현대캐피탈 소속이라는 자부심과 함께 부담을 내려놓고 더 높이 비상하길 기다리고 있다.

올 해는 우승을 향해 미친듯이 달려보자

### 함형진의 BEST 3

| | 공격 성공률 | 리시브 효율 | 디그(set) |
|---|---|---|---|
| 함형진 | 44.34 | 32.58 | 0.641 |
| 레프트평균 | 50.04 | 34.24 | 0.967 |

### 2020-2021 평균 기록

| 경기 | 세트 | 득점 | 공격 성공률 | 블로킹 | 서브 | 세트(set) | 리시브 효율 | 디그(set) |
|---|---|---|---|---|---|---|---|---|
| 23 | 64 | 58 | 44.34 | 11 | - | 0.078 | 32.58 | 0.641 |

# 2020-2021 REVIEW & 2021-2022 PREVIEW

## 팀 순위

**7**

| 26 | 6 | 30 |
|---|---|---|
| 승점 | 승 | 패 |

46/97 (0.474)
세트 득/실(득실률)

2991/3276 (0.913)
점수 득/실(득실률)

## 항목별 팀 순위

| 항목 | 기록 | 순위 |
|---|---|---|
| 득점 | 2,991점 | 7 |
| 공격종합 | 49.34% | 6 |
| 블로킹 | 1.90개 | 7 |
| 서브 | 1.02개 | 6 |
| 디그 | 8.48개 | 7 |
| 세트 | 11.75개 | 6 |
| 리시브 | 31.91% | 7 |
| 수비 | 14.69개 | 7 |

## 승패조견표

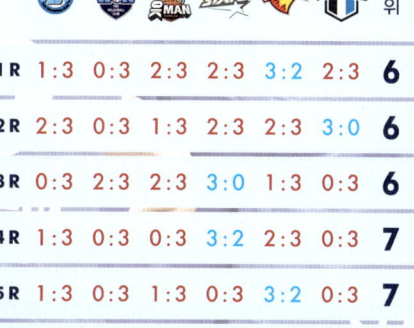

| | | | | | | 순위 |
|---|---|---|---|---|---|---|
| 1R | 1:3 | 0:3 | 2:3 | 2:3 | 3:2 | 2:3 | 6 |
| 2R | 2:3 | 0:3 | 1:3 | 2:3 | 2:3 | 3:0 | 6 |
| 3R | 0:3 | 2:3 | 2:3 | 3:0 | 1:3 | 0:3 | 6 |
| 4R | 1:3 | 2:3 | 0:3 | 3:2 | 2:3 | 0:3 | 7 |
| 5R | 1:3 | 0:3 | 1:3 | 0:3 | 3:2 | 0:3 | 7 |
| 6R | 0:3 | 2:3 | 0:3 | 2:3 | 3:1 | 0:3 | 7 |
| 계 | 6패 | 6패 | 6패 | 2승4패 | 3승3패 | 1승5패 | 7 |

## 추락한 배구 명가, 자존심을 살릴 수 있을까

통산 8차례 챔피언 결정전 우승을 차지했던 배구 명가 삼성화재는 2020-2021시즌 최악의 시련을 겪었다. 새롭게 고희진 감독을 선임하고 야심차게 시즌을 맞이했지만 받은 성적표는 6승 30패. V-리그 개막 후 삼성화재가 최하위에 머물렀던 것은 처음이다. 무엇보다 단 6승 밖에 하지 못했다는 것도 충격적인 결과였다. '변화'를 모토로 내세웠지만 결과는 아쉬움이 컸다. 시즌을 앞두고 너무 급하게 트레이드를 하면서 조직력을 다질 수 있었던 시간이 부족했다. 벼랑 끝에 선 고희진 감독은 세터 황승빈을 트레이드로 대한항공에서 데려오며 새 시험대에 선다. FA로 리베로 백광현을 영입했고, 베테랑 센터 한상길을 트레이드로 데려오면서, 어느 정도 구색을 갖췄다. 외국인 선수도 검증된 러셀을 데려와 레프트가 아닌 라이트를 맡길 계획이다.

## 검증된 러셀, 레프트 아닌 라이트로 변신

삼성화재는 2021 외국인 선수 드래프트에서 예상 밖의 선택을 했다. 2020-2021시즌 한국전력에서 뛰었던 러셀을 뽑았다. 구슬 운이 따르지 않은 것도 있었지만 고 감독은 V-리그 경험이 있는 러셀을 과감하게 데려왔다. 그는 서브만큼은 V-리그 최고라는 평가다. 지난 시즌 서브 1위에 올랐다. 반면 클러치 상황에서의 해결사 능력은 물음표가 붙었다. 고희진 감독은 러셀의 리시브 부담을 지우기 위해 그를 라이트로 옮겨 장점을 극대화 시킨다는 구상이다. 지난 시즌 한전에서 아쉬운 마무리를 했던 러셀은 삼성화재에서 부활을 다짐하고 있다. 외인이 높은 점유율을 가져가는 삼성화재에서 러셀이 팀을 다시 중위권 이상으로 끌어올릴 수 있을까?

### 최근 5시즌 정규리그 순위

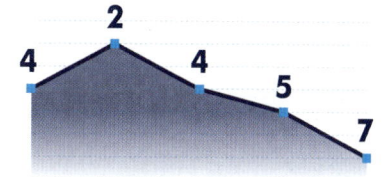

# 2021-2022

## BEST 7

Ⓡ 러셀

Ⓒ 안우재

Ⓛ 황경민

Ⓛ 신장호

Ⓒ 한상길

황승빈
Ⓢ 황승빈

백광현
Ⓛ 백광현

## 루키

Ⓒ 이수민

Ⓛ 김규태

## 라인업

| 번호 | 이름 | 포지션 |
|---|---|---|
| 1 | 이수민 | C |
| 3 | 황승빈 | S |
| 4 | 김우진 | L |
| 5 | 고준용 ⓒ | L |
| 6 | 백광현 | Li |
| 7 | 신장호 | L |
| 8 | 정승현 | S |
| 9 | 김인혁 | L |
| 10 | 안우재 | C |
| 11 | 김정윤 | C |
| 13 | 이하늘 | R |
| 14 | 정수용 | R |
| 15 | 러셀 | R |
| 16 | 정성규 | L |
| 17 | 김규태 | Li |
| 18 | 홍민기 | C |
| 19 | 구자혁 | Li |
| 20 | 한상길 | C |

## 인 & 아웃

| IN ▶ | 황승빈 | OUT ▶ | 김시훈 | 박지훈 |
| | 백광현 | | 엄윤식 | 이강원 |
| | 정수용 | | 지태환 | |
| | 홍민기 | | 이현승 | |
| | 한상길 | | | |

# MANAGER

### 고희진 감독

삼성화재의 프랜차이즈 스타였던 고희진 감독은 지휘봉을 잡은 첫 해 쓴 맛을 봤다. 야심차게 리빌딩과 변화를 내세웠지만 결과는 참혹했다. 정규리그 6승 30패에 공격과 수비 모두 기대 이하였다. 현역 시절 화려한 세리머니로 눈길을 끌었던 고희진 감독은 코치로 경험이 많았지만 어쩔 수 없는 초보 사령탑의 한계를 느꼈다.

고희진 감독은 냉철하게 지난 시즌을 돌아보며 많은 트레이드로 인해 조직력을 극대화 시킬 시간이 부족했다는 결론을 내렸다. 2021-2022시즌을 앞두고도 황승빈을 데려오고 백광현, 정수용, 홍민기 등을 영입한 삼성화재는 조직력을 끌어올리며 부활을 다짐하고 있다.

고희진 감독이 가장 기대하는 선수는 세터 황승빈이다. 대한항공에 1라운드 지명권과 리베로 박지훈을 주면서 데려온 황승빈은 삼성화재의 부활의 키를 쥔 선수다. 대한항공에서 한선수의 그늘에 가려져 있던 황승빈은 온실 속 화초에서 벗어나 새로운 도전에 나섰다. 고희진 감독은 황승빈이 충분히 팀을 이끌어 갈 수 있는 능력을 갖췄다고 신뢰하고 있다. 특히 많은 공격을 책임져야 할 라이트 러셀과의 호흡에 대한 기대가 크다.

새로운 외국인 선수가 아니라 검증된 러셀을 뽑은 고희진 감독은 그가 지난 시즌 보여줬던 레프트로의 아쉬움을 라이트 위치에서 모두 털어낼 수 있을 것으로 믿고 있다. 러셀, 신장호, 안우재 등의 강서브가 터진다면 상대팀 리시브 라인도 두려워할 만한 힘을 갖출 수 있을 것이란 계산이다.

감독으로 치른 첫 시즌, 초보 사령탑의 한계를 느꼈던 고희진 감독은 배수의 진을 치고 선수들을 독려하고 있다. 지난 시즌 최하위의 수모를 겪었던 선수들도 하고자 하는 의지가 넘친다. 고희진 감독 특유의 파이팅 속에 삼성화재 선수들도 열정으로 똘똘 뭉쳐 도약을 준비하고 있다. 변화를 외친 삼성화재의 이번 시즌이 기대가 되는 이유다.

### 세터

# 3 ⓢ
# 황승빈

1992.08.26
183cm
신강초-문일중-문일고-인하대
2014-2015시즌 1라운드 5순위
대한항공-삼성화재(2021)

2014년 대한항공에 입단한 이래로 '한선수'라는 거대한 우산 밑에 있었던 황승빈은 2021-22시즌을 앞두고 새로운 도전을 앞두고 있다. 그 동안 든든한 버팀목 속에서 백업으로 코트에 나섰다면, 이제는 팀의 기둥이자 '야전사령관' 역할을 해야 한다. 큰 경기 경험이 많은 황승빈은 2021 컵 대회에서 주전 세터로 성공적인 데뷔를 마쳤다. 변수는 체력이다. 황승빈은 프로 데뷔 후 한 번도 풀타임을 소화한 적이 없다. 정규리그 36경기를 다 소화할 수 있을지에 대한 우려의 목소리도 나온다. 책임감이 큰 황승빈은 비시즌에 착실한 웨이트 트레이닝 등을 통해 몸을 만들었다. 지난 시즌 최하위로 부진했던 삼성화재의 변화는 황승빈의 손 끝에 달렸다.

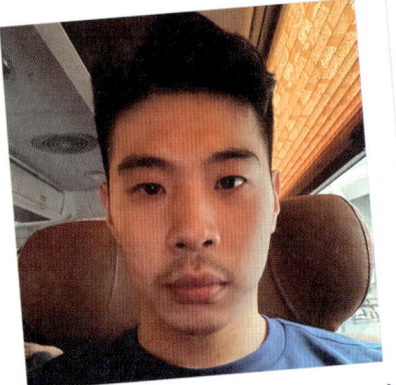

꼴찌 탈출 가자!
황승빈

### 황승빈의 BEST 3

|  | 세트(set) | 디그(set) | 서브(set) |
|---|---|---|---|
| 황승빈 | 4.250 | 0.806 | 0.083 |
| 세터 평균 | 7.397 | 0.912 | 0.098 |

### 2020-2021 평균 기록

| 경기 | 세트 | 득점 | 공격 성공률 | 블로킹 | 서브 | 세트(set) | 리시브 효율 | 디그(set) |
|---|---|---|---|---|---|---|---|---|
| 18 | 36 | 7 | 50.00 | 2 | 3 | 4.250 | - | 0.806 |

**레프트**

# 4 ⓛ
## 김 우 진

2000.08.13
190cm
항도초-현일중-현일고-경희대
2020-2021시즌 1라운드 5순위

루키 김우진에게 프로에서의 첫 시즌은 많은 것을 배운 시간이었다. 1라운드 5순위로 삼성화재 유니폼을 입은 그는 23경기에 나가 53득점을 냈다. 공격 성공률도 52.04%로 나쁘지 않았다. 다만 아직까지 리시브에서는 보완할 점이 있었다. 김우진은 프로에 온 뒤 공 하나의 중요성을 배웠다. 1년 차는 패기 있게 맞붙었다면, 두 번째 시즌을 맞이하는 김우진은 안정적인 선수가 되고자 한다. 범실이 많았던 그는 공격과 서브, 리시브 등 모든 부분에서 실수를 줄이며 좋을 때와 좋지 않을 때의 차이를 줄이고 싶다고 강조했다. 다부진 눈빛만큼이나 김우진의 성장이 궁금해지는 시즌이다.

푸른피 수혈 끝.
김우진

### 김우진의 BEST 3

| | 공격 성공률 | 디그(set) | 리시브 효율 |
|---|---|---|---|
| 김우진 | 52.04 | 0.744 | 23.29 |
| 레프트 평균 | 50.04 | 0.967 | 34.24 |

### 2020-2021 평균 기록

| 경기 | 세트 | 득점 | 공격 성공률 | 블로킹 | 서브 | 세트(set) | 리시브 효율 | 디그(set) |
|---|---|---|---|---|---|---|---|---|
| 23 | 43 | 53 | 52.04 | 1 | 1 | 0.047 | 23.29 | 0.744 |

V-LEAGUE

### 레프트 ⓒ

# 5 Ⓛ
## 고준용

1989.03.25
193cm
문정초-문흥중-광주전자공고-인하대
2011-2012시즌 2라운드 1순위
-

세대교체와 리빌딩 속에서도 고준용은 꿋꿋이 10년째 '삼성맨'으로 자리하고 있다. 삼성화재의 주장인 고준용은 항상 파이팅 넘치게 동료들을 독려한다. 삼성화재에서 가장 큰 목소리는 언제나 고준용의 차지다. 강한 책임감을 바탕으로 누구보다 성실한 고준용은 코트에 들어가서 더 많이 뛰면서 좋은 활약을 펼칠 것이라 다짐하고 있다. 팀 내 가장 치열한 포지션인 레프트인 그는 황경민, 신장호, 정성규, 김인혁 등과의 선의의 경쟁을 앞두고 있다. 지난 시즌보다 더 많이 뛰며 착실하게 준비한 고준용은 팀이 위기에 처했을 때 도움을 줄 수 있는 최고의 옵션이다.

한 걸음 한 걸음씩 나아가는 것,
어떤 일을 하든지 목표를 달성하는데
이 보다 뛰어난 방법은 없다.
고준용

### 고준용의 BEST 3

| | 공격 성공률 | 리시브 효율 | 디그(set) |
|---|---|---|---|
| 고준용 | 80.00 | 35.48 | 0.314 |
| 레프트평균 | 50.04 | 34.24 | 0.967 |

### 2020-2021 평균 기록

| 경기 | 세트 | 득점 | 공격 성공률 | 블로킹 | 서브 | 세트(set) | 리시브 효율 | 디그(set) |
|---|---|---|---|---|---|---|---|---|
| 18 | 35 | 9 | 80.00 | 1 | - | 0.086 | 35.48 | 0.314 |

**리베로**

# 6 Li
# 백 광 현

1992.03.18
183cm
남원중앙초-남성중-남성고-홍익대
2015-2016시즌 1라운드 4순위
대한항공-삼성화재(2021)

삼성화재는 지난 시즌 약점으로 꼽혔던 리시브와 수비를 보완하기 위해 외부 FA였던 리베로 백광현을 대한항공에서 영입했다. 2020-2021시즌 중 국군체육부대에서 전역 후 코트로 돌아온 백광현은 배구 인생에 터닝포인트가 필요하다는 판단 하에, 새로운 도전에 나섰다. 우리 팀에 네가 꼭 필요하다는 사령탑의 진심은 백광현의 마음을 움직였다. 지난 시즌 최하위에 머물렀던 삼성화재가 도약하기 위해서는 리시브의 안정화가 필수적이다. 백광현은 새로운 팀에서 레프트들과 더 많이 대화하며 수비와 리시브를 전담할 예정이다. 그는 삼성화재가 왜 자신을 필요로 했는지 코트에서 증명해야 한다.

가자! 봄 배구로~
백 광 현

## 백광현의 BEST 3

| | 디그(set) | 리시브 효율 | 세트(set) |
|---|---|---|---|
| 백광현 | 1.048 | 36.05 | 0.113 |
| 리베로 평균 | 1.513 | 40.51 | 0.233 |

## 2020-2021 평균 기록

| 경기 | 세트 | 득점 | 공격 성공률 | 블로킹 | 서브 | 세트(set) | 리시브 효율 | 디그(set) |
|---|---|---|---|---|---|---|---|---|
| 18 | 62 | - | - | - | - | 0.113 | 36.05 | 1.048 |

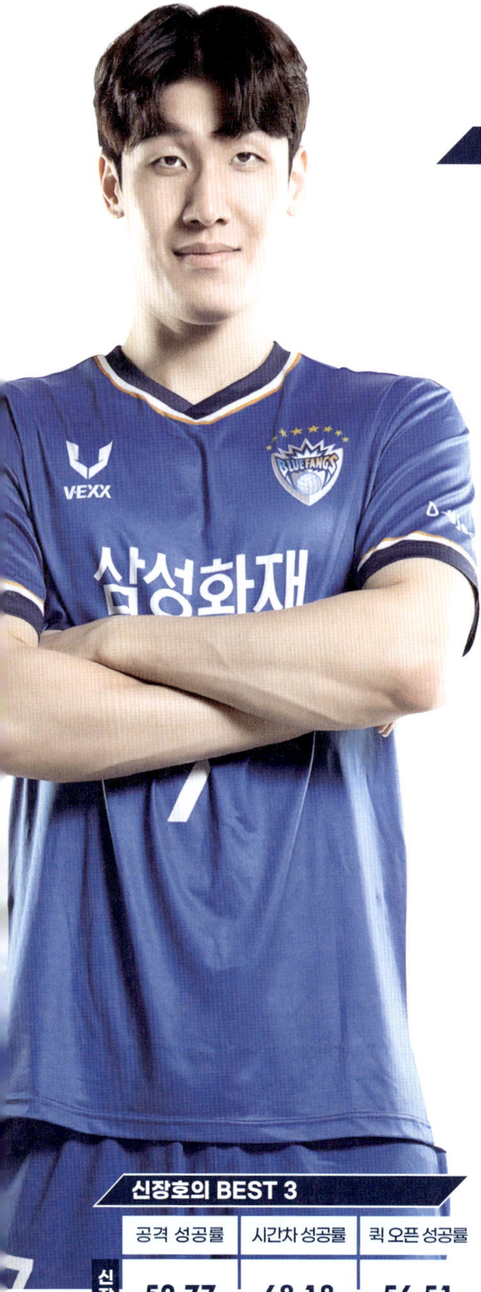

### 레프트

# 7 ⓛ
## 신 장 호

1996.06.01
193cm
소사초-소사중-영생고-중부대
2019-2020시즌 4라운드 4순위
-

2020-2021시즌 최하위에 머물렀던 삼성화재였지만 레프트 신장호의 발견은 하나의 수확이었다. 그는 프로 입단 후 처음으로 풀타임을 소화하며, 닉네임인 '미라클(기적)'이란 단어처럼, 삼성화재 레프트 라인에 한 줄기 희망을 안겼다. 신장호는 강한 스파이크 서브와 준수한 공격력을 갖췄지만 수비에서는 상대적으로 약점이 있다. 비시즌에 가장 주안점을 두고 있는 것도 리시브다. 레프트는 공격도 중요하지만 우선적으로 리시브가 받침이 되어야 한다는 생각이 크다. 지난 시즌 충분한 가능성을 보여준 신장호가 꾸준함을 보여준다면 팀은 더 높이 도약할 수 있을 것이다.

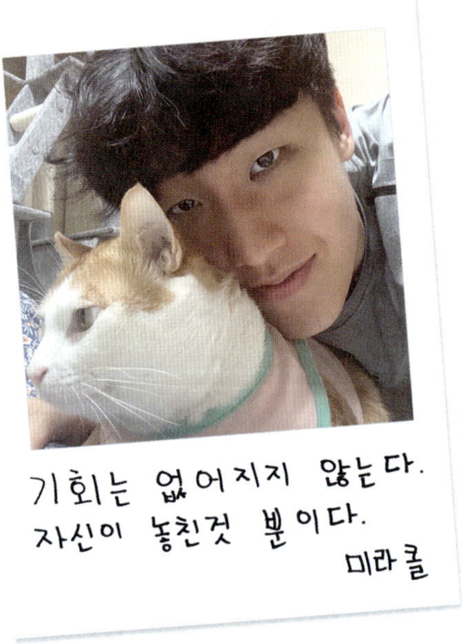

기회는 없어지지 않는다.
자신이 놓친것 뿐이다.
미라클

### 신장호의 BEST 3

|  | 공격 성공률 | 시간차 성공률 | 퀵 오픈 성공률 |
|---|---|---|---|
| 신장호 | 52.77 | 68.18 | 56.51 |
| 레프트 평균 | 50.04 | 63.96 | 55.12 |

### 2020-2021 평균 기록

| 경기 | 세트 | 득점 | 공격 성공률 | 블로킹 | 서브 | 세트(set) | 리시브 효율 | 디그(set) |
|---|---|---|---|---|---|---|---|---|
| 34 | 133 | 407 | 52.77 | 17 | 28 | 0.158 | 25.31 | 1.165 |

### 세 터

# 8 Ⓢ
# 정 승 현

1999.02.09
180cm
남원중앙초-남성중-남성고-성균관대
2020-2021시즌 3라운드 2순위
한국전력-삼성화재(2020)

데뷔 시즌 트레이드로 삼성화재 유니폼을 입은 정승현은 2020-2021시즌 주로 백업으로 경기에 나갔다. 다가올 시즌에도 주전 세터 황승빈의 뒤를 받칠 예정이다. 정승현은 공격수들에게 공을 예쁘게 올리는 선수다. 다만 아직까지는 구력이 부족해 경험이 좀 더 쌓인다면 지금보다 더 나은 플레이를 펼칠 수 있는 선수다. 정승현은 우리카드의 신영철 감독이 롤 모델이다. 작은 신장에도 안정적이고 기술적으로 볼을 배분하는 신영철 감독의 모습을 보고, 과거 영상을 찾아보며 배움을 얻었다. 과거 컴퓨터 세터였던 신영철 감독처럼 코트에서 기술적으로 더 나은 선수가 되길 기대하고 있다.

이끌든지    Dio
따르든지
비키든지

### 정승현의 BEST 3

| | 서브(set) | 세트(set) | 디그(set) |
|---|---|---|---|
| 정승현 | 0.154 | 2.154 | 0.115 |
| 세터평균 | 0.098 | 7.391 | 0.912 |

### 2020-2021 평균 기록

| 경기 | 세트 | 득점 | 공격 성공률 | 블로킹 | 서브 | 세트(set) | 리시브 효율 | 디그(set) |
|---|---|---|---|---|---|---|---|---|
| 19 | 26 | 6 | - | 2 | 4 | 2.154 | - | 0.115 |

### 레프트

# 9 ⓛ
# 김 인 혁

1995.07.14
191cm
화정초-진주동명중-진주동명고-경남과기대
2017-2018시즌 2라운드 3순위
한국전력-삼성화재(2020)

2019-2020시즌 한국전력 시절 김인혁은 한 경기서 서브에이스 10개를 기록하며 눈길을 사로 잡았다. 겁 없이 스파이크를 날리던 모습을 기대하고 삼성화재는 트레이드를 통해 지난해 그를 데려왔다. 삼성에서의 첫 시즌, 부상 등으로 인해 많은 경기에 출전하지 못했지만 김인혁은 착실하게 몸을 만들며 2021-2022시즌을 기다렸다. 치열한 코트 밖에서 스스로를 돌아보며 경기장에 있을 때가 가장 행복했다는 것을 깨달았다. 김인혁은 신장호, 황경민 등과 레프트 자리를 놓고 치열한 경쟁을 펼쳐야 한다. 그는 흐지부지 지내는 것이 아니라, 경쟁을 해서 기회가 온다면 반드시 잡고 싶다고 각오를 다졌다.

항상 밝고
나를 믿자 (에릭 보라야)
김인혁

### 김인혁의 BEST 3

| | 블로킹(set) | 리시브 효율 | 디그(set) |
|---|---|---|---|
| 김인혁 | 0.105 | 20.00 | 0.316 |
| 레프트평균 | 0.168 | 34.24 | 0.967 |

### 2020-2021 평균 기록

| 경기 | 세트 | 득점 | 공격 성공률 | 블로킹 | 서브 | 세트(set) | 리시브 효율 | 디그(set) |
|---|---|---|---|---|---|---|---|---|
| 15 | 19 | 6 | 23.08 | 2 | 1 | 0.053 | 20.00 | 0.316 |

블로킹 당했다고 니 안울재?

### 센 터

# 10 ⓒ 안 우 재

1994.12.19
196cm
남양초-송림중-송림고-경기대
2015-2016시즌 1라운드 5순위
한국전력-삼성화재(2020)

지난해 트레이드를 통해 삼성화재 유니폼을 갈아입은 안우재는 고희진 감독이 가장 기대하는 센터 중 한 명이다. 2020-2021 시즌 데뷔 후 가장 많은 138득점을 올렸고, 이전까지 볼 수 없었던 강서브를 보였다. 세트당 0.222개의 서브 에이스를 기록했다. 중앙이 아쉬웠던 삼성화재에서 안우재의 존재는 단순한 선수 1명의 이상의 가치가 있었다. 그는 블로킹과 속공 모두 준수한 활약을 펼쳤고, 덕분에 삼성화재와 FA계약을 맺을 수 있었다. 지난 시즌 어느 정도 가능성을 보여줬다면, 이제는 자신의 가치를 증명하고, 삼성화재의 중앙을 지켜야 하는 등 책임감이 커졌다.

### 안우재의 BEST 3

| | 블로킹(set) | 서브(set) | 디그(set) |
|---|---|---|---|
| 안우재 | 0.414 | 0.222 | 0.515 |
| 센터평균 | 0.440 | 0.060 | 0.407 |

### 2020-2021 평균 기록

| 경기 | 세트 | 득점 | 공격 성공률 | 블로킹 | 서브 | 세트(set) | 리시브 효율 | 디그(set) |
|---|---|---|---|---|---|---|---|---|
| 27 | 99 | 138 | 50.68 | 41 | 22 | 0.071 | 27.27 | 0.515 |

**센터**

# 11 ⓒ
# 김정윤

1995.10.14
196cm
왜관초-경북사대부중-경북사대부고-성균관대
2018-2019시즌 수련선수
-

2018년 수련선수로 삼성화재에 입단한 김정윤은 2020-2021 시즌 데뷔 후 가장 많은 28경기를 소화했다. 비교적 늦은 경북사대부중 3학년에 배구를 시작한 그는 구력은 부족하지만 노력으로 많은 것을 극복했다. 김정윤은 센터 출신 고희진 감독의 지도를 받으며 조금씩 경험이 쌓였다. 좋은 체공력을 활용한 속공은 그가 가진 분명한 장점이다. 박상하가 이탈한 삼성화재는 한상길, 홍민기 등이 가세했지만 여전히 중앙이 약점으로 꼽힌다. 분명한 것은 김정윤에게는 분명 기회가 올 것이고, 묵묵히 땀 흘린 그는 코트에서 자신의 기량을 증명해야 한다.

오늘 보다 발전된 내일을
Ben

### 김정윤의 BEST 3

| | 공격 성공률 | 블로킹(set) | 디그(set) |
|---|---|---|---|
| 김정윤 | 56.32 | 0.211 | 0.342 |
| 센터평균 | 53.75 | 0.440 | 0.407 |

### 2020-2021 평균 기록

| 경기 | 세트 | 득점 | 공격 성공률 | 블로킹 | 서브 | 세트(set) | 리시브 효율 | 디그(set) |
|---|---|---|---|---|---|---|---|---|
| 28 | 76 | 66 | 56.32 | 16 | 1 | 0.053 | 50.00 | 0.342 |

**레프트**

# 12 ⓛ
## 황경민

1996.04.10
194cm
명륜초-송림중-송림고-경기대
2018-2019시즌 1라운드 2순위
우리카드-삼성화재(2020)

지난해 트레이드를 통해 삼성화재 유니폼을 입은 황경민은 팀의 레프트 한 자리를 꿰찼다. 데뷔 2018-2019시즌 신인상을 받았던 황경민은 공격과 수비가 모두 능한 선수다. 리시브 7위 등에 오르며 수비적으로는 안정적인 모습이었지만, 공격에서는 아쉬움이 컸다. 팀 리시브를 전담했던 황경민은 2021-2022시즌에는 세터 황승빈과 호흡을 맞추며 더 공격적인 플레이를 보여주겠다는 각오다. 누가 뭐래도 삼성화재의 키 플레이어는 황경민이다. 최하위의 아쉬움이 컸던 그는 러셀과 함께 좌우 '쌍포'가 터진다면 삼성화재가 반등해 높이 올라갈 것이라 믿고 있다.

*노력 없이 결과는 없다. 황경민*

### 황경민의 BEST 3

| | 리시브 효율 | 시간차 공격률 | 디그(set) |
|---|---|---|---|
| 황경민 | 40.99 | 58.33 | 1.438 |
| 레프트 평균 | 34.24 | 63.96 | 0.967 |

### 2020-2021 평균 기록

| 경기 | 세트 | 득점 | 공격 성공률 | 블로킹 | 서브 | 세트(set) | 리시브 효율 | 디그(set) |
|---|---|---|---|---|---|---|---|---|
| 34 | 130 | 350 | 47.71 | 45 | 13 | 0.477 | 40.99 | 1.438 |

### 라이트

# 13 ®
## 이 하 늘

2002.01.14
196cm
연현초-연현중-속초고
2020-2021 3라운드 5순위
-

속초고 출신의 라이트 이하늘은 2021 컵 대회서 깜짝 활약을 펼쳤다. 좋은 타점에서 터지는 준수한 공격력은 많은 팬들을 놀라게 했다. 고교 시절 '톱 3' 공격수로 꼽혔던 그는 아쉬움도 있었지만 분명 희망을 안겼다. 고희진 감독은 이하늘을 현대캐피탈 허수봉을 롤 모델로 삼고 장기적으로 키우겠다는 구상을 밝혔다. 당장 같은 포지션에 자리한 외국인 선수 등으로 인해 많은 기회가 없겠지만 군 문제 등을 마치면 5년 뒤 삼성화재를 대표하는 선수가 될 것이라고 자신했다. 고졸 선수가 많지 않은 삼성화재에서 새로운 거포 공격수가 탄생할 수 있을지 팬들의 이목이 쏠린다.

노력은 배신하지 않는다
이하늘

### 이하늘의 BEST 3

| | 공격 성공률 | 서브(set) | 블로킹(set) |
|---|---|---|---|
| 이하늘 | 20.00 | – | – |
| 라이트평균 | 50.81 | 0.240 | 0.264 |

### 2020-2021 평균 기록

| 경기 | 세트 | 득점 | 공격 성공률 | 블로킹 | 서브 | 세트(set) | 리시브 효율 | 디그(set) |
|---|---|---|---|---|---|---|---|---|
| 3 | 3 | 1 | 20.00 | – | – | – | – | – |

**라이트**

# 14 ⓡ
## 정 수 용

1994.03.06
195cm
중앙초-경북사대부중-경북사대부고-성균관대
2017-2018시즌 2라운드 5순위
KB손해보험-삼성화재(2021)

KB손해보험을 떠나 새롭게 삼성화재에 둥지를 튼 정수용의 각오는 특별하다. 마지막이란 생각으로 다시 신발 끈을 조여 맸다. 2021 컵 대회에 출전했던 정수용은 기회의 소중함을 알기에 더욱 간절한 마음으로 코트를 누볐다. 부상도 있었지만 분명한 가능성도 보였다. 그는 이번 시즌 주전보다는 러셀의 백업으로 뛸 것으로 보인다. 하지만 언제든 팀이 위기에 처했을 때 코트에 들어가 묵직한 한방을 날리겠다는 의지를 나타냈다. 프로 입단 후 자신감이 없는 모습만 보였다면, 삼성화재에서는 더 밝고 자신감 있는 플레이를 펼칠 것이다.

### 정수용의 BEST 3

| | 서브(set) | 공격 성공률 | 디그(set) |
|---|---|---|---|
| 정수용 | 0.143 | 36.36 | 0.429 |
| 라이트평균 | 0.240 | 50.81 | 0.987 |

### 2020-2021 평균 기록

| 경기 | 세트 | 득점 | 공격 성공률 | 블로킹 | 서브 | 세트(set) | 리시브 효율 | 디그(set) |
|---|---|---|---|---|---|---|---|---|
| 10 | 21 | 28 | 36.36 | 1 | 3 | 0.143 | - | 0.429 |

마지막 처럼
정수용

### 라 이 트

# 15 ®
## 러 셀

1993.08.25
205cm
미국
2021-2022시즌 트라이아웃 3순위
한국전력-삼성화재(2021)

고희진 감독은 모두의 예상을 깨고 미국 출신의 러셀을 선택했다. 러셀은 지난 시즌 한국전력에서 뛰었다. 2020 컵 대회 우승을 이끌며 MVP를 차지했던 그는 V-리그에서는 리시브에서 약점을 드러내며 아쉬움을 남겼다. 서브 1위, 득점 3위에 올랐지만 리시브를 하지 않는 레프트라는 리스크가 있었다. 삼성화재가 러셀을 뽑은 것은 그를 라이트로 기용하기 위함이다. 강점인 서브를 극대화해서 신장호, 안우재 등과 시너지 효과를 내겠다는 구상이다. 수비 부담을 털어낸 러셀은 자신 있는 공격에만 집중하면 된다. 삼성화재의 반등은 러셀에게 달려있다.

LIVE EVERY DAY TO THE FULLEST!
Kyle Russell

*매일을 충실히 살자!

### 러셀의 BEST 3

| | 서브(set) | 퀵 오픈 성공률 | 오픈 성공률 |
|---|---|---|---|
| 러셀 | 0.753 | 58.33 | 45.15 |
| 라이트평균 | 0.240 | 58.26 | 45.53 |

### 2020-2021 평균 기록

| 경기 | 세트 | 득점 | 공격 성공률 | 블로킹 | 서브 | 세트(set) | 리시브 효율 | 디그(set) |
|---|---|---|---|---|---|---|---|---|
| 36 | 151 | 898 | 48.27 | 62 | 111 | 0.093 | 10.75 | 1.113 |

### 레프트

# 16 Ⓛ
# 정 성 규

1998.06.09
187cm
하동초-진주동명중-진주동명고-홍익대
2019-2020시즌 1라운드 4순위

2019-2020시즌 평생 한 번뿐인 신인상을 수상한 정성규는 2년 차 징크스에 발목이 잡혔다. 개인사까지 겹치며 힘든 시간을 보냈다. 코트에서 누구보다 화려한 세리머니를 하며 신을 냈던 정성규는 멘탈이 흔들리며 부침을 겪었다. 스스로 자신감이 떨어지면서 겁이 났다고 돌아봤다. 하지만 정성규는 이대로 포기하지 않는다. 다시 자신감을 찾고 훨훨 날아오르기 위해 많은 땀을 흘리고 있다. 신장호, 황경민 등과 경쟁을 통해 레프트 한자리를 차지하는 것이 우선 과제다. 더 이상 피할 곳은 없다. 팬들도, 팀도 정성규가 다시 코트에서 포효하기를 바라고 있다.

자신감 넘치는 플레이로
나만의 모습과 색을 다시 찾자
정 성 규

#### 정성규의 BEST 3

| | 서브(set) | 공격 성공률 | 디그(set) |
|---|---|---|---|
| 정성규 | 0.195 | 47.31 | 0.195 |
| 레프트평균 | 0.177 | 50.04 | 0.967 |

#### 2020-2021 평균 기록

| 경기 | 세트 | 득점 | 공격 성공률 | 블로킹 | 서브 | 세트(set) | 리시브 효율 | 디그(set) |
|---|---|---|---|---|---|---|---|---|
| 35 | 133 | 71 | 47.31 | 1 | 26 | 0.023 | 14.29 | 0.195 |

V-LEAGUE

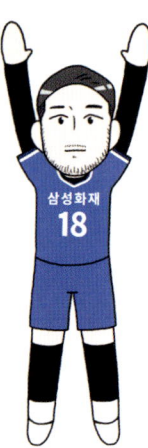

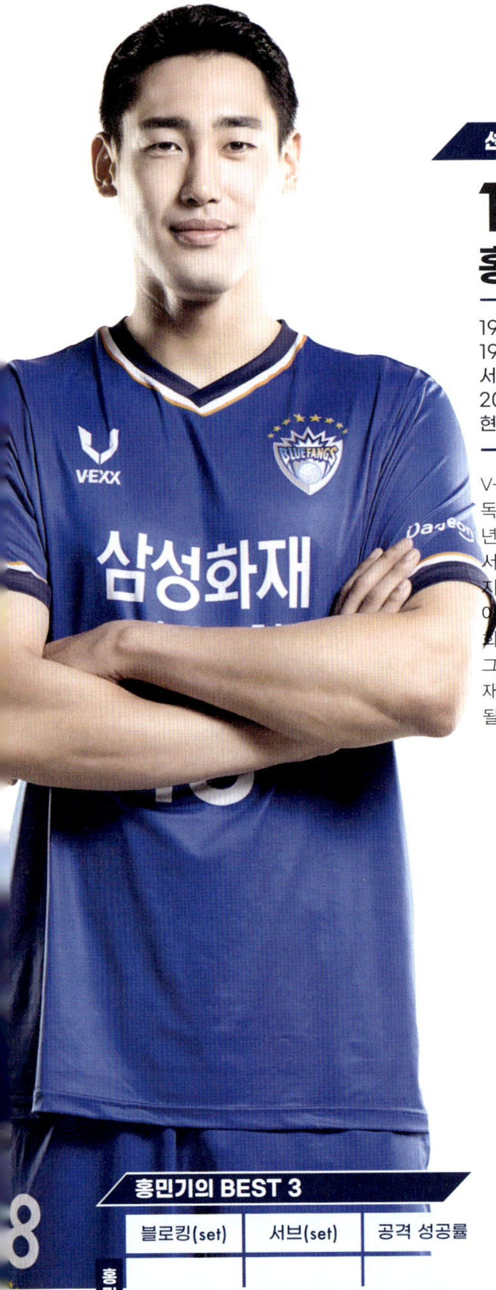
VEXX
BLUEFANGS
삼성화재

센 터

# 18 ©
# 홍 민 기

삼성화재
18

1993.05.14
197cm
서래초-반포중-인창고-한양대
2017-2018 1라운드 7순위
현대캐피탈-삼성화재(2021)

V-리그에서 쉽게 찾아볼 수 없는 왼손잡이 센터다. 고희진 감독은 홍민기의 타고난 운동 신경에 높은 평가를 내렸다. 2017년 현대캐피탈에 입단했던 홍민기는 2020-2021시즌 중 팀에서 자유신분선수로 방출됐다. 이후 실업리그에서 꿈을 포기하지 않았던 그는 삼성화재의 부름을 받고 다시 프로 무대로 돌아왔다. 다시 잘 할 수 있을까란 두려움도 있었지만 주어진 기회를 놓치고 싶지 않다는 마음이 컸다. 라이트와 센터를 오갔던 그는 삼성화재에서는 센터에만 집중한다. 김정윤, 한상길, 안우재 등과 함께 홍민기는 중앙이 약한 삼성화재의 센터진에 힘이 될 것으로 보인다.

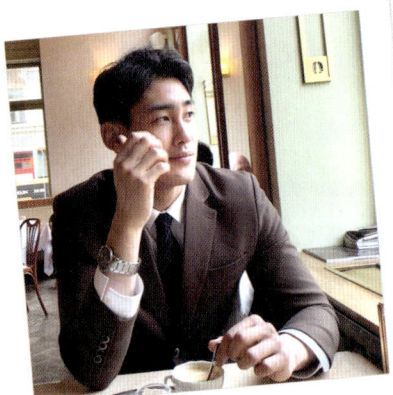

노력은
설명하는 것이 아니라
증명하는 것이다.
Minta

## 홍민기의 BEST 3

| | 블로킹(set) | 서브(set) | 공격 성공률 |
|---|---|---|---|
| 홍민기 | - | - | - |
| 센터평균 | 0.440 | 0.060 | 53.75 |

## 2020-2021 평균 기록

| 경기 | 세트 | 득점 | 공격 성공률 | 블로킹 | 서브 | 세트(set) | 리시브 효율 | 디그(set) |
|---|---|---|---|---|---|---|---|---|
| 3 | 6 | - | - | - | - | - | - | - |

### 리베로

# 19 ⒧ 구 자 혁

1998.07.10
182cm
남양초-송산중-영생고-한양대
2019-2020시즌 4라운드 1순위
현대캐피탈-삼성화재(2020)

현대캐피탈을 떠나 삼성화재로 유니폼을 갈아입은 구자혁은 V-리그 최초의 부자(父子) 선수다. KB손해보험의 전신인 LIG손해보험의 센터였던 구준회의 아들이다. 지난 시즌 29경기에 나섰던 구자혁은 공격을 받아내는 디그 만큼은 높은 평가를 받았지만 리시브를 받는 서브 리시브에서는 약점을 보였다. 2021-2022시즌 삼성화재의 주전 리베로로 나설 백광현과 함께 팀의 수비를 책임져야 한다는 책임감이 있다. 빠른 발을 보유한 구자혁은 수비에서만큼은 분명 팀에 도움을 줄 수 있는 선수다. 선의의 경쟁을 통해 코트에 들어가면 팀에 도움이 되는 선수가 됐으면 하는 것이 구자혁의 바람이다.

다 터트릴 거야 나의 포텐!!
구 자 혁

### 구자혁의 BEST 3

| | 디그(set) | 리시브 효율 | 세트(set) |
|---|---|---|---|
| 구자혁 | 1.105 | 17.39 | 0.095 |
| 리베로평균 | 1.513 | 40.51 | 0.233 |

### 2020-2021 평균 기록

| 경기 | 세트 | 득점 | 공격 성공률 | 블로킹 | 서브 | 세트(set) | 리시브 효율 | 디그(set) |
|---|---|---|---|---|---|---|---|---|
| 29 | 105 | - | - | - | - | 0.095 | 17.39 | 1.105 |

**센터**

# 20 ⓒ
# 한 상 길

1987.09.05
194cm
성포초-범계중-평촌고-경기대
현대캐피탈-OK저축은행(2014)
-대한항공(2020)-삼성화재(2021)

난 파란색이 잘 어울려!

2021-2022시즌을 앞두고 베테랑 센터 한상길은 선수 커리어의 마지막 도전에 나선다. 현대캐피탈을 거쳐 OK금융그룹, 대한항공에서 뛰었던 그는 이번 시즌 삼성화재 유니폼을 입고 코트에 나선다. 삼성화재는 2021 신인 드래프트를 앞두고 대한항공과 3라운드 지명권 순서를 바꾸며 한상길을 데려왔다. 지난 시즌 부상으로 부침을 겪었던 그는 컨디션을 회복했고, 정통 센터를 원했던 고희진 감독의 선택을 받아 새로운 유니폼으로 갈아입었다. 팀 내 최고참이 된 한상길은 의욕이 넘친다. 최근 2시즌 간 활약이 적었던 한상길은 자신의 존재 가치를 입증해야 한다. 개인적으로 아주 중요한 시즌이다.

### 한상길의 BEST 3

| | 속공 성공률 | 블로킹(set) | 서브(set) |
|---|---|---|---|
| 한상길 | 54.76 | 0.286 | – |
| 센터평균 | 54.76 | 0.440 | 0.060 |

### 2020-2021 평균 기록

| 경기 | 세트 | 득점 | 공격 성공률 | 블로킹 | 서브 | 세트(set) | 리시브 효율 | 디그(set) |
|---|---|---|---|---|---|---|---|---|
| 7 | 14 | 14 | 58.82 | 4 | – | – | 33.33 | 0.286 |

# SCOUTING REPORT

# 2020-2021 REVIEW & 2021-2022 PREVIEW

## 팀 순위

**1**

| 58 | 20 | 10 |
|---|---|---|
| 승점 | 승 | 패 |

74/48 (1.542)
세트 득/실 (득실률)

2795/2589 (1.080)
점수 득/실 (득실률)

### 항목별 팀 순위

| 항목 | 기록 | 순위 |
|---|---|---|
| 득점 | 2,795점 | 1 |
| 공격종합 | 41.30% | 1 |
| 블로킹 | 2.34개 | 2 |
| 서브 | 1.10개 | 2 |
| 디그 | 20.18개 | 5 |
| 세트 | 14.13개 | 1 |
| 리시브 | 41.11% | 1 |
| 수비 | 28.27개 | 1 |

### 승패조견표

| | PINK SPIDERS | ALTOS | HI-PASS | (IBK) | HILLSTATE | 순위 |
|---|---|---|---|---|---|---|
| 1R | 1:3 | 3:2 | 3:0 | 1:3 | 2:3 | 3 |
| 2R | 2:3 | 3:0 | 3:1 | 3:2 | 3:0 | 2 |
| 3R | 3:2 | 1:3 | 3:2 | 3:1 | 1:3 | 4 |
| 4R | 1:3 | 3:1 | 3:2 | 3:2 | 3:1 | 2 |
| 5R | 3:0 | 2:3 | 3:0 | 3:0 | 2:3 | 1 |
| 6R | 3:1 | 3:0 | 3:2 | 1:3 | 3:2 | 2 |
| 계 | 3승3패 | 4승2패 | 6승 | 4승2패 | 3승3패 | 1 |

## 서브, 그리고 스피드

지난 시즌 우승을 이끌었던 러츠와 이소영이 팀을 떠났다. 러츠의 높이를 충분히 활용했던 지난 시즌과 달리, 올 시즌은 팀 컬러의 변화가 불가피해졌다. 다가오는 시즌 GS칼텍스의 키워드는 '서브'. 새로운 외국인 선수 모마는 지난해 프랑스 리그에서 서브 1위를 기록했다. 강소휘, 안혜진 등 서브가 좋은 선수도 많기 때문에, 강한 서브로 상대의 흐름을 흔들어 놓겠다는 것이 차상현 감독의 계획이다. 전반적인 팀의 높이가 낮아지면서, 반 박자 빠른 플레이도 필요해졌다. 우승과 올림픽을 경험한 주전 세터 안혜진의 역할이 상당히 크다. 최은지와 오지영이 합류하며 리시브 라인은 더 견고해졌기에, 세터의 경기 운영 능력만 조금 더 살린다면 충분히 새로운 색을 낼 수 있다. 모두가 어수선한 1라운드에 최대한 합을 맞춰야 한다.

## 뎁스의 힘을 보게 되리라!

지난 시즌 GS칼텍스가 선수들의 부상이 많았음에도 트레블을 달성할 수 있었던 것은, 언제든 투입될 수 있는 교체 선수들의 힘이 있었기 때문이다. 유서연을 포함해 문명화, 권민지, 문지윤 등은 코트에 들어갈 때마다 주전 선수들의 공백을 지우며 제 몫 이상을 해냈다. 시즌을 앞두고는 오지영을 데려오며 리그 최고의 리베로 군단을 꾸린 차상현 감독. 수비 뎁스를 강화함과 동시에, 위기의 순간에는 트레이드 카드로 부족한 포지션을 채울 수도 있다. 예년보다 시즌이 길어지면서 올 시즌엔 뎁스의 두께가 더 중요해졌다. 차상현 감독 부임 후 끝없는 경쟁을 통해 주전과 비주전의 격차를 좁힌 GS칼텍스. 웜업존에는 언제든 투입될 수 있는 선수들이 기다리고 있다. 시즌은 길고 변수는 많다. 그러나 준비된 자는 여유가 있다.

07-08    13-14    20-21

### 최근 5시즌 정규리그 순위

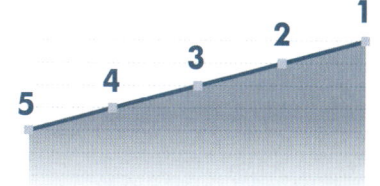

5 — 4 — 3 — 2 — 1
16-17   17-18   18-19   19-20   20-21

## GS Caltex Seoul KIXX Volleyball Team

## 2021-2022

### BEST 7

ⓡ 모마

ⓒ 한수지

ⓛ 강소휘

ⓛ 최은지

ⓒ 김유리

ⓢ 안혜진

ⓛ 오지영

### 라인업

| 1 | 한수지 ⓒ | C | | 12 | 한수진 | Li |
|---|---|---|---|---|---|---|
| 2 | 김주희 | C | | 13 | 최은지 | L |
| 3 | 차유정 | L | | 14 | 김지원 | S |
| 4 | 한다혜 | Li | | 15 | 문명화 | C |
| 6 | 이원정 | S | | 16 | 김유리 | C |
| 7 | 안혜진 | S | | 17 | 문지윤 | R |
| 8 | 김해빈 | Li | | 18 | 권민지 | L |
| 9 | 오지영 | Li | | 19 | 유서연 | L |
| 10 | 강소휘 | L | | 20 | 오세연 | C |
| 11 | 모마 | R | | | | |

### 인 & 아웃

IN ▶ 오지영
최은지

OUT ▶ 이소영
박혜민
이현
김채원

### 루키

ⓒ 김주희

ⓛ 차유정

# MANAGER

## 차상현 감독

감독 부임 다섯 시즌 만에 여자배구의 역사를 썼다. 2016-2017시즌 중 팀을 맡아 첫 해 5위로 시즌을 마친 차상현 감독은, 매 시즌 한 계단씩 순위를 끌어올리며 팀과 함께 성장했다. 그리고 지난 시즌, 컵 대회와 정규리그, 챔피언 결정전까지 모두 거머쥐며 여자배구 역사상 최초의 트레블을 달성한 감독이 되었다. 구단도 최고 대우로 3년 더 팀을 맡겼다.

그러나 우승의 기쁨도 잠시, 핵심 전력 2명이 팀을 떠났다. 이소영이 FA로 이적했고, 러츠도 일본 리그 도전을 선택했다. 차상현 감독은 우승과 동시에, 팀을 새로 만들어야 하는 과제를 떠안게 됐다. 하지만 차상현 감독에게 도전이 아닌 시즌은 없었다. 가장 먼저 FA 보상선수로 오지영을, 트레이드로 최은지를 데려오면서, 레프트 보강과 길어진 시즌에 대비한 뎁스 강화에 신경 썼다. 높이에 강점이 있었던 러츠가 떠난 자리는 서브가 뛰어난 모마로 채웠다. 이전과 같은 플레이는 어렵겠지만, 강력한 서브를 바탕으로 낮고 빠른 플레이를 펼치는 새로운 팀을 만들어 보려 한다. GS칼텍스는 감독만큼이나 단단한 느낌이 드는 팀이다. 지난 시즌 주축 선수들의 부상에도 팀은 흔들리지 않았다. 주전으로 뛰지는 못해도 꾸준히 경기 경험을 쌓았던 교체 선수들이, 위기 상황에서 기회를 잡고 한 단계 올라서며 팀을 지켜냈다. 지독한 훈련과 확실한 믿음을 보여준 차상현 감독의 결과물이었다.

지난해 엄청난 업적을 달성한 차상현 감독은 이제 6개 팀의 강한 도전에서 팀을 지켜야 한다. 냉정하게 지난 시즌보다 전력이 약화된 것은 사실이다. 하지만 언제나 그랬듯, 많은 사람들의 예상을 보기 좋게 깨뜨렸던 차상현 감독이다. 과연 다가오는 시즌도 차노스는 리그를 평정할 수 있을까.

### 센터 ⓒ

# 1 ⓒ
# 한 수 지

1989.02.01
182cm
전주동초-근영여중-근영여고
2006-2007시즌 1라운드 1순위
GS칼텍스-현대건설(2007)
-KGC인삼공사(2010)-GS칼텍스(2019)

I'm a boss!

프로 입단 후 가장 적은 경기를 뛰었다. 훈련 도중 왼쪽 발목을 다쳐 3라운드 도중 이탈했다. 수술을 받으며 시즌 아웃이 예상됐지만, 흥국생명과의 챔피언 결정전에 깜짝 복귀해 팀의 우승 순간을 함께 했다. 러츠가 빠진 올 시즌, 팀의 블로킹 라인을 이끌어야 하는 역할이 크다. 개인적으로도 블로킹에 대한 욕심이 있다. 지난 시즌도 부상이 아니었더라면 충분히 블로킹 타이틀 경쟁을 할 수 있었다. 또 다른 목표는 전 경기 출장. 아직 GS칼텍스 유니폼을 입고 전 경기를 뛰어본 적이 없다. 시즌을 앞두고 새롭게 FA 계약을 했고 팀의 주장도 맡았다. 동기 부여는 충분하다. 무엇보다 한수지는 차상현 감독의 잔소리가 필요 없는 선수다.

초심을 잃지 말자!

### 한수지의 BEST 3

| | 블로킹(set) | 속공 성공률 | 세트(set) |
|---|---|---|---|
| 한수지 | 0.672 | 45.00 | 0.276 |
| 센터평균 | 0.474 | 41.97 | 0.170 |

### 2020-2021 평균 기록

| 경기 | 세트 | 득점 | 공격 성공률 | 블로킹 | 서브 | 세트(set) | 리시브 효율 | 디그(set) |
|---|---|---|---|---|---|---|---|---|
| 14 | 58 | 75 | 42.11 | 39 | 4 | 0.276 | 18.75 | 1.569 |

### 리베로

# 4 Li
# 한 다 혜

1995.02.28
164cm
추계초-중앙여중-원곡고
2013-2014시즌 3라운드 5순위
-

묵묵하게 자신의 역할을 충분히 해내는 선수. 20경기 이상 뛰기 시작한 2016-2017시즌 이후 5시즌 연속 리시브 효율 40% 이상을 기록하고 있다. GS칼텍스가 최근 몇 년간 좋은 성적을 낸 비결은 리베로의 안정감이 컸다. 시즌을 마치고 첫 FA 계약을 했고, 발리볼네이션스리그(VNL)를 통해 생애 첫 국가대표 경험도 했다. 주전 리베로로 도약한 이후 큰 어려움 없이 자리를 지켜왔지만 올 시즌은 다르다. 오지영이 합류하며 팀 내 리베로 경쟁이 치열해졌다. 컵 대회에서 주로 원 포인트 서버로 뛰었고, 결승전에서도 리베로로 뛰지 못했다. 아쉬움과 실망감이 크겠지만 조급할 필요는 없다. 낭중지추. 한다혜는 이미 보여준 것이 많은 선수다.

어느 위치에서든 최선을 다해서!!!

### 한다혜의 BEST 3

| | 리시브 효율 | 디그(set) | 디그 성공률 |
|---|---|---|---|
| 한다혜 | 45.64 | 2.877 | 89.09 |
| 리베로평균 | 43.90 | 3.998 | 85.13 |

### 2020-2021 평균 기록

| 경기 | 세트 | 득점 | 공격 성공률 | 블로킹 | 서브 | 세트(set) | 리시브 효율 | 디그(set) |
|---|---|---|---|---|---|---|---|---|
| 30 | 122 | - | - | - | - | 0.303 | 45.64 | 2.877 |

### 세 터

# 6 Ⓢ
# 이 원 정

2000.01.12
175cm
대구삼덕초-경해여중-선명여고
2017-2018시즌 1라운드 2순위
한국도로공사-GS칼텍스(2020)

22살. 하지만 챔피언 반지가 벌써 2개다. 선배들의 플레이를 지켜봤던 첫 우승과 달리 지난해엔 직접 뛰며 우승을 경험했다. 30% 중반에 그쳤던 세트 성공률도 지난 시즌엔 41%로 크게 올랐다. 특히 흥국생명을 상대로 강했다. 44%의 세트 성공률을 보였고, 3라운드 맞대결에선 흥국생명의 10연승을 저지하는데 큰 기여를 했다. 시즌을 앞두고 왼쪽 손목에 물혹이 생겨 수술을 했지만 걱정할 정도는 아니다. 컵 대회는 나설 수 없었지만 리그는 문제없다. 올 시즌도 안혜진의 뒤를 받친다. 비시즌 토스의 높이와 안정감을 더 하기 위해 많은 땀을 흘렸다. 지난 시즌 할 수 있다는 자신감을 얻었다면, 이제는 가진 잠재력을 조금 더 폭발시켜야 한다.

안 아프고!!!
행복 배구하기!!
성장하는 선수가 되기!!!

### 이원정의 BEST 3

| | 세트(set) | 디그(set) | 블로킹(set) |
|---|---|---|---|
| 이원정 | 5.403 | 1.306 | 0.129 |
| 세터평균 | 8.224 | 2.220 | 0.096 |

### 2020-2021 평균 기록

| 경기 | 세트 | 득점 | 공격 성공률 | 블로킹 | 서브 | 세트(set) | 리시브 효율 | 디그(set) |
|---|---|---|---|---|---|---|---|---|
| 26 | 62 | 15 | 37.50 | 8 | 1 | 5.403 | - | 1.306 |

### 세터

## 7 ⓢ 안 혜 진

1998.02.16
175cm
아산둔포초-강릉해람중-강릉여고
2016-2017 1라운드 3순위
-

꿈같은 시간이었다고 했다. V-리그 여자부 최초의 트레블과 도쿄 올림픽 4강 진출. 역사적인 순간을 모두 경험했다. 데뷔 후 처음으로 베스트 7도 받았다. 큰 경기 경험을 쌓으며 한 단계 이상 성장했고, 최고의 한 해를 보내며 자신감도 상승했다. 올 시즌엔 GS칼텍스의 키 플레이어로 꼽힌다. 팀 컬러가 바뀌며 조금 더 낮고 빠른 토스가 필요해졌다. 본인도 자신의 역할이 가장 중요하다는 걸 잘 알고 있다. 강소휘를 적극적으로 활용해 다양한 플레이를 엮어보려 한다. 강점인 서브는 컵 대회를 통해 이미 예열을 마쳤다. 2년 연속 우승과 베스트 7을 목표로 삼았다. 시즌이 끝나면 데뷔 첫 FA 자격을 얻는다. 안혜진뿐 아니라 차상현 감독도 FA 로이드를 기대하고 있다.

### 안혜진의 BEST 3

|  | 세트(set) | 서브(set) | 디그(set) |
|---|---|---|---|
| 안혜진 | 10.658 | 0.254 | 2.368 |
| 세터평균 | 8.224 | 0.119 | 2.220 |

### 2020-2021 평균 기록

| 경기 | 세트 | 득점 | 공격 성공률 | 블로킹 | 서브 | 세트(set) | 리시브 효율 | 디그(set) |
|---|---|---|---|---|---|---|---|---|
| 29 | 114 | 57 | 26.67 | 16 | 29 | 10.658 | – | 2.368 |

### 리베로

# 8 Li
# 김 해 빈

2000.03.01
157cm
옥천초-강릉여중-강릉여고
2018-2019시즌 3라운드 2순위
IBK기업은행-GS칼텍스(2020)

프로 데뷔 후 처음으로 전 경기를 뛰었다. 원 포인트 서버로 128개의 서브를 넣었고 4개의 서브 에이스도 기록했다. 차상현 감독의 첫 번째 교체 카드로 중요한 순간에 주로 투입됐지만 자신의 역할을 충분히 해냈다. 물론 자신의 본래 포지션인 리베로로 뛰어보고 싶은 마음도 크다. 하지만 어떤 역할이든 기회가 주어질 때마다 코트에 들어가는 것이 더 중요하다. 올 시즌도 김해빈의 역할은 원 포인트 서버 또는 서베로다. 서브 득점보다 더 중요한 것은 범실 없는 정확한 목적타 서브. 서브가 날카로워진다면 코트에 머무는 시간은 자연스럽게 늘어난다. 강점인 수비도 더 보여줄 수 있다. 주어진 기회 안에서 보여줄 수 있는 시간을 늘려야 한다.

항상 응원 받고 있다는거 잊지 말고 !!
성장하는 선수가 되자!

### 김해빈의 BEST 3

| | 서브(set) | 디그(set) | 세트(set) |
|---|---|---|---|
| 김해빈 | 0.049 | 0.220 | 0.012 |
| 리그평균 | 0.100 | 2.112 | 1.371 |

### 2020-2021 평균 기록

| 경기 | 세트 | 득점 | 공격 성공률 | 블로킹 | 서브 | 세트(set) | 리시브 효율 | 디그(set) |
|---|---|---|---|---|---|---|---|---|
| 30 | 82 | 4 | – | – | 4 | 0.012 | 100 | 0.220 |

### 리베로

# 9 ⓛⁱ 오 지 영

1988.07.11
170cm
수성초-근영여중-근영여고
2006-2007시즌 1라운드 4순위
한국도로공사-KGC인삼공사(2017)-GS칼텍스(2021)

도쿄 올림픽 디그 1위. 세계 무대에서 자신의 이름을 확실하게 알렸다. 나이 서른이 되어서야 온전하게 자신의 자리를 찾은 오지영은 풀타임 리베로 4년 만에 최정상급 선수로 도약했다. 시즌을 앞두고 이소영의 FA 보상선수로 GS칼텍스 유니폼을 입었다. 그 누구도 예상하지 못했던 이적이었지만 오지영은 덤덤했다. 컵 대회 리시브 효율 52%, 디그 성공률 85%로 팀에 빠르게 녹아드는 모습을 보였다. 차상현 감독이 원하는 파이팅 넘치는 모습도 보여줬다. 아직은 베테랑이라는 소리를 듣고 싶지 않다는 오지영. 그저 누구보다 열심히 하는 선수가 되려 한다. 30대에 시작된 진짜 배구 인생. 기회의 소중함을 알고 있는 선수는 쉽게 무너지지 않는다.

다 때려보라!!
다 받아주겠다!!

### 오지영의 BEST 3

| | 리시브 효율 | 디그(set) | 디그 성공률 |
|---|---|---|---|
| 오지영 | 49.81 | 5.564 | 87.50 |
| 리베로 평균 | 43.09 | 3.998 | 85.13 |

### 2020-2021 평균 기록

| 경기 | 세트 | 득점 | 공격 성공률 | 블로킹 | 서브 | 세트(set) | 리시브 효율 | 디그(set) |
|---|---|---|---|---|---|---|---|---|
| 30 | 117 | - | - | - | - | 0.701 | 49.81 | 5.564 |

### 레프트

# 10 ⓛ
# 강 소 휘

1997.07.18
180cm
안산서초-원곡중-원곡고
2015-2016시즌 1라운드 1순위
-

GS칼텍스의 에이스로 남기로 했다. 데뷔 첫 FA 자격을 얻었지만, 차상현 감독을 믿고 고민 없이 팀과 재계약했다. 강한 공격과 서브는 물론이고, 약점으로 지적받던 리시브도 지난 시즌을 거치며 강점이 됐다. 컵 대회에서 무려 49%가 넘는 리시브 효율을 보였다. 지난 시즌 팀은 트레블을 완성했지만, 개인적으로는 속상함이 남는다. 챔피언 결정전에서 발목을 다치며 우승의 순간을 코트 밖에서 바라봐야 했다. 수술과 재활로 올림픽의 꿈도 내려놓아야 했다. 올 시즌엔 러츠, 이소영이 빠진 상황에서 팀을 이끌어야 한다. 이전보다 하이볼 상황의 결정력도 높여야 한다. 이제는 단순한 팀의 주 공격수가 아닌, 리더의 역할을 감당해야 할 때다.

### 강소휘의 BEST 3

| | 공격 성공률 | 서브(set) | 리시브 효율 |
|---|---|---|---|
| 강소휘 | 38.92 | 0.235 | 39.26 |
| 레프트 평균 | 37.12 | 0.123 | 31.43 |

### 2020-2021 평균 기록

| 경기 | 세트 | 득점 | 공격 성공률 | 블로킹 | 서브 | 세트(set) | 리시브 효율 | 디그(set) |
|---|---|---|---|---|---|---|---|---|
| 27 | 102 | 357 | 38.92 | 22 | 24 | 0.186 | 39.26 | 2.971 |

### 라이트

# 11 ®
# 모 마

1993.10.09
184cm
카메룬
2021-2022시즌 트라이아웃 7순위
-

카메룬 국가대표로 프랑스 리그에서 활약했다. 외국인 선수로는 크지 않은 184cm의 신장이지만, 뛰어난 공격력과 득점 능력을 갖췄다. 탄력이 좋아 마치 전위 시간차 공격과 같은 빠른 후위 공격도 가능하다. 최고의 강점은 서브. 지난해 프랑스 리그에서 서브 1위에 올랐다. 차상현 감독은 과거 한국도로공사에서 뛰어났던 이바나 이상의 서브 능력을 갖췄다고 평가했다. 18살 때부터 해외에서 생활했고, 카메룬과 아시아 문화의 공통점도 많아 적응에는 전혀 문제가 없다. 매운 음식을 좋아해 이미 닭발과 고등어조림도 마스터(?)했다. 지난해 팀의 주포로 2번의 우승을 경험한 것도 긍정적인 부분. 다만 국가대표로 오래 팀을 비웠던 안혜진과의 호흡 여부가 관건이다.

- Stay Healthy
- Push myself and work hard
- Help my team to make the best results
- Improve alot and become the best
- Have fun AND NO REGRETS

MOMA BASSOKO LAETITIA

### 모마의 BEST 3

| | 공격 성공률 | 오픈 성공률 | 서브(set) |
|---|---|---|---|
| 모마 | - | - | - |
| 라이트평균 | 40.67 | 38.16 | 0.160 |

### 2020-2021 평균 기록

| 경기 | 세트 | 득점 | 공격 성공률 | 블로킹 | 서브 | 세트(set) | 리시브 효율 | 디그(set) |
|---|---|---|---|---|---|---|---|---|
| - | - | - | - | - | - | - | - | - |

V-LEAGUE

## 리베로

# 12 (Li)
# 한 수 진

1999.07.02
165cm
파장초-수일여중-수원전산여고
2017-2018시즌 1라운드 1순위
-

확실한 포지션을 정해주니 재능을 펼쳐 보였다. 세터와 리베로, 원 포인트 서버 등을 오가며 방황했던 한수진은, 4번째 시즌이었던 지난해 리베로로 가능성을 보였다. 한다혜와 더블 리베로로 나서며 디그를 전담했고, 정규리그 30경기에 모두 나섰다. 한수진 본인도 지난 시즌엔 많은 점수를 주고 싶다고 했다. 팀에 국가대표 리베로가 두 명이나 있지만, 올 시즌 한수진의 역할은 바뀌지 않을 듯하다. 컵 대회에서도 오지영과 함께 리베로로 나섰다. 다만 올 시즌엔 디그 뿐 아니라, 세터 출신의 강점을 조금 더 살려야 한다. 오버 토스로 정확하고 빠른 이단 연결을 해줄 수 있어야 한다. 바뀐 팀 컬러는 분명 한수진에게 플러스 요인이다.

기회는 내가 만들어 간다!

### 한수진의 BEST 3

| | 디그(set) | 디그 성공률 | 세트(set) |
|---|---|---|---|
| 한수진 | 2.810 | 80.49 | 0.207 |
| 리베로평균 | 3.998 | 85.13 | 0.574 |

### 2020-2021 평균 기록

| 경기 | 세트 | 득점 | 공격 성공률 | 블로킹 | 서브 | 세트(set) | 리시브 효율 | 디그(set) |
|---|---|---|---|---|---|---|---|---|
| 30 | 116 | - | - | - | - | 0.207 | - | 2.810 |

레프트

## 13 Ⓛ
## 최 은 지

1992.06.07
182cm
평거초-경해여중-선명여고
2011-2012시즌 신생팀 우선지명
IBK기업은행-한국도로공사(2016)
-KGC인삼공사(2018)-GS칼텍스(2021)

I'm a star!

2018년의 느낌이 난다. 입단 후 기다림의 시간이 길었던 최은지는 KGC인삼공사 이적 후 컵 대회 MVP를 차지하며 주전 레프트로 도약했다. 이후 경기당 10득점 가까이 기록하며 활약했지만, 공수의 부담이 생각보다 무겁게 느껴졌다. 그리고 트레이드를 통해 입게 된 네 번째 유니폼. 이적 후 첫 대회였던 컵 대회에서 44%의 안정된 리시브 효율과 40%의 높은 오픈 공격 성공률을 기록했다. 팀이 필요로 하는 해결 능력과 수비에서 상당한 기대감을 갖게 했다. 지난 시즌 절반 가까이 줄인 범실도 새 시즌 기대 요인이다. 어느덧 30대에 접어들며 이전과는 다른 간절함이 생겼다는 최은지. 차상현 감독은 그런 파이팅을 원하고 있다.

내가 낸데!!
최은지 너는 뭐든 할수있다!
화이팅~♡
최은지

### 최은지의 BEST 3

| | 퀵오픈 성공률 | 리시브 효율 | 디그(set) |
|---|---|---|---|
| 최은지 | 40.01 | 33.01 | 3.578 |
| 레프트 평균 | 41.44 | 31.43 | 2.040 |

### 2020-2021 평균 기록

| 경기 | 세트 | 득점 | 공격 성공률 | 블로킹 | 서브 | 세트(set) | 리시브 효율 | 디그(set) |
|---|---|---|---|---|---|---|---|---|
| 28 | 102 | 229 | 34.61 | 18 | 12 | 0.225 | 33.01 | 3.578 |

V-LEAGUE

## 세터

### 14 ⓢ
### 김 지 원

2001.10.26
174cm
평거초-경해여중-제천여고
2020-2021시즌 1라운드 1순위
-

초등학교 4학년, 배구를 처음 시작할 때부터 김지원의 포지션은 세터였다. 중고등학교를 거치며 잠시 공격수를 하기도 했지만, 고등학교 3학년 다시 세터로 돌아와 전체 1순위로 프로에 입단했다. 지난 시즌 KGC인삼공사와의 1라운드 경기. 5:14로 뒤진 4세트 투입돼, 끝까지 경기를 책임지며 프로 데뷔전을 치렀다. 하지만 12월, 오른쪽 발목 인대를 다치며 프로 첫 시즌을 조금 일찍 마무리했다. KB손해보험에서 세터로 뛰는 오빠 김지승과 함께 컵 대회 많은 경기를 경험했고, 중앙을 적극적으로 활용하며 인상적인 모습도 보였다. 다가오는 시즌엔 원 포인트 서버로 경기에 나설 가능성이 높지만, 지금은 경기의 경험치를 많이 쌓는 것이 더 중요하다.

많은 사람들에게 내 존재를 알리는 것 !!

### 김지원의 BEST 3

| | 세트(set) | 디그(set) | 서브(set) |
|---|---|---|---|
| 김지원 | 0.176 | 0.176 | - |
| 리그평균 | 1.371 | 2.112 | 0.100 |

### 2020-2021 평균 기록

| 경기 | 세트 | 득점 | 공격 성공률 | 블로킹 | 서브 | 세트(set) | 리시브 효율 | 디그(set) |
|---|---|---|---|---|---|---|---|---|
| 8 | 17 | - | - | - | - | 0.176 | - | 0.176 |

## 센터

### 15 ⓒ
### 문명화

1995.09.04
189cm
금정초-금양중-남성여고
2014-2015시즌 1라운드 4순위
KGC인삼공사-GS칼텍스(2017)

지난 시즌 후반부 활약으로 팀 트레블 달성에 상당한 공헌을 했다. 한수지와 권민지가 모두 부상으로 빠진 5~6라운드, set당 0.675개의 블로킹을 잡아내며 정규리그 우승에 기여했다. 챔피언 결정전에서도 중요한 순간 블로킹과 서브로 힘을 보탰다. 시즌이 끝나고 발리볼네이션스리그(VNL) 대표팀에 선발됐지만, 오른쪽 발목 인대 수술로 인해 함께 하지 못한 것은 아쉽기만 하다. 최근 몇 해 동안 이어진 부상으로 많은 경기를 뛰지는 못했지만, 코트에 나설 때만큼은 확실한 기량을 보여줬다. 189cm의 높이와 한 코스를 지키는 블로킹은 V-리그 최상위 레벨이다. 시즌을 온전히 치르기 위해 비시즌 웨이트 트레이닝에 공을 들였다. 부상만 없다면 문명화는 확실한 카드다.

더이상 나에게 부상은 없다!!!
열심히 준비해서 매경기 후회없이
다 보여 줄 수 있도록 노력하자!
화이팅!

### 문명화의 BEST 3

|  | 블로킹(set) | 오픈 성공률 | 디그(set) |
|---|---|---|---|
| 문명화 | 0.516 | 36.36 | 0.855 |
| 센터평균 | 0.474 | 37.11 | 0.996 |

### 2020-2021 평균 기록

| 경기 | 세트 | 득점 | 공격 성공률 | 블로킹 | 서브 | 세트(set) | 리시브 효율 | 디그(set) |
|---|---|---|---|---|---|---|---|---|
| 18 | 62 | 55 | 31.03 | 32 | 5 | 0.145 | 33.33 | 0.855 |

### 센터

# 16 ⓒ
# 김유리

1991.09.11
182cm
구포초-부산여중-경남여고
2010-2011시즌 1라운드 2순위
흥국생명-대구시청(2013)-양산시청(2014)
-IBK기업은행(2014)-GS칼텍스(2017)

지난 시즌 눈물의 인터뷰로 모두에게 감동을 줬다. 인터뷰하는 김유리 주변으로 차상현 감독을 포함해 모든 선수들이 모여 축하해주는 모습은, 그동안 김유리가 얼마나 잘 살아왔는지를 느낄 수 있게 해줬다. 선수로서의 활약도 빛났다. 지난 시즌 속공 6위를 기록하며 GS칼텍스 이적 후 가장 높은 공격 성공률을 보였다. 다만, '강화유리'답지 않게 부상으로 3경기 결장한 것이 약간 아쉽기는 하다. 올 시즌엔 '방탄유리'로 전 경기 출장하는 것이 목표다. 코트 안팎에서 늘 겸손한 김유리지만, 사실 국가대표와 올스타, FA까지 모두 경험한, 이력서(?)가 확실한 선수다. 학폭과 괴롭힘으로 뒤숭숭한 요즘, 김유리 같은 선배가 있다는 것은 그저 감사한 일이다.

이거 방탄유리야
이 XXX야!!!

### 김유리의 BEST 3

| | 공격 성공률 | 속공 성공률 | 디그(set) |
|---|---|---|---|
| 김유리 | 39.74 | 42.86 | 0.885 |
| 센터평균 | 39.64 | 41.97 | 0.996 |

### 2020-2021 평균 기록

| 경기 | 세트 | 득점 | 공격 성공률 | 블로킹 | 서브 | 세트(set) | 리시브 효율 | 디그(set) |
|---|---|---|---|---|---|---|---|---|
| 27 | 78 | 83 | 39.74 | 18 | 3 | 0.103 | - | 0.885 |

### 라이트

## 17 ®
# 문지윤

2000.07.25
180cm
염동초-원곡중-원곡고
2018-2019시즌 1라운드 5순위
IBK기업은행-GS칼텍스(2020)

자신의 존재 가치를 증명했던 시즌이었다. 선수들의 부상이 이어졌던 후반기. 공격에서 큰 힘을 보탰다. 러츠와 자리를 바꿔가며 중앙과 오른쪽에서 위력적인 공격을 보여줬으며, 6라운드에는 블로킹에서도 상당한 기여를 했다. 정규리그 우승을 확정짓고 치른 KGC인삼공사와의 마지막 경기에서는 자신의 한 경기 최다인 18득점을 기록하기도 했다. 비시즌 공격과 블로킹에 많은 신경을 썼다. 수비도 시즌을 치를수록 좋아지고 있다. 컵대회 활약으로 새 시즌에 대한 기대감도 높아졌다. 올 시즌엔 정규리그 절반인 18경기 이상 출장을 목표로 잡았다. 경기 수가 늘어나면서 기회도 충분히 받을 것으로 예상된다. 하지만 단순한 숫자보다는 강한 인상을 남기는 것이 더 중요하다.

이번 시즌도 힘차게 폭주 가즈아!!!

### 문지윤의 BEST 3

| | 공격 성공률 | 퀵오픈 성공률 | 블로킹(set) |
|---|---|---|---|
| 문지윤 | 46.43 | 59.26 | 0.333 |
| 라이트평균 | 38.64 | 42.09 | 0.225 |

### 2020-2021 평균 기록

| 경기 | 세트 | 득점 | 공격 성공률 | 블로킹 | 서브 | 세트(set) | 리시브 효율 | 디그(set) |
|---|---|---|---|---|---|---|---|---|
| 14 | 39 | 65 | 46.43 | 13 | - | 0.051 | - | 0.821 |

**레프트**

# 18 Ⓛ
## 권민지

2001.11.02
178cm
삼덕초-대구일중-대구여고
2019-2020시즌 1라운드 3순위
-

어려운 역할을 맡겼지만 오히려 편하게 해냈다. 지난 시즌 센터로 뛰며 좋은 모습을 보여줬다. 2~3라운드엔 공격 성공률 50%를 훌쩍 넘었으며, 4라운드엔 set당 블로킹이 0.909에 달했다. 신장이 크진 않지만, 긴 팔과 뛰어난 탄력으로 이를 보완했다. 왼쪽 새끼손가락 골절로 후반기 이탈했지만, 정규리그 마지막 경기에 복귀해 챔피언 결정전까지 뛰었다. 올 시즌도 주로 센터로 투입되겠지만, 자신의 본 포지션인 레프트 훈련도 열심히 하고 있다. 무엇보다 선수 본인이 레프트에 대한 욕심이 있다. 컵 대회 조 순위 결정전에서 레프트로 투입되기도 했다. 결국 리시브, 받는 것이 되어야 한다. 길게 보고 천천히, 그러나 확실하게 준비해 나가야 한다.

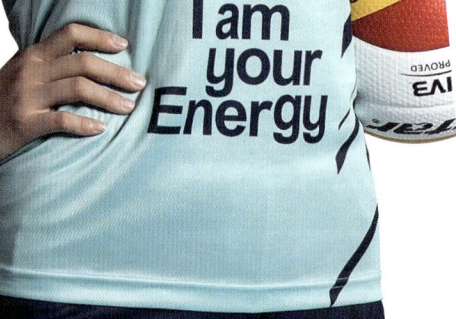

매년 발전하자! 할수있다
건강하고 정신 차려~~
Kwon

### 권민지의 BEST 3

| | 공격 성공률 | 오픈 성공률 | 블로킹(set) |
|---|---|---|---|
| 권민지 | 45.54 | 54.55 | 0.396 |
| 센터평균 | 39.64 | 37.11 | 0.474 |

### 2020-2021 평균 기록

| 경기 | 세트 | 득점 | 공격 성공률 | 블로킹 | 서브 | 세트(set) | 리시브 효율 | 디그(set) |
|---|---|---|---|---|---|---|---|---|
| 17 | 53 | 80 | 45.54 | 21 | 8 | 0.170 | 40.00 | 0.887 |

### 레프트

# 19 Ⓛ
## 유서연

1999.01.02
174cm
평거초-경해여중-선명여고
2016-2017시즌 1라운드 4순위
흥국생명-KGC인삼공사(2017)
-한국도로공사(2017)-GS칼텍스(2020)

차상현 감독의 탁월한 선택이었다. 팀이 어려울 때마다 투입돼 제 몫 이상을 해냈다. 강소휘의 부상 공백을 무리 없이 메웠고, 중요한 순간엔 몸을 던지는 수비로 분위기 반전을 이끌어냈다. KGC인삼공사와의 정규리그 마지막 경기에서는 28득점 49%의 공격 성공률을 기록하며 자신의 능력을 마음껏 보여주기도 했다. 약점으로 평가받던 리시브 효율도 37%까지 끌어올렸다. 올 시즌엔 이소영의 이적으로 조금 더 기회가 늘어날 수 있다. 다만 지난 시즌 라운드마다 차이가 있었던 기복은 줄여야 한다. 본인도 주전에 대한 욕심이 있는 만큼, 꾸준한 경기력을 보여주는 것이 중요하다. '믿고 쓰는 유서연'에서 '믿고 맡기는 유서연'으로 업그레이드가 필요하다.

나는 잘하고 있고
앞으로도 그럴것이다.
부상없이 달려보자!

### 유서연의 BEST 3

| | 퀵오픈 성공률 | 리시브 효율 | 디그(set) |
|---|---|---|---|
| 유서연 | 41.55 | 37.01 | 1.505 |
| 레프트 평균 | 41.44 | 31.43 | 2.040 |

### 2020-2021 평균 기록

| 경기 | 세트 | 득점 | 공격 성공률 | 블로킹 | 서브 | 세트(set) | 리시브 효율 | 디그(set) |
|---|---|---|---|---|---|---|---|---|
| 30 | 109 | 135 | 35.60 | 10 | 10 | 0.128 | 37.01 | 1.505 |

### 센터

## 20 ⓒ
## 오 세 연

2002.05.04
180cm
양지초-원곡중-중앙여고
2020-2021시즌 2라운드 6순위
-

장충으로 오세연~

2016년 리우 올림픽을 보고 배구 선수의 꿈을 키웠다. 여자 배구 국가대표 경기에 매료된 2002년생의 루키는 남들보다 조금 늦은 중학교 2학년 때 배구를 시작했다. 빠른 성장 속도를 보이며 프로에 입단했지만, 선배들과의 격차를 느끼며 지난 시즌 단 한 번도 코트를 밟지 못했다. 새로운 시즌을 앞두고 맞은 컵 대회, IBK기업은행과의 조 순위 결정전에서 차상현 감독은 오세연을 선발로 내보냈다. 긴장한 모습이 역력했지만, 9득점과 블로킹 2개를 잡아내며 비시즌 노력의 결과물을 보여줬다. 속공과 블로킹 손 모양이 장점이라는 오세연은 실전 경험으로 자신감이 생겼다. 차상현 감독은 기회를 주는 감독이다. 단, 훈련에서 투지를 보여줘야 한다.

이번 시즌에는 코트장 밟아보기!!
오세연

### 오세연의 BEST 3

| | 속공 성공률 | 블로킹(set) | 디그(set) |
|---|---|---|---|
| 오세연 | - | - | - |
| 센터평균 | 41.97 | 0.474 | 0.996 |

### 2020-2021 평균 기록

| 경기 | 세트 | 득점 | 공격 성공률 | 블로킹 | 서브 | 세트(set) | 리시브 효율 | 디그(set) |
|---|---|---|---|---|---|---|---|---|
| - | - | - | - | - | - | - | - | - |

# 2020-2021 REVIEW & 2021-2022 PREVIEW

## 팀 순위

**2**

| 56 | 19 | 11 |
|---|---|---|
| 승점 | 승 | 패 |

65/49(1.327)
세트 득/실(득실률)

2534/2497(1.015)
점수 득/실(득실률)

### 항목별 팀순위

| 항목 | 수치 | 순위 |
|---|---|---|
| 득점 | 2,534점 | 5 |
| 공격종합 | 38.62% | 3 |
| 블로킹 | 2.06개 | 4 |
| 서브 | 1.20개 | 1 |
| 디그 | 20.18개 | 4 |
| 세트 | 12.91개 | 5 |
| 리시브 | 34.50% | 3 |
| 수비 | 27.02개 | 5 |

### 승패조견표

| | KIXX | ALTOS | HI-PASS | 현대건설 | HILLSTATE | 순위 |
|---|---|---|---|---|---|---|
| 1R | 3:1 | 3:0 | 3:2 | 3:1 | 3:1 | 1 |
| 2R | 3:2 | 3:0 | 3:1 | 3:1 | 3:0 | 1 |
| 3R | 2:3 | 3:0 | 0:3 | 3:2 | 2:3 | 5 |
| 4R | 3:1 | 3:0 | 3:2 | 3:0 | 3:0 | 1 |
| 5R | 0:3 | 0:3 | 0:3 | 3:1 | 2:3 | 6 |
| 6R | 1:3 | 0:3 | 3:1 | 0:3 | 1:3 | 6 |
| 계 | 3승 3패 | 4승 2패 | 4승 2패 | 5승 1패 | 3승 3패 | 2 |

## 위기를 기회로...
## 잠재력이란 것이 폭발한다

지난 시즌 흥국생명은 자타공인 우승 후보였다. 하지만 예상 못한 악재가 연이어 터지며 컵 대회와 정규리그, 챔피언 결정전까지 모두 2인자에 그쳐야 했다. 기대가 컸던 만큼 실망도 컸다. 그리고 주축 선수들이 대거 팀을 떠나며 여자부 최고 연봉팀은 최저 연봉팀으로 전락했다. 모두의 기대치는 낮아졌지만 컵 대회는 흥국생명의 가능성을 분명하게 알리는 기회였다. 그동안 코트에 나설 기회가 많지 않았던 선수들이 보란 듯이 코트 위에서 잠재력을 선보였다. 20대 초중반의 나이 어린 선수들이 주축이 되는 가운데 김해란과 김나희 등 베테랑이 중심을 잡아준다면 2021-2022시즌 V-리그 여자부의 순위표를 뒤흔들 다크호스가 될 수 있다.

## 흥국생명의 배구가
## 매일 자란다, 자란다, 잘한다!

흥국생명은 박미희 감독 부임 후 7시즌 동안 안정적으로 우상향 그래프를 그렸다. 선수들의 경험이 쌓일수록 경기력도, 성적도 단단해졌다. 하지만 이번 시즌은 다시 출발선에 섰다. 지난 7년의 배구가 더는 없다. 모든 선수가 다시 출발선에 섰다. 박미희 감독이 꺼낼 시즌 초반의 선발 라인업은 어느 정도 밑그림이 그려졌지만 시즌 후반에 가서는 완전히 달라질 수도 있다. 그만큼 변동성이 클 수밖에 없는 시즌이다. 올 시즌 흥국생명의 키워드는 기회다. 모든 선수가 기회를 얻을 수밖에 없는 만큼 주전 경쟁이 치열해질수록 흥국생명은 V-리그 나머지 팀들이 피하고 싶은 팀으로 성장할 수 있다.

05-06   06-07   08-09   18-19

### 최근 5시즌 정규리그 순위

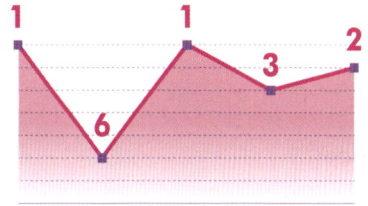

16-17   17-18   18-19   19-20   20-21

# PINK SPIDERS

## 2021 — 2022

### BEST 7

Ⓡ 캣 벨

ⓒ 이 주 아

Ⓛ 김 미 연

Ⓛ 최 윤 이

ⓒ 변 지 수

Ⓢ 박 혜 진

Ⓛ 김 해 란

### 라인업

| 번호 | 이름 | 포지션 | 번호 | 이름 | 포지션 |
|---|---|---|---|---|---|
| 1 | 김다은 | R | 11 | 박현주 | L |
| 2 | 전현경 | C | 12 | 캣벨 | R |
| 3 | 박혜진 | S | 13 | 최윤이 | L |
| 4 | 이주아 | C | 14 | 정윤주 | L |
| 5 | 김해란 | Li | 15 | 김채연 | C |
| 6 | 변지수 | C | 16 | 박상미 | Li |
| 7 | 김나희 | C | 18 | 김다솔 | S |
| 8 | 도수빈 | Li | 19 | 김미연 | L |
| 9 | 박은서 | S | 20 | 박수연 | L |

### 루 키

ⓒ 전 현 경

Ⓛ 정 윤 주

Ⓛ 박 수 연

### 인 & 아 웃

| IN ▶ | 변지수 | | OUT ▶ | 이한비 | 김연경 |
|---|---|---|---|---|---|
| | 최윤이 | | | 남은빈 | 김세영 |
| | | | | 이재영 | 이다영 |

# MANAGER

### 박미희 감독

흥국생명에서 맞이하는 8번째 시즌이다. V-리그 여자부 7개팀 감독 중 가장 오랫동안 지휘봉을 잡고 있다. 우승도 해봤고, 최하위도 해봤지만 2021-2022시즌을 앞두고 흥국생명이 처한 현실은 신생팀 페퍼저축은행과 크게 다르지 않다. 박미희 감독이 솔직히 힘들다고 고백하는 이유.

박미희 감독은 2021-2022시즌을 준비하며 선수들에게 초심을 강조했다. 다시 처음부터 시작한다는 마음가짐으로 흥국생명 선수들은 그 어느 때보다 코트 위를 나뒹굴었다. 누구 한 명 힘들다고 불평하지 않았던 선수들이 흘린 땀의 성과는 박미희 감독이 누구보다 가장 분명하게 확인했다. 배구를 잘하고 싶다는 어린 선수들의 고민을 들었고, 또 매일이 다르게 성장하는 모습을 지켜보며 그동안 잊고 지냈던 즐거움을 다시 찾았다.

지난 7년간 우승이 꼭 성공을 의미하지는 않는다는 걸 배웠다. 좋은 성적이 나지 않더라도 포기하지 않고 극복하는 과정이야 말로 인생에 더 즐거운 시간이 될 수 있다는 것을 알게 됐다. 솔직히 포기하고 싶었던 순간도 있었지만 나이 어린 선수들과 다시 일어서는 모습을 보여주겠다는 목표는 다시 도전하게 만드는 원동력이 됐다.

에이스가 빠졌지만 그래서 전에 없던 새로운 배구를 보여줄 수 있다는 기회가 생겼다. 다행히 하얀 백지 같았던 선수들이 서서히 성장하는 모습은 박미희 감독에게 더욱 용기를 불어넣었다. 다시 국가대표 선수가 단 한 명도 없는 팀이 됐지만 그래서 이들을 다시 국가대표팀으로 이끌겠다는 목표는 박미희 감독에게도, 선수들에게도 모두 확실한 동기부여가 되고 있다. 박미희 감독은 올 시즌 흥국생명을 땅 속에서 자라는 고구마나 감자에 비유했다. 선수들이 얼마나 알차게 성장을 했는지는 시즌이 끝나고 난 뒤에 평가해 달라는 분명한 의지다.

### 라이트

# 1 ®
# 김다은

2001.01.25
180cm
중대초-일신여중-일신여상
2019-2020시즌 1라운드 6순위
-

3년차 라이트 김다은의 장점은 공격. 하지만 포지션의 특성상 코트 위에 나설 기회가 적었다. 그래서 김다은은 2021-2022 시즌을 앞두고 리시브 연습에 매진하며 레프트 포지션까지 소화하기 위한 노력을 하고 있다. 김다은은 남들보다 배구 시작이 늦은 탓에 기본기가 부족하다는 점을 가장 아쉬워한다. 그럼에도 센터에 이어 라이트, 그리고 레프트까지 계속 도전하고 있다. 자신의 성장에 속도를 높일 최고의 방법은 실전이라는 것을 알고 있다. 그래서 지난 2년을 배움의 시간으로 보냈다면 이제는 기회를 잡겠다는 목표가 분명해졌다. 완벽하지 않아도 실전에서 받고 때리는 모습을 보여주겠다는 김다은의 꿈이 이뤄진다면 흥국생명은 전에 없던 새로운 무기를 얻게 된다.

기회는 누구에게나 온다.
그 기회를 잡는자가 승자다.

### 1 김다은의 BEST 3

| | 공격 성공률 | 리시브 효율 | 디그(set) |
|---|---|---|---|
| 김다은 | 21.05 | - | 1.455 |
| 라이트 평균 | 40.69 | 42.10 | 2.184 |

### 2020-2021 평균 기록

| 경기 | 세트 | 득점 | 공격 성공률 | 블로킹 | 서브 | 세트(set) | 리시브 효율 | 디그(set) |
|---|---|---|---|---|---|---|---|---|
| 7 | 11 | 4 | 21.05 | 6 | 12 | 0.364 | - | 1.455 |

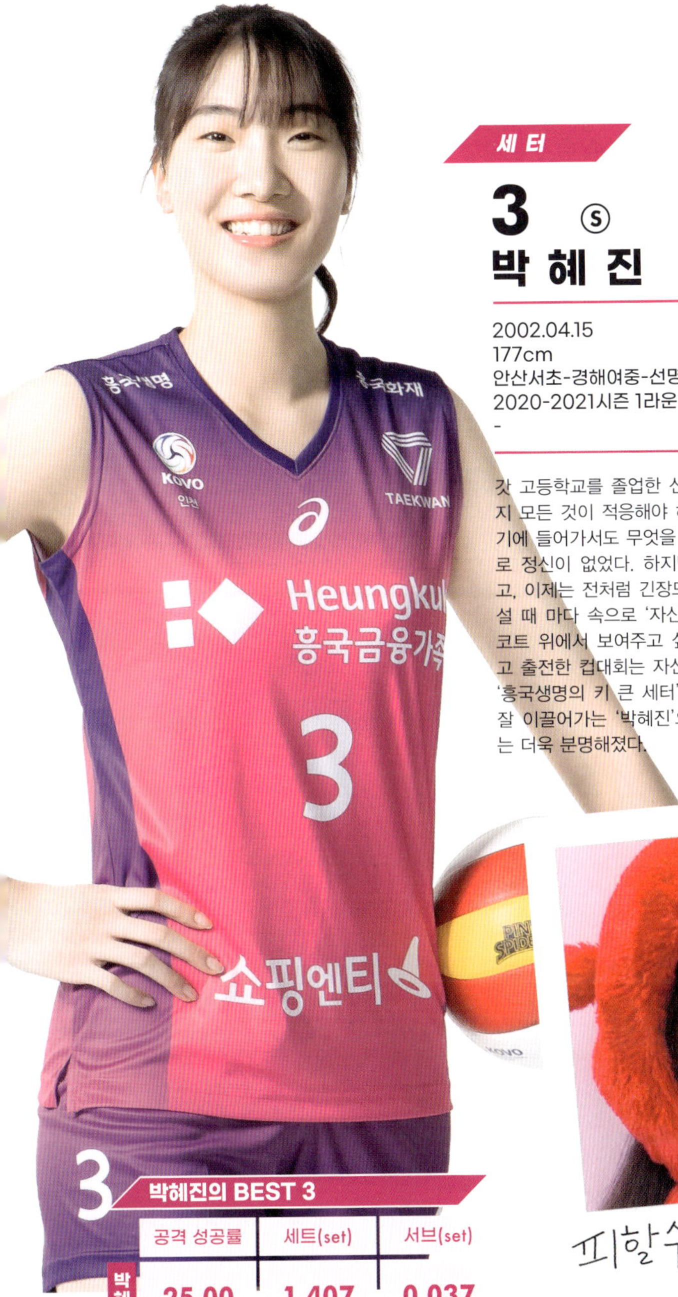

### 세터

## 3 Ⓢ
## 박혜진

2002.04.15
177cm
안산서초-경해여중-선명여고
2020-2021시즌 1라운드 5순위
-

갓 고등학교를 졸업한 신인에게 프로의 무대는 하나부터 열까지 모든 것이 적응해야 하는 낯선 환경이었다. 그러다 보니 경기에 들어가서도 무엇을 하고 나왔는지 기억이 나지 않을 정도로 정신이 없었다. 하지만 2년차는 다르다. 프로의 맛을 알았고, 이제는 전처럼 긴장도 많이 하지 않는다. 아직은 코트에 나설 때 마다 속으로 '자신있게 하자'를 외쳐야 하지만 박혜진은 코트 위에서 보여주고 싶은 게 많다. 2021-2022시즌을 앞두고 출전한 컵대회는 자신감을 얻는 데 큰 도움이 됐다. 덕분에 '흥국생명의 키 큰 세터'로 알려지는 것보다 자신 있게 경기를 잘 이끌어가는 '박혜진'으로 확실하게 자리매김하겠다는 목표는 더욱 분명해졌다.

피할수 없으면 즐겨라 :)
박혜진

### 박혜진의 BEST 3

| | 공격 성공률 | 세트(set) | 서브(set) |
|---|---|---|---|
| 박혜진 | 25.00 | 1.407 | 0.037 |
| 세터평균 | 29.22 | 8.224 | 0.119 |

### 2020-2021 평균 기록

| 경기 | 세트 | 득점 | 공격 성공률 | 블로킹 | 서브 | 세트(set) | 리시브 효율 | 디그(set) |
|---|---|---|---|---|---|---|---|---|
| 10 | 27 | 3 | 25.00 | 1 | 1 | 1.407 | - | 0.444 |

**센터**

# 4 ⓒ
# 이 주 아

2000.08.21
185cm
반포초-원일중-원곡고
2018-2019시즌 1라운드 1순위

모두가 흥국생명의 미래가 될 것이라고 했다. 하지만 이주아는 스스로 부족함을 느꼈다. 2020-2021시즌은 특히 더 그랬다. 경기가 거듭될수록 이주아의 갈증은 계속됐다. 비시즌에 이주아는 블로킹 연습에 힘을 쏟았다. 이제 더는 실수가 용납되는 막내가 아니란 걸 알기에 책임감을 갖고 자신의 약점을 보강하겠다는 의지였다. 지난 컵 대회에서 노력의 결과를 확인했고, 더욱 훈련에 힘을 쏟는 계기가 됐다. 이주아의 2021-2022시즌에 자신 있는 이동 공격뿐 아니라 블로킹도 리그 상위권 선수가 되고 싶다는 두 가지 목표를 세웠다. 장점은 살리고, 단점을 보완하는 선수가 되어 흥국생명의 현재가 되겠다는 다부진 각오다.

간절하면 이루어진다 :-)♡

### 이주아의 BEST 3

| | 공격 성공률 | 블로킹(set) | 이동 공격 성공률 |
|---|---|---|---|
| 이주아 | 37.33 | 0.354 | 34.15 |
| 센터평균 | 39.64 | 0.474 | 38.83 |

### 2020-2021 평균 기록

| 경기 | 세트 | 득점 | 공격 성공률 | 블로킹 | 서브 | 세트(set) | 리시브 효율 | 디그(set) |
|---|---|---|---|---|---|---|---|---|
| 30 | 99 | 125 | 37.33 | 35 | 9 | 0.101 | 32.14 | 0.828 |

**리베로**

# 5 Li
# 김 해 란

1984.03.16
168cm
염포초-마산제일여중-마산제일여고
2002년 2라운드 5순위
한국도로공사-KGC인삼공사(2015)-흥국생명(2017)

출산을 위해 1년의 공백을 가졌다. 처음 팀을 떠날 때만해도 선수가 아닌 지도자로 복귀를 예상했지만 엄마는 강했다. 흥국생명의 최고참이지만 신인의 마음으로 돌아왔다. 하지만 팀 상황이 좋지만은 않기에 김해란은 어린 후배들의 중심을 잡아줘야 하는 역할이다. 출산 후 돌아온 자신의 경기력을 끌어올리는 것에만 집중해도 모자란 상황이지만 소속팀을 위해 김해란은 주장 김미연의 도우미까지 자처했다. 엄마 김해란은 시즌이 시작되면 한동안 얼굴 보기 힘든 아들을 위해, 배구선수 김해란은 자신의 복귀를 환영해준 팬을 위해서라도 지난 여름 바쁜 이중생활을 이겨냈다. 이 노력의 결과는 시즌 때 흥국생명의 경기력으로 빛날 것이다.

아들에게
자랑스러운 엄마가 되고 싶어요.
조하율 엄마.

### 김해란의 BEST 3

| | 디그(set) | 리시브 효율 | 디그 성공률 |
|---|---|---|---|
| 김해란 리베로 평균 | 3.998 | 43.90 | 85.13 |

### 2020-2021 평균 기록

| 경기 | 세트 | 득점 | 공격 성공률 | 블로킹 | 서브 | 세트(set) | 리시브 효율 | 디그(set) |
|---|---|---|---|---|---|---|---|---|
| - | - | - | - | - | - | - | - | - |

V-LEAGUE

### 센터

# 6 ©
# 변 지 수

1997.03.01
181cm
진주평거초-경해여중-선명여고
2015-2016시즌 1라운드 6순위
IBK기업은행-흥국생명(2021)

흥국생명이 영입한 또 한 명의 V-리그 재수생. 변지수는 V-리그에 처음 도전할 때만해도 자신감을 잃고 위축된 탓에 배구의 재미를 잃었다. 하지만 실업무대에서 진짜 배구의 재미를 알았다. 이런 변지수를 눈여겨본 흥국생명의 제안에 또 한 번 덜컥 겁이 났다. 두 번 주저앉을 수는 없었다. V-리그에서 즐겁게 배구를 해보고 싶다는 마음이 컸다. 최고가 되겠다는 큰 꿈보다 좋아하는 배구를 재미있게 하고 싶다는 목표를 세웠다. 하지만 변지수는 욕심내지 않는다. 스스로 나의 한계를 잘 알고 있다고 했다. 변지수가 들어가면 흥국생명의 분위기가 살아난다는 평가라면 그의 두 번째 도전은 충분히 성공이다.

지금 이 순간을
가장 행복하게 보내기

#### 변지수의 BEST 3

| | 공격 성공률 | 속공 성공률 | 블로킹(set) |
|---|---|---|---|
| 변지수 | — | — | — |
| 센터평균 | 39.64 | 41.97 | 0.474 |

#### 2020-2021 평균 기록

| 경기 | 세트 | 득점 | 공격 성공률 | 블로킹 | 서브 | 세트(set) | 리시브 효율 | 디그(set) |
|---|---|---|---|---|---|---|---|---|
| — | — | — | — | — | — | — | — | — |

누구 보다 빠르게 -

**센터**

# 7 ⓒ
# 김 나 희

1989.02.17
180cm
안산서초-세화여중-서울중앙여고
2007-2008시즌 1라운드 5순위
-

김나희는 흥국생명의 흥망성쇠를 모두 경험한 유일한 존재다. 2007-2008시즌 입단 이후 줄곧 핑크색 유니폼만 입고 V-리그 코트를 누빈 만큼 선수단 평균 연령대가 더욱 낮아진 2021-2022시즌 김나희의 역할은 더욱 중요하다. 많은 사람이 위기라고 평가하지만 김나희는 오히려 기회가 찾아왔다고 생각한다. 김나희가 담담하게 새 시즌을 기다린 이유는 경험의 힘이다.. 그래서 김나희는 어린 후배들이 매일 성장할 수 있도록 코트 안팎에서 도움을 주는 역할을 자처했다. 하지만 그렇다고 코트 밖의 역할만 강조하진 않는다. 김나희는 자신이 필요한 상황이 반드시 올 것이라고 믿는다. 그때는 누구보다 코트에서 빛나는 선수가 되고 싶다.

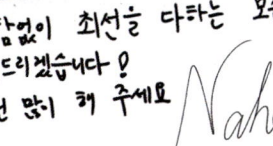

변함없이 최선을 다하는 모습 보여드리겠습니다! 응원 많이 해 주세요

Nahee

## 김나희의 BEST 3

| | 공격 성공률 | 블로킹(set) | 서브(set) |
|---|---|---|---|
| 김나희 | 18.75 | - | 0.083 |
| 센터평균 | 39.64 | 0.474 | 0.081 |

## 2020-2021 평균 기록

| 경기 | 세트 | 득점 | 공격 성공률 | 블로킹 | 서브 | 세트(set) | 리시브 효율 | 디그(set) |
|---|---|---|---|---|---|---|---|---|
| 6 | 12 | 4 | 18.75 | - | 1 | 0.167 | - | 0.917 |

도비 is free!

**리베로**

# 8 Li
## 도 수 빈

1998.06.21
165cm
대구삼덕초-대구여중-대구여고
2016-2017시즌 2라운드 3순위
-

프로 입단 후 쟁쟁한 선배들의 노하우를 배웠던 도수빈에게 지난 시즌은 주전으로 나설 첫 기회였다. 그리고 스스로 '생각보다 잘 버텼다'는 평가를 내렸다. 최고는 아니어도 최선을 다했다. 프로에 와서 가장 많은 공을 받았다는 것이 가장 만족스러운 성과였다. 2021-2022시즌을 앞둔 도수빈에게 김해란의 복귀는 천군만마와 같다. 지난 시즌 주전으로 거듭날 기회를 얻었고, 올 시즌 김해란의 노하우를 모두 자신의 것으로 만들겠다는 심산이다. 자신의 배구 인생을 밥 짓는 과정에 비유한 도수빈은 지난 시즌을 맛난 밥이 되기 위해 뜸을 들인 시간이라고 했다. 올 시즌은 윤기가 흐르는 맛있는 배구를 보여주기 위해 밥솥의 뚜껑을 열겠다는 자신감은 흥국생명의 든든한 방패다.

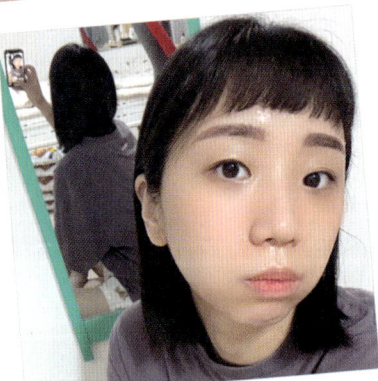

많은 응원과 사랑 부탁드립니다
늘 발전하는 선수 그리고 팀이 될게요
감사합니다 ♡

### 도수빈의 BEST 3

| | 세트(set) | 리시브 효율 | 디그 성공률 |
|---|---|---|---|
| 도수빈 | 0.377 | 39.69 | 86.08 |
| 리베로평균 | 0.574 | 43.90 | 85.13 |

### 2020-2021 평균 기록

| 경기 | 세트 | 득점 | 공격 성공률 | 블로킹 | 서브 | 세트(set) | 리시브 효율 | 디그(set) |
|---|---|---|---|---|---|---|---|---|
| 30 | 114 | - | - | - | - | 0.377 | 39.69 | 2.930 |

### 세 터

### 9 ⓢ
# 박 은 서

2000.09.04
173cm
파장초-서호중-수원전산여고
2018-2019시즌 3라운드 1순위

박은서는 자신을 '묵묵히, 그리고 열심히 기회를 기다린 선수'라고 표현한다. 프로 무대에서 많은 기회를 얻지 못했기 때문이다. 하지만 그렇다고 가만히 기회가 찾아오기만을 기다리진 않는다. 2021-2022시즌을 앞두고 수비 연습을 그 어느 때보다 열심히 했다. 팀에 도움이 된다면 어떤 역할도 소화하겠다는 간절함의 표현이다. 박은서는 자신을 코트로 이끈 언니의 '힘들면 그만해도 된다'는 조언이 더욱 열심히 도전하게 하는 힘이라고 했다. 박은서에게 V-리그 코트에 서는 것은 자신뿐 아니라 언니의 꿈까지 이루는 목표라는 걸 알고 있기 때문이다. 언젠가 기회는 온다. 박은서는 간절하게 그 순간을 준비하고 있다.

계속된 실패가 내 성공의 이유. 진짜 화이팅!

### 박은서의 BEST 3

| | 세트(set) | 디그(set) | 디그 성공률 |
|---|---|---|---|
| 박은서 | — | — | — |
| 세터평균 | 8.224 | 2.220 | 81.95 |

### 2020-2021 평균 기록

| 경기 | 세트 | 득점 | 공격 성공률 | 블로킹 | 서브 | 세트(set) | 리시브 효율 | 디그(set) |
|---|---|---|---|---|---|---|---|---|
| — | — | — | — | — | — | — | — | — |

### 레프트

# 11 Ⓛ
# 박현주

2001.06.25
176cm
반포초-세화여중-서울중앙여고
2019-2020시즌 2라운드 1순위
-

2년차 징크스를 심하게 앓았다. 신인상을 받고 나서 남들의 기대치에 부응해야 한다는 부담감에 사로 잡힌 탓에 스스로에게 실망이 컸다. 하지만 박현주는 프로 세 번째 시즌을 앞두고 답을 찾았다. 혼자서만 고민하는 대신 주변의 동료, 코칭스태프를 찾아가 그들의 위기 극복 노하우를 스펀지처럼 흡수했다. 오랜 노력 끝에 답을 찾았다. 바로 자신감. 박현주는 프로 첫 시즌에 '당돌하다'는 평가가 기분 좋았다. 그래서 2021-2022시즌 다시 '겁 없이 배구한다'는 평가를 다시 듣겠다는 목표를 세웠다. 긴 터널을 빠져나온 덕에 멘탈도 강해졌다고 자부한다. 바닥을 경험했으니 이제는 올라갈 일만 남았다.

### 박현주의 BEST 3

| | 공격 성공률 | 리시브 효율 | 디그 성공률 |
|---|---|---|---|
| 박현주 | 35.29 | – | 81.81 |
| 레프트 평균 | 37.12 | 31.43 | 82.54 |

### 2020-2021 평균 기록

| 경기 | 세트 | 득점 | 공격 성공률 | 블로킹 | 서브 | 세트(set) | 리시브 효율 | 디그(set) |
|---|---|---|---|---|---|---|---|---|
| 28 | 86 | 13 | 35.29 | – | 7 | 0.023 | – | 0.209 |

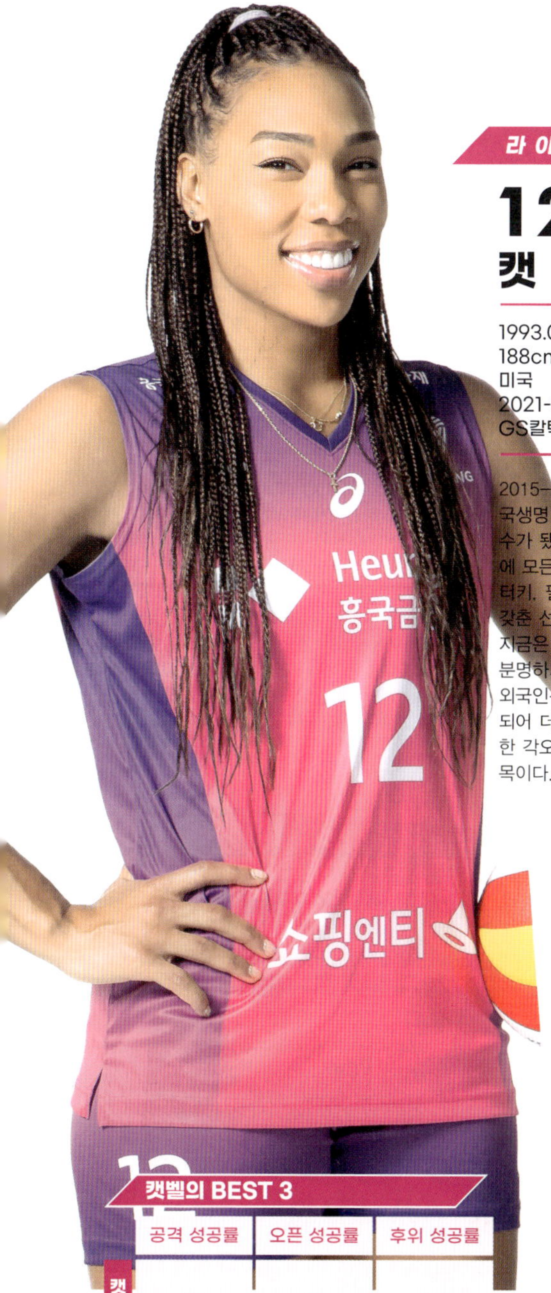
Heun
흥국금
12
쇼핑엔티

Heungkuk
12

라 이 트

# 12 Ⓡ
# 캣 벨

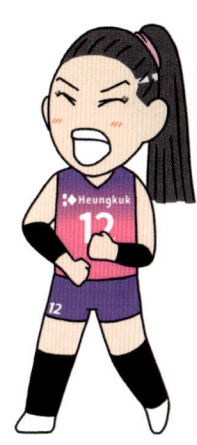

1993.03.05
188cm
미국
2021-2022시즌 트라이아웃 4순위
GS칼텍스(2015)-흥국생명(2021)

2015-2016시즌 GS칼텍스에서 활약했던 캣벨이 돌아왔다. 흥국생명 유니폼을 입고 V-리그로 돌아온 캣벨은 전혀 다른 선수가 됐다. 6년 전에는 대학 졸업 후 처음 외국 무대에 나선 탓에 모든 것이 서툴렀다. 하지만 한국을 떠난 뒤 푸에르토리코와 터키, 필리핀 등을 거치며 캣벨은 20대 후반의 전성기 기량을 갖춘 선수로 V-리그 재도전에 나선다. 캣벨은 6년 전의 자신과 지금은 완전히 다른 선수가 됐다며 자신이 얼마나 성장했는지 분명하게 보여주겠다는 각오를 선보였다. 캣벨은 그저 코트 위 외국인선수 역할에 그치지 않겠다는 생각이다. 코트 위 리더가 되어 더 강하고 똑똑한 선수가 됐다는 점을 증명하겠다는 분명한 각오는 선수단 평균 연령이 낮아진 흥국생명의 든든한 버팀목이다.

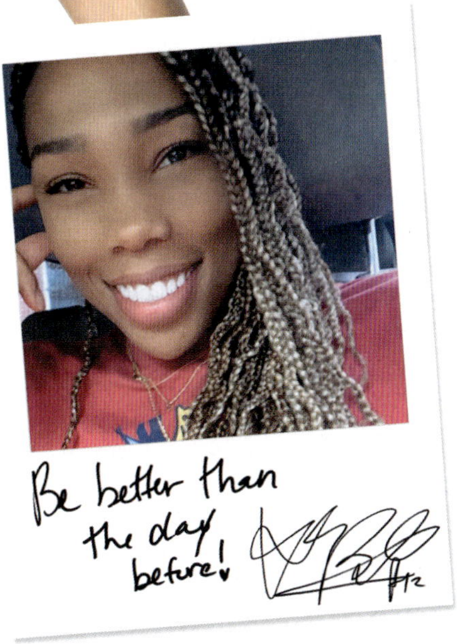

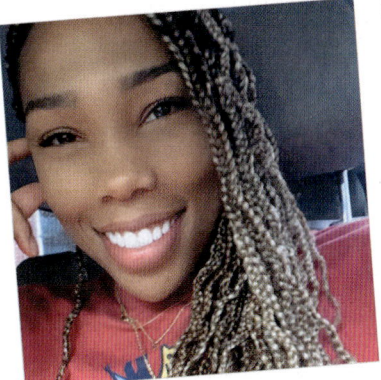

Be better than the day before!

### 캣벨의 BEST 3

| | 공격 성공률 | 오픈 성공률 | 후위 성공률 |
|---|---|---|---|
| 캣벨 | - | - | - |
| 라이트평균 | 40.69 | 38.16 | 42.73 |

### 2020-2021 평균 기록

| 경기 | 세트 | 득점 | 공격 성공률 | 블로킹 | 서브 | 세트(set) | 리시브 효율 | 디그(set) |
|---|---|---|---|---|---|---|---|---|
| - | - | - | - | - | - | - | - | - |

## 레프트

### 13 Ⓛ
### 최윤이

1999.02.18
182cm
파장초-수일여중-수원전산여고
2016-2017시즌 2라운드 2순위
IBK기업은행-흥국생명(2021)

V-리그에 두 번째 도전할 기회를 얻었다. 재도전에 부담이 없는 것은 아니지만 그래도 자신에게 주어진 기회인 만큼 더 간절해졌고, 후회없이 도전해보겠다는 마음을 먹었다. 실업리그에 있으면서도 흥국생명과 연습경기에서 특히 더 강했다. 프로에 와서도 흥국생명을 상대했던 그 때의 최윤이의 모습이라면 충분히 합격점을 줄 만하다. 박미희 감독은 최윤이에게 즐거운 배구를 주문했고, 컵 대회에서 기분 좋은 쇼케이스까지 마쳤다. 하지만 최윤이는 컵 대회는 시작일 뿐이라는 점을 강조한다. 36경기를 치르며 잘 할 때도, 못할 때도 있지만 꾸준하게 컵대회보다 나은 경기력을 보여주겠다는 각오가 분명하다.

미련 없이 후회 없이 하자!!! yuni

### 최윤이의 BEST 3

| | 공격 성공률 | 리시브 효율 | 디그 성공률 |
|---|---|---|---|
| 최윤이 | - | - | - |
| 레프트 평균 | 37.12 | 31.43 | 82.54 |

### 2020-2021 평균 기록

| 경기 | 세트 | 득점 | 공격 성공률 | 블로킹 | 서브 | 세트(set) | 리시브 효율 | 디그(set) |
|---|---|---|---|---|---|---|---|---|
| - | - | - | - | - | - | - | - | - |

### 센터

## 15 ⓒ
### 김채연

1999.12.11
184cm
아산둔포초-수일여중-수원전산여고
2017-2018시즌 1라운드 5순위

새 시즌을 준비하다가 손을 다쳤다. 수술대에 오른 만큼 배구를 잠시 멈춰야 했다. 시즌 초반에는 코트 위 김채연의 모습을 보기 어려울 수 있다. 하지만 김채연은 지는 걸 누구보다 싫어하는 성격이다. 관중석에서 컵 대회를 지켜보며 힘든 상황에서도 힘을 합쳐 이겨내는 동료들의 모습에 마음 속 승부욕에 불이 붙었다. 흥국생명을 바라보는 이들의 우려 섞인 시선을 자신의 힘으로 걷어내고 싶다는 목표는 더 커졌다. 김채연은 올 시즌이 끝난 뒤 흥국생명의 위기 탈출을 위해 한 몫 했다는 평가를 스스로 내리길 원한다. 김채연은 자신이 있는 블로킹뿐 아니라 공격과 서브까지 그 어느 때보다 잘하고 싶다는 목표를 세웠다.

### 김채연의 BEST 3

| | 공격 성공률 | 블로킹(set) | 디그 성공률 |
|---|---|---|---|
| 김채연 | 28.00 | 0.294 | 87.75 |
| 레프트평균 | 39.64 | 0.474 | 83.09 |

### 2020-2021 평균 기록

| 경기 | 세트 | 득점 | 공격 성공률 | 블로킹 | 서브 | 세트(set) | 리시브 효율 | 디그(set) |
|---|---|---|---|---|---|---|---|---|
| 27 | 68 | 59 | 28.00 | 20 | 11 | 0.029 | 28.57 | 0.632 |

### 리베로

# 16 Li
# 박 상 미

1994.04.27
166cm
입장초-근영여중-근영여고
2012-2013시즌 2라운드 1순위
KGC인삼공사-IBK기업은행(2018)-흥국생명(2020)

V-리그 최고의 긍정 아이콘. 하지만 박상미에게도 고민은 있다. 자신의 장점보다 단점을 주목하는 성격이라 매 시즌 고민이 커졌다. 박미희 감독도 실수를 너무 깊게 고민하지 말라고 조언하지만 그럴 때 마다 박상미는 자신의 높은 기대치를 채우지 못했다는 걱정만 늘어갔다. 프로 10번째 시즌을 앞두고 박상미는 스스로 기대치를 살짝 낮추기로 했다. 여기서 생긴 여유가 이번 시즌도 프로 무대에서 잘 버틸 수 있는 힘이 되길 기대하고 있다. 박상미는 '흔들리지 않고 마음으로 성장하는 사람이 되자'라는 2021-2022시즌 목표를 세웠다. 이 목표를 이룬다면 박상미는 또 한 번 V-리그를 자신의 좋은 기운으로 가득 채울 수 있을 것이다.

### 박상미의 BEST 3

| | 세트(set) | 디그(set) | 디그 성공률 |
|---|---|---|---|
| 박상미 | 0.183 | 1.990 | 79.00 |
| 리베로평균 | 0.574 | 3.998 | 85.13 |

### 2020-2021 평균 기록

| 경기 | 세트 | 득점 | 공격 성공률 | 블로킹 | 서브 | 세트(set) | 리시브 효율 | 디그(set) |
|---|---|---|---|---|---|---|---|---|
| 30 | 104 | – | – | – | – | 0.183 | – | 1.990 |

### 리베로

## 17 Li
# 현무린

2001.05.29
167cm
반포초-세화여중-세화여고
2020-2021시즌 수련선수
-

수련선수로 1년을 함께 훈련한 끝에 정식 계약의 기회를 얻었다. 코트 밖에서 항상 밝은 얼굴로 지냈던 막내였지만 코트에 들어갈 수 없다는 한계를 절감하며 마음을 더욱 단단하게 다질 수 있었다. 비록 또래 선수들보다 데뷔는 늦었을 지라도 코트 위에서는 같은 선수라는 걸 알고 있다.

비록 나이는 어리지만 생각은 성숙하다. 출발점이 다르다는 걸 받아들인 덕분이다. 현무린은 "나는 조금 천천히 가고 있을 뿐"이라고 말했다. 현무린은 수비가 재미있다. 네트 너머의 공격수가 힘껏 때린 공을 몸을 날려 받았을 때의 쾌감을 2021-2022 시즌 가장 기대하고 있다. 그래서 웹웹존에서만 보여줬던 환한 웃음을 코트 위에서 보여주려고 한다.

### 현무린의 BEST 3

| | 디그(set) | 리시브 효율 | 디그 성공률 |
|---|---|---|---|
| 현무린 | - | - | - |
| 리베로평균 | 3.998 | 43.90 | 85.13 |

### 2020-2021 평균 기록

| 경기 | 세트 | 득점 | 공격 성공률 | 블로킹 | 서브 | 세트(set) | 리시브 효율 | 디그(set) |
|---|---|---|---|---|---|---|---|---|
| - | - | - | - | - | - | - | - | - |

V-LEAGUE

**세터**

# 18 ⓢ
## 김다솔

1997.04.14
173cm
안산서초-세화여중-세화여고
2014-2015시즌 수련선수
-

예상 못한 기회가 찾아왔다. 그 어느 때보다 압박이 컸던 시즌이지만 김다솔은 잘 버텼다. 2021-2022시즌도 쉽진 않다. 치열한 주전 경쟁이 기다리고 있다. 언제나 그러했듯 김다솔의 프로 인생은 쉬웠던 적이 없었다. 그래서 올 시즌에는 프로 입성 후 처음으로 배구를 즐기는 모습을 보여주겠다는 각오다. 무조건 잘해야 한다는 생각은 버렸다. 대신 주전 세터 자리를 두고 경쟁할 동료들과 시너지 효과를 내 모두를 놀라게 해주겠다는 목표를 분명히 세웠다. 서로가 단점을 고민하기 보다 매 경기 최선을 다해 장점을 부각시킨다면 시즌 막판에는 흥국생명도, 김다솔도 함께 웃을 수 있다.

즐거운 배구하는 흥국!!
응원 많이 해주세용~♡

### 김다솔의 BEST 3

| | 세트(set) | 디그(set) | 공격 성공률 |
|---|---|---|---|
| 김다솔 | 7.321 | 2.283 | 26.67 |
| 세터평균 | 8.224 | 2.220 | 29.21 |

### 2020-2021 평균 기록

| 경기 | 세트 | 득점 | 공격 성공률 | 블로킹 | 서브 | 세트(set) | 리시브 효율 | 디그(set) |
|---|---|---|---|---|---|---|---|---|
| 20 | 53 | 8 | 26.67 | - | 4 | 7.321 | - | 2.283 |

### 레프트 ⓒ

# 19 ⓛ
# 김미연

1993.03.05
177cm
신탄진초-신탄중앙중-대전용산고
2011-2012시즌 3라운드 3순위
한국도로공사-IBK기업은행(2016)-흥국생명(2018)

김미연의 새 시즌은 부담백배로 시작했다. 주장을 맡았고, 주공격수의 역할까지 소화해야 한다. 그래서 김미연은 수다쟁이가 됐다. 특별히 개그 욕심은 없지만 김미연의 한마디 한마디는 후배들을 빵빵 터지게 만드는 활력소가 됐다. 흥국생명의 비시즌이 유독 더 즐거웠던 이유다. 데뷔 후 김미연은 보조공격수의 역할을 주로 맡았지만 이제 김미연은 그 누구보다 많이 받고 때려야 한다. 그래서 피할 수 없다면 즐기고, 또 책임감 있게 이겨내겠다는 목표를 세웠다. 흥국생명에서 가장 바쁜 선수, 화려하지 않아도 자기 역할을 하는 선수가 되기 위해서 부상이 없어야 한다는 점을 누구보다 본인이 잘 알고 있다. 결국 김미연이 웃어야 흥국생명도 웃을 수 있다.

### 김미연의 BEST 3

| | 공격 성공률 | 리시브 효율 | 디그 성공률 |
|---|---|---|---|
| 김미연 | 30.24 | 22.64 | 85.97 |
| 레프트평균 | 37.12 | 31.43 | 82.54 |

### 2020-2021 평균 기록

| 경기 | 세트 | 득점 | 공격 성공률 | 블로킹 | 서브 | 세트(set) | 리시브 효율 | 디그(set) |
|---|---|---|---|---|---|---|---|---|
| 30 | 104 | 169 | 30.24 | 14 | 28 | 0.413 | 22.64 | 2.298 |

# 2020-2021 REVIEW & 2021-2022 PREVIEW

## 팀 순위

**3**

| 42 | 14 | 16 |
|---|---|---|
| 승점 | 승 | 패 |

54/64 (0.844)
세트 득/실(득실률)

2515/2608 (0.964)
점수 득/실(득실률)

### 항목별 팀 순위

| 항목 | 기록 | 순위 |
|---|---|---|
| 득점 | 2,515점 | 6 |
| 공격종합 | 37.81% | 5 |
| 블로킹 | 1.97개 | 6 |
| 서브 | 0.98개 | 3 |
| 디그 | 20.46개 | 2 |
| 세트 | 13.16개 | 4 |
| 리시브 | 30.07% | 6 |
| 수비 | 26.61개 | 6 |

### 승패조견표

| | KIXX | PINK SPIDERS | HI-PASS | (도로공사) | HILLSTATE | 순위 |
|---|---|---|---|---|---|---|
| 1R | 2:3 | 0:3 | 3:1 | 3:1 | 3:1 | 2 |
| 2R | 0:3 | 0:3 | 2:3 | 3:2 | 3:1 | 3 |
| 3R | 3:1 | 0:3 | 3:2 | 0:3 | 3:1 | 2 |
| 4R | 1:3 | 0:3 | 0:3 | 0:3 | 3:2 | 6 |
| 5R | 3:2 | 3:0 | 2:3 | 3:0 | 1:3 | 2 |
| 6R | 0:3 | 3:0 | 2:3 | 3:2 | 2:3 | 4 |
| 계 | 2승 4패 | 2승 4패 | 2승 4패 | 4승 2패 | 4승 2패 | 3 |

## 화려했던 10년, 이제 새로운 시대로

페퍼저축은행의 창단으로 IBK기업은행은 더 이상 여자배구 막내구단이 아니다. 2021년 창단 10주년을 맞은 IBK기업은행은 V-리그 3번의 우승과 3번의 준우승을 기록했던 영광의 시대를 돌아보고 이제 새로운 10년을 준비하고 있다. 새로운 DNA를 심어 다시 팀을 세워야 한다. 유일한 창단멤버이자 팀의 상징과도 같은 김희진이 전성기의 모습을 회복해야 한다. 또한 주전 세터이자, 팀의 새로운 주장인 조송화의 역할이 중요하다. 그리고 도쿄 올림픽에 출전했던 김수지, 표승주의 활약이 필요하다. 외국인 선수 라자레바가 빠졌지만 공격루트가 다양해진다면 훨씬 활력있는 시즌이 될 것이다.

### 무한경쟁 레프트

올 시즌 팀에서 가장 중요한 포지션, 레프트다. 라자레바가 떠나고 라셈이 합류하면서 외국인선수에 대한 공격 의존도는 낮아졌다. 레프트 포지션의 공격 비중을 더 높여야 함은 물론이다. 또한 지난 시즌 팀 리시브효율 최하위를 기록한 IBK기업은행은 서브 리시브 개선이 필수적인데 리시브가 레프트 포지션 주전 경쟁의 기준이 될 것이다. 서남원 감독은 올 시즌 레프트 포지션의 무한경쟁을 선언했다. 도쿄 올림픽에 출전한 주전 레프트 표승주, 발리볼네이션스리그에 출전했던 육서영, 지난 시즌 후반기 확실한 공격력을 보여준 김주향 뿐만 아니라 리베로 경험이 있는 최수빈의 복귀 그리고 의정부 컵 대회에서 존재감을 나타낸 멀티 플레이어 최정민, 여기에 마지막 시즌이라 생각하며 다시 한 번 라이징스타가 되기 원하는 박민지까지 대략 6명의 선수가 치열한 포지션 경쟁을 펼쳐야 한다.

12-13

14-15

16-17

### 최근 5시즌 정규리그 순위

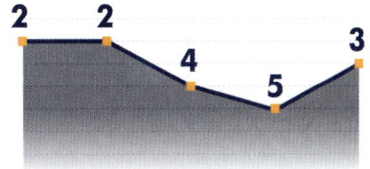

| 16-17 | 17-18 | 18-19 | 19-20 | 20-21 |
|---|---|---|---|---|
| 2 | 2 | 4 | 5 | 3 |

# 2021-2022

## BEST 7

Ⓡ 라 셈

ⓒ 김 희 진

Ⓛ 표 승 주

Ⓛ 김 주 향

ⓒ 김 수 지

Ⓢ 조 송 화

Ⓛ 신 연 경

### 루키

Ⓛ 구 혜 인

Ⓛ 양 유 경

## 라인업

| 1 | 육서영 | L |
| 3 | 신연경 | Li |
| 4 | 김희진 | C |
| 5 | 김하경 | S |
| 6 | 이진 | S |
| 7 | 김주향 | L |
| 8 | 라셈 | R |
| 10 | 구혜인 | Li |
| 11 | 김수지 | C |

| 12 | 박민지 | L |
| 13 | 최정민 | L |
| 14 | 조송화 ⓒ | S |
| 15 | 최수빈 | L |
| 16 | 양유경 | L |
| 17 | 김현정 | C |
| 18 | 김수빈 | Li |
| 19 | 표승주 | L |

## 인 & 아웃

IN ▶ 최수빈

OUT ▶ 한지현
변지수
최가은
심미옥

# MANAGER

### 서남원 감독

서남원 감독이 새로운 기록을 쓰게 됐다. V-리그 여자부 3개팀에서 감독을 하는 첫 번째 지도자가 되었다. 한국도로공사와 KGC인삼공사에 이어 IBK기업은행의 감독이 되었다. IBK기업은행은 지난 시즌 3년만에 다시 포스트시즌에 진출했지만 내용과 결과에 만족할 수 없었다. 6년 연속 챔피언 결정전에 진출했던 과거의 영광을 재현하고자 경험이 풍부한 지도자를 선택했다.

V-리그 초창기 남자부 삼성화재와 대한항공에서 코치 생활을 했던 서남원 감독은 이후 여자부로 터전을 옮겼다. 2014-2015시즌 한국도로공사를 정규리그 우승으로 이끌며 지도력을 인정받았고 2016-2017시즌 KGC인삼공사를 플레이오프로 이끌며 팬들의 기대를 충족시켰다. 그리고 코트를 떠난지 1년 4개월만에 다시 현장으로 돌아왔다.

IBK기업은행은 지난 시즌 리그에서 가장 리시브 효율이 떨어지는 팀이었다. 흔들리는 수비는 서남원 감독 선임 이유 중 하나일 것이다. 앞서 다른 팀에서 수비 조직력을 중요시하며 끈끈한 팀 컬러를 구축하는 스타일로 결과를 냈기에 팬들은 기대를 하고 있다. 결국 레프트 포지션에서 성패가 갈릴 것이다. 어떻게 수비를 강화하는지 또한 지난 시즌 대비 약해진 외국인 선수의 공격력을 어떻게 보완할 것인지 지켜볼 일이다.

IBK기업은행으로 온 것은 서남원 감독에게도 도전이다. 감독으로서 플레이오프, 챔피언결정전 경험이 있지만 V-리그 우승 트로피를 갖지 못한 것이 여전히 아쉬움으로 남아있다. 과연 V-리그 우승 트로피를 들어올리며 IBK기업은행의 유니폼에 네 번째 별을 달아줄 수 있을까?

## 레프트

### 1 ⓛ 육서영

2001.06.09.
180cm
반포초-일신여중-일신여상
2019-2020시즌 2라운드 2순위
-

국가대표팀의 경험은 육서영에게 자산이 되었다. 발리볼네이션스리그는 설레고 긴장되는 무대였고 시야를 넓히는 계기가 되었다. 라바리니 감독은 육서영의 서브를 높이 평가했지만 스스로 부족함을 많이 느꼈다. 미국 대표팀 미샤 핸콕의 힘있고 빠른 서브를 보며 자신의 서브에 대해 더 연구했다. 지난 시즌 5라운드 한국도로공사전. 4세트 11-3으로 앞서고 있던 IBK기업은행은 믿을 수 없는 역전패를 당했다. 육서영의 리시브가 흔들렸다. 멘탈이 동시에 무너졌다. 체력 탓이었다. 이번 시즌 목표는 한순간에 무너지지 않는 것이다. 섬세함이 필요하다. 포지션 경쟁, 자신 있다.

기회가 왔을 때 놓치지 않기

### 육서영의 BEST 3

|  | 리시브 효율 | 공격 성공률 | 서브(set) |
|---|---|---|---|
| 육서영 | 30.22 | 28.53 | 0.074 |
| 레프트 평균 | 31.43 | 37.12 | 0.123 |

### 2020-2021 평균 기록

| 경기 | 세트 | 득점 | 공격 성공률 | 블로킹 | 서브 | 세트(set) | 리시브 효율 | 디그(set) |
|---|---|---|---|---|---|---|---|---|
| 25 | 68 | 125 | 28.53 | 9 | 5 | 0.176 | 30.22 | 2.500 |

**리베로**

# 3  신 연 경

1994.03.09.
176cm
유영초-경해여중-선명여고
2012-2013시즌 1라운드 3순위
IBK기업은행-흥국생명(2014)-IBK기업은행(2020)

신연경은 항상 듣는다. 굿 리스너다. 누군가 도움이 필요해 보이면 찾아가서 기댈 언덕이 되어준다. 신연경은 항상 받는다. 굿 리시버다. 지난 시즌 리베로 포지션으로 풀타임 첫 시즌을 보냈다. 프로 데뷔 후 가장 많은 세트에 출전하며 정신없이 한 시즌을 보냈다. 2012년 자신이 입단했던 팀으로 다시 돌아오니 마음이 편안했다. 디그 2위, 수비 3위를 기록하며 리베로 변신이 성공적임을 알렸다. 가장 긍정적인 부분은 리베로가 하면 할수록 너무 재미있다는 것이다. 김해란의 순발력과 임명옥의 안정감은 궁극의 지향점이다. 이번 시즌 목표는 행복하게 배구하기. 꼭 그랬으면 한다.

행복 배구하기

## 신연경의 BEST 3

| | 리시브 효율 | 디그(set) | 세트(set) |
|---|---|---|---|
| 신연경 | 38.49 | 5.655 | 0.818 |
| 리베로평균 | 43.90 | 3.998 | 0.574 |

### 2020-2021 평균 기록

| 경기 | 세트 | 득점 | 공격 성공률 | 블로킹 | 서브 | 세트(set) | 리시브 효율 | 디그(set) |
|---|---|---|---|---|---|---|---|---|
| 28 | 110 | – | – | – | – | 0.818 | 38.49 | 5.655 |

V-LEAGUE

## 센터

## 4  김 희 진

1991.04.29.
185cm
추계초-중앙여중-중앙여고
2010-2011시즌 신생팀 우선지명

뭐라는 거야-

IBK의 아이콘. IBK기업은행에서만 10년을 뛴 김희진은 여전히 팀의 상징이다. 3회 연속 올림픽에 출전하며 특별한 여름을 보냈다. 무릎수술 이후 회복 속도가 빠르지 않아 올림픽에서 최고의 퍼포먼스를 보여주지는 못했지만 김희진은 중요한 순간 나타났다. 팀이 세 번의 리그 우승을 할 때 그리고 6년 연속 챔피언 결정전 무대에 있을 때마다 김희진의 활약이 있었다. 최근 두 시즌간 부상과 포지션 이동으로 김희진은 다소 부진했다. 매 시즌 적어도 30개 이상의 서브 득점과 50개 이상의 블로킹 득점을 기록할 수 있는 선수다. 이번시즌 센터든 라이트든 김희진은 김희진다워야 한다.

부상없이 좋은 성적으로 시즌을 치루기.

### 김희진의 BEST 3

|  | 블로킹(set) | 서브(set) | 속공 성공률 |
|---|---|---|---|
| 김희진 | 0.342 | 0.158 | 44.07 |
| 센터평균 | 0.474 | 0.081 | 41.97 |

### 2020-2021 평균 기록

| 경기 | 세트 | 득점 | 공격 성공률 | 블로킹 | 서브 | 세트(set) | 리시브 효율 | 디그(set) |
|---|---|---|---|---|---|---|---|---|
| 29 | 114 | 200 | 35.93 | 39 | 18 | 0.158 | 15.00 | 1.070 |

**세터**

# 5 ⓢ
## 김하경

1996.11.15.
174cm
수유초-일신여중-원곡고
2014-2015시즌 2라운드 2순위

기억 하나. 2월 24일, 6라운드 흥국생명전. IBK의 봄 배구를 위해 세터 김하경이 선발로 나섰다. 익숙치 않은 선발 출전이지만 김하경은 해냈다. 프로 5번째 시즌, 처음으로 수훈선수가 되어 방송 인터뷰를 했다. 흐르는 눈물을 꾹 참았다. IBK는 그렇게 포스트시즌에 진출했다. 기억 둘. 3월 22일. 플레이오프 2차전 흥국생명전. 마지막일 수도 있는 경기에 김하경이 다시 등장했다. 포스트시즌 첫 선발. 이번에도 해냈다. 김하경은 시리즈를 3차전으로 끌고갔다. 팀에 돌아올 때 스스로 할 수 있을까라는 의문이 들었지만 후회를 남기지 말자는 자신과의 약속을 지켰다. 이렇게 최고의 시즌이 지나갔다. 김하경은 이제 시작이다.

다치지 않고 시즌 완주!

### 김하경의 BEST 3

| | 세트(set) | 디그(set) | 디그 성공률 |
|---|---|---|---|
| 김하경 | 6.722 | 1.944 | 87.50 |
| 세터평균 | 8.224 | 2.220 | 81.95 |

### 2020-2021 평균 기록

| 경기 | 세트 | 득점 | 공격 성공률 | 블로킹 | 서브 | 세트(set) | 리시브 효율 | 디그(set) |
|---|---|---|---|---|---|---|---|---|
| 11 | 18 | 3 | 50.00 | - | - | 6.722 | - | 1.944 |

V-LEAGUE

## 세터

### 6 Ⓢ
# 이 진

2001.02.03.
173cm
반포초-세화여중-중앙여고
2019-2020시즌 3라운드 5순위
-

IBK 제3의 세터. 생각해보니 지난 2년의 시간이 너무나 빨리 지나갔다. 보여준 것이 별로 없어 아쉬움이 가득한데 벌써 새로운 시즌이 다가왔다. 이진은 입단 첫 시즌이던 2019-2020시즌 1경기 출전, 2020-2021시즌 2경기 출전에 그쳤다. 이대로 프로 커리어를 끝낼 수는 없다. 스스로 생각하는 세터로서의 강점은 볼의 스피드. 이번 시즌 이진의 목표는 원 포인트 서버로 자리 잡는 것이다. 파워풀한 서브를 장착해 경기마다 꾸준히 나서는 것이다. 팬들의 관심은 더 높은 목표를 설정하는데 언제나 동기부여가 된다. 3번째 시즌, 정말 열심히 해볼 생각이다

후회없이 잘 마무리  이진

### 이진의 BEST 3

|  | 세트(set) | 디그(set) | 디그 성공률 |
|---|---|---|---|
| 이진 | 3.667 | 1.000 | 75.00 |
| 세터평균 | 8.224 | 2.220 | 81.95 |

### 2020-2021 평균 기록

| 경기 | 세트 | 득점 | 공격 성공률 | 블로킹 | 서브 | 세트(set) | 리시브 효율 | 디그(set) |
|---|---|---|---|---|---|---|---|---|
| 2 | 3 | 2 | 33.33 | – | – | 3.667 | – | 1.000 |

## 레프트

### 7 Ⓛ 김주향

1999.03.27.
180cm
치평초-광주체중-광주체고
2017-2018시즌 1라운드 3순위
현대건설-IBK기업은행(2019)

열심히 하자!

지난시즌 IBK기업은행이 플레이오프 진출을 조금이라도 더 일찍 확정한 것은 김주향 덕택이다. 6라운드 KGC인삼공사전에서 자신의 시즌 베스트인 25득점을 기록하며 팀의 3년만의 봄 배구를 확정지었다. 날카로운 서브를 동반한 후반기 활약은 놀라웠다. 파워풀한 공격이 역시 김주향의 차별점이었다. 자신감을 얻고 시즌을 끝냈기에 새로운 시즌을 준비하는 마음이 편안하다. 김주향은 언제나 상대의 타깃이다. 서브가 항상 자신에게로 올 것을 알고 있다. 이번 시즌 목표는 리시브 효율 35% 이상이다. 그렇게 된다면 레프트 한 자리는 김주향의 것이 확실해 보인다.

코트 안에서 밝고 신나게 하기

### 김주향의 BEST 3

| | 오픈 성공률 | 리시브 효율 | 블로킹(set) |
|---|---|---|---|
| 김주향 | 32.01 | 28.40 | 0.205 |
| 레프트 평균 | 34.20 | 31.43 | 0.163 |

### 2020-2021 평균 기록

| 경기 | 세트 | 득점 | 공격 성공률 | 블로킹 | 서브 | 세트(set) | 리시브 효율 | 디그(set) |
|---|---|---|---|---|---|---|---|---|
| 26 | 88 | 221 | 32.01 | 18 | 9 | 0.284 | 28.40 | 3.307 |

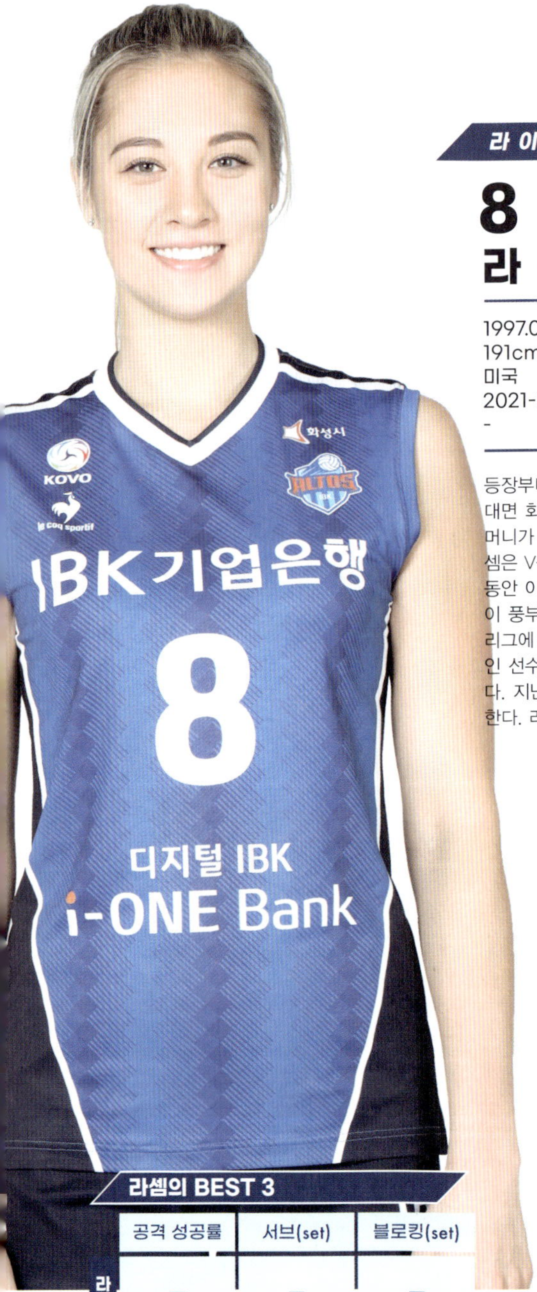

KOVO
화성시
IBK기업은행
8
디지털 IBK
i-ONE Bank


라 이 트

# 8 ®
# 라 셈

IBK기업은행
8


1997.06.23.
191cm
미국
2021-2022시즌 트라이아웃 6순위
-

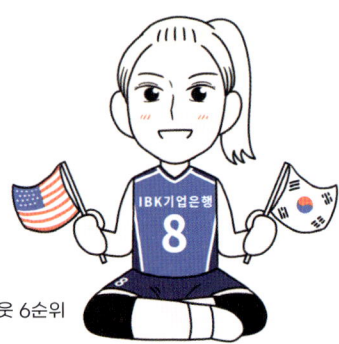

등장부터 이슈였다. 레베카 라셈은 외국인선수 트라이아웃 비대면 화상 인터뷰에서부터 밝은 미소로 팬들을 사로잡았다. 할머니가 한국인이라는 것은 이미 알려진 사실. 마치 운명처럼 라셈은 V-리그와 맞닿았다. 덴버대학교를 졸업하고 지난 두 시즌 동안 이탈리아 2부리그에서 활약했다. 아직 프로선수로서 경험이 풍부하지 않지만 라셈은 파워풀한 스파이크를 강점으로 V-리그에 도전한다는 생각이다. 스스로 자신감이 있지만 성장 중인 선수이기에 많은 것을 배운다는 자세로 시즌을 치를 생각이다. 지난 시즌 활약했던 외국인선수 라자레바와의 비교는 거부한다. 라셈은 라셈의 배구를 할 것이다.

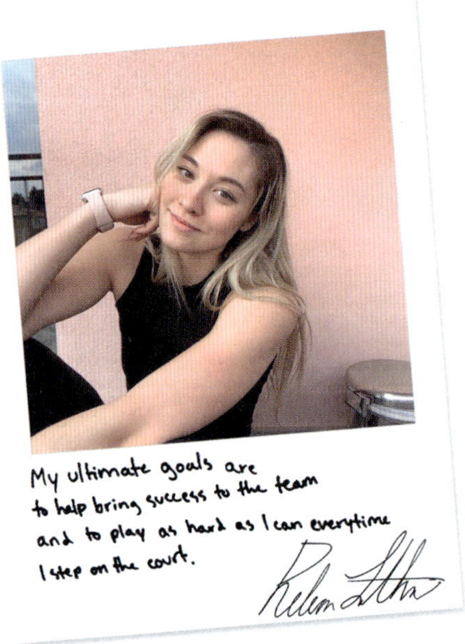

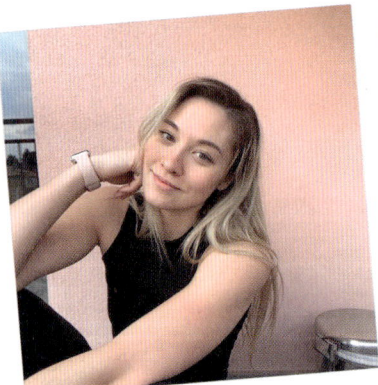

My ultimate goals are to help bring success to the team and to play as hard as I can everytime I step on the court.


## 라셈의 BEST 3

| | 공격 성공률 | 서브(set) | 블로킹(set) |
|---|---|---|---|
| 라셈 | - | - | - |
| 라이트평균 | 40.68 | 0.160 | 0.340 |

## 2020-2021 평균 기록

| 경기 | 세트 | 득점 | 공격 성공률 | 블로킹 | 서브 | 세트(set) | 리시브 효율 | 디그(set) |
|---|---|---|---|---|---|---|---|---|
| - | - | - | - | - | - | - | - | - |

## 센터

## 11 ⓒ
# 김 수 지

1987.06.20.
188cm
안산서초-원곡중-한일전산여고-강남대
2005-2006시즌 1라운드 3순위
현대건설-흥국생명(2014)-IBK기업은행(2017)

리그에서 가장 꾸준한 선수. 김수지는 2005-2006시즌 프로에 입단해 V-리그에서 444경기에 출전했다. 출전 경기 수 역대 3위 기록. 김수지보다 각각 8경기, 11경기에 더 많이 출전한 한송이와 임명옥이 2005년 V-리그 첫 시즌에 출전했던 것을 감안하면 김수지가 얼마나 오랜시간 꾸준히 뛰어왔는지를 알 수 있다. 최근 10시즌간 기록을 보면 정규리그 300경기 중 294경기에 출전했고 8시즌이 전경기 출전이었다. 그만큼 김수지는 언제든 제 몫을 하는 선수. 복근 부상으로 올림픽에 가지 못할 뻔 했지만 김수지는 결국 출전했고 좋은 활약을 펼쳤다. IBK의 맏언니는 이번 시즌에도 꾸준할 것이다.

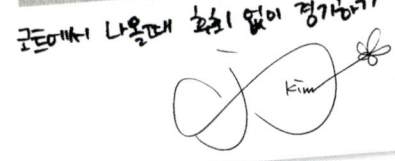

### 김수지의 BEST 3

|  | 블로킹(set) | 속공 성공률 | 이동 성공률 |
|---|---|---|---|
| 김수지 | 0.542 | 44.25 | 37.86 |
| 센터평균 | 0.474 | 41.97 | 38.82 |

### 2020-2021 평균 기록

| 경기 | 세트 | 득점 | 공격 성공률 | 블로킹 | 서브 | 세트(set) | 리시브 효율 | 디그(set) |
|---|---|---|---|---|---|---|---|---|
| 30 | 118 | 209 | 39.64 | 64 | 13 | 0.280 | 55.56 | 1.127 |

### 레프트

## 12 ⓛ
# 박민지

1999.05.12.
176cm
인천영선초-부평여중-수원전산여고
2017-2018시즌 수련선수
GS칼텍스-IBK기업은행(2020)

하늘에서 공이 내려와-요

오래 남는 선수. 처음부터 그게 목표였다. 수련선수로 입단했던 2017년에도, 컵 대회 라이징스타상을 수상하며 주목받았던 2018년에도 그랬다. 다섯 번째 시즌을 앞둔 지금도 마찬가지다. 생존이 목표다. 지난 시즌 주로 원 포인트 서버로 경기에 나섰다. 매 경기 매 세트 출전을 위해서는 특별한 서브가 필요하다. 이번 시즌 기회는 열렸다. 서남원 감독이 레프트 포지션 무한 경쟁을 선언했다. 생존의 필수조건은 안정된 서브 리시브다. 그리고 교체 투입됐을 때 분위기를 바꿀수 있는 한 방을 날려야 한다. 박민지는 등번호 8번을 라쉠에게 양보하고 새로운 번호를 선택했다. 12번. 새로운 출발이다.

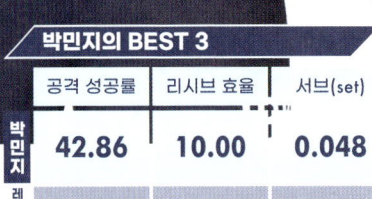

매 순간 최선을 다해서

### 박민지의 BEST 3

| | 공격 성공률 | 리시브 효율 | 서브(set) |
|---|---|---|---|
| 박민지 | 42.86 | 10.00 | 0.048 |
| 레프트평균 | 37.12 | 31.43 | 0.123 |

### 2020-2021 평균 기록

| 경기 | 세트 | 득점 | 공격 성공률 | 블로킹 | 서브 | 세트(set) | 리시브 효율 | 디그(set) |
|---|---|---|---|---|---|---|---|---|
| 15 | 42 | 5 | 42.86 | – | 2 | 0.048 | 10.00 | 0.286 |

### 레프트

## 13 Ⓛ
## 최정민

2002.12.21.
179cm
옥천초-수일여중-한봄고
2020-2021시즌 1라운드 3순위
-

왜 이 선수를 몰랐을까? 2021 의정부 컵 대회 최고의 발견이다. 라이징스타상은 다른 선수에게 돌아갔지만 최정민은 떠오르는 별처럼 환하게 빛났다. 팀이 치른 3경기에 모두 출전해 이번대회 IBK기업은행의 최다 득점자가 되었다. 그중 블로킹 12득점은 다가오는 겨울시즌을 기대하게 만들기에 충분했다. 상대 감독들이 최정민을 칭찬했을 정도였으니 서남원 감독이 흐뭇했음은 물론이다. 루키시즌 단 3경기만 출전했었기에 최정민은 베일에 가려있었다. 두 번째 시즌, 어리다고 느껴지지 않게 플레이하는 것이 목표다. 누구도 이선수를 어리다고 작게 볼 수 없을 것이다.

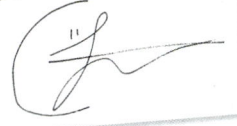

### 최정민의 BEST 3

| | 공격 성공률 | 블로킹(set) | 리시브 효율 |
|---|---|---|---|
| 최정민 | 36.11 | – | – |
| 레프트평균 | 37.12 | 0.163 | 31.43 |

### 2020-2021 평균 기록

| 경기 | 세트 | 득점 | 공격 성공률 | 블로킹 | 서브 | 세트(set) | 리시브 효율 | 디그(set) |
|---|---|---|---|---|---|---|---|---|
| 3 | 5 | 13 | 36.11 | – | – | – | – | 0.600 |

## 세터 ©

# 14 Ⓢ
# 조송화

1993.03.12.
177cm
서울가락초-일신여중-일신여상
2011-2012시즌 1라운드 4순위
흥국생명-IBK기업은행(2020)

봄에 꽃 피우자!

알토스의 새 주장. 서남원 감독은 팀에 부임하자마자 세터 조송화에게 주장을 맡겼다. 생각이 많은 조송화에게 일부러 책임감과 부담감을 안겼다. 팀을 이끄는 모습을 보여달라는 주문이다. 라자레바가 떠나고 라셈이 합류했다. 외국인선수의 전력은 분명 약화됐다. 국내 선수들의 공격비중을 늘려야 한다. 조송화의 몫이다. 이번 시즌에는 속공과 시간차 같은 세트 플레이를 더 많이 보여줄 생각이다. 9년 만에 흥국생명을 떠나 IBK기업은행을 3년만의 봄 배구로 이끌었지만 지난 시즌은 뭔가 아쉬움이 남는 마무리였다. 새로운 감독과 새로운 주장의 호흡, 이번시즌 IBK의 열쇠다.

아프지 말자. 행복배구 고고씽!

### 조송화의 BEST 3

| | 세트(set) | 디그(set) | 서브(set) |
|---|---|---|---|
| 조송화 | 10.79 | 2.864 | 0.191 |
| 세터평균 | 8.224 | 2.220 | 0.119 |

### 2020-2021 평균 기록

| 경기 | 세트 | 득점 | 공격 성공률 | 블로킹 | 서브 | 세트(set) | 리시브 효율 | 디그(set) |
|---|---|---|---|---|---|---|---|---|
| 28 | 110 | 46 | 18.64 | 14 | 21 | 10.79 | - | 2.864 |

### 레프트

# 15 Ⓛ
# 최 수 빈

1994.04.02.
175cm
추계초-중앙여중-일신여상
2012-2013시즌 1라운드 6순위
KGC인삼공사-IBK기업은행(2017)

이대로 커리어를 끝낼 수는 없었다. 이미지를 한번 바꿔보고 싶었다. 실업리그에서 뛰던 최수빈은 다시 돌아왔다. IBK기업은행에서 리베로로 활약했던 첫 시즌. 아무것도 되지 않았다. 모두 자신만 보고있는 듯한 느낌을 받았다. 도망치듯 떠났지만 그리웠다. 행복하게 배구했던 기억을 떠올렸다. 힘들었지만 그 순간을 이겨내면서 행복했던 시즌이 있었다. 한 번 더 그렇게 해보고 싶었다. 서남원 감독이 IBK기업은행에 부임한 것은 최수빈에게 행운이었다. 이제 생각을 많이 바꾸려고 한다. 더 긍정적으로 도전하기로 했다. IBK기업은행의 리시브 라인이 탄탄해졌다는 이야기를 듣고 싶다.

### 최수빈의 BEST 3

|  | 공격 성공률 | 리시브 효율 | 디그 성공률 |
|---|---|---|---|
| 최수빈 | - | - | - |
| 레프트 평균 | 37.12 | 31.43 | 82.54 |

### 2020-2021 평균 기록

| 경기 | 세트 | 득점 | 공격 성공률 | 블로킹 | 서브 | 세트(set) | 리시브 효율 | 디그(set) |
|---|---|---|---|---|---|---|---|---|
| - | - | - | - | - | - | - | - | - |

**센터**

# 17 ⓒ
# 김 현 정

1998.08.28.
180cm
반포초-세화여중-중앙여고
2016-2017시즌 2라운드 4순위
GS칼텍스-IBK기업은행(2020)

다 돌려놔—

지난 시즌 김현정에게는 기회가 없었다. 7경기에 출전했지만 데뷔 시즌 이후 처음으로 득점없이 시즌을 마쳤다. 국가대표 센터진이 포진한 IBK기업은행에서 기회를 얻기란 쉽지 않아 보였다. 그러나 감독이 새로 부임하면서 김현정에게도 기회가 있을 것으로 보인다. 2021 의정부 컵 대회. 김현정은 2경기에 나서 18득점을 올렸다. 신인 최정민과 함께 서남원 감독에게 새로운 선택지를 제시했다. 김현정의 가능성을 다시 한 번 확인한 무대였다. 국가대표 센터 김수지의 블로킹 능력과 김희진의 공격력을 배우고 싶다. 다가오는 6번째 시즌을 기필코 최고의 시즌으로 만들고 싶다.

후회없이 마무리 할 수 있는 시즌 보내기

### 김현정의 BEST 3

| | 블로킹(set) | 속공 성공률 | 이동 성공률 |
|---|---|---|---|
| 김현정 | – | – | – |
| 센터평균 | 0.474 | 41.97 | 38.82 |

### 2020-2021 평균 기록

| 경기 | 세트 | 득점 | 공격 성공률 | 블로킹 | 서브 | 세트(set) | 리시브 효율 | 디그(set) |
|---|---|---|---|---|---|---|---|---|
| 7 | 9 | – | – | – | – | 0.111 | – | – |

## 리베로

## 18 Li
## 김수빈

2002.09.14.
165cm
옥천초-해람중-강릉여고
2020-2021시즌 2라운드 4순위
-

IBK의 제 2 리베로. 김수빈은 2020-2021시즌 2라운드 4순위로 IBK기업은행 유니폼을 입었다. 설렘을 느꼈던 첫 시즌이 지나갔다. 9경기에 출전했고 주로 원 포인트 서버였다. 이번 시즌 목표는 당연히 지난 시즌보다 더 많은 경기 출전이다. 또한 리베로로 경기에 나서 팀의 수비를 책임지는 것이다. 신연경을 뒷받침할 리베로로 성장해야 한다. 스스로 생각하는 장점은 디그와 2단 연결이다. 부족하다 생각하는 서브 리시브를 위해 프리시즌 야간훈련에 집중했다. 김해란의 발빠른 수비를 닮고 싶다. 기본기가 탄탄한 선수, 매 시즌 성장하는 선수로 인정받고 싶다.

저번 시즌 보다 더 많이 출전하기

### 김수빈의 BEST 3

|  | 디그(set) | 디그 성공률 | 리시브 효율 |
|---|---|---|---|
| 김수빈 | 0.267 | 66.66 | - |
| 리베로 평균 | 3.998 | 85.13 | 43.90 |

### 2020-2021 평균 기록

| 경기 | 세트 | 득점 | 공격 성공률 | 블로킹 | 서브 | 세트(set) | 리시브 효율 | 디그(set) |
|---|---|---|---|---|---|---|---|---|
| 9 | 15 | 1 | - | - | 1 | 0.067 | - | 0.267 |

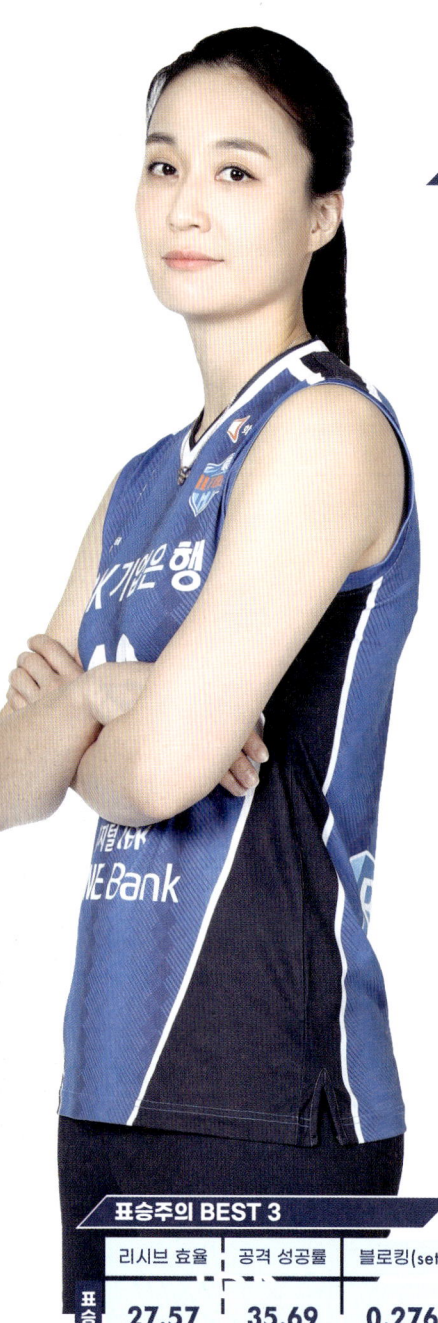

### 레프트

# 19 ⓛ
## 표승주

1992.08.07.
182cm
옥현초-월평중-한일전산여고
2010-2011시즌 1라운드 1순위
한국도로공사-GS칼텍스(2014)-IBK기업은행(2019)

바쁜 한 해를 보냈다. 지난 시즌이 끝나자마자 대표팀에 소집됐다. 결혼을 했고 발리볼네이션스리그(VNL)와 도쿄 올림픽에 출전했다. 의정부 컵 대회를 치르고 다시 시즌을 준비한다. 많은 것을 보고 느끼고 배운 시간이었다. 표승주는 팀에서 가장 많은 서브리시브를 하는 선수다. 지난시즌 36.6%의 리시브 점유율로 상대 서브 3개 중 1개 이상을 표승주가 받았다. 올림픽을 치르며 세계적인 선수들의 강한 서브와 빠른 공격을 수비하면서 표승주는 한 단계 성장했다. 어떻게 경기해야 하고 또 어떻게 자기관리를 해야 하는지 깨달은 시간이었다. 진화된 표승주를 지켜볼 시즌이다.

부상없이 팀에 도움이 되는 선수가 되겠습니다.

### 표승주의 BEST 3

| | 리시브 효율 | 공격 성공률 | 블로킹(set) |
|---|---|---|---|
| 표승주 | 27.57 | 35.69 | 0.276 |
| 레프트평균 | 31.43 | 37.12 | 0.163 |

### 2020-2021 평균 기록

| 경기 | 세트 | 득점 | 공격 성공률 | 블로킹 | 서브 | 세트(set) | 리시브 효율 | 디그(set) |
|---|---|---|---|---|---|---|---|---|
| 28 | 105 | 267 | 35.69 | 29 | 11 | 0.295 | 27.57 | 3.000 |

# 2020-2021 REVIEW & 2021-2022 PREVIEW

## 팀 순위

**4**

| 41 | 13 | 17 |
|---|---|---|
| 승점 | 승 | 패 |

58/64 (0.906)
세트 득/실 (득실률)

2651/2604 (1.018)
점수 득/실 (득실률)

### 항목별 팀 순위

| 항목 | 수치 | 순위 |
|---|---|---|
| 득점 | 2,651점 | 3 |
| 공격종합 | 36.83% | 6 |
| 블로킹 | 2.43개 | 1 |
| 서브 | 0.87개 | 5 |
| 디그 | 20.14개 | 6 |
| 세트 | 12.26개 | 6 |
| 리시브 | 39.40% | 2 |
| 수비 | 27.73개 | 2 |

### 승패조견표

| | KIXX | PINK SPIDERS | ALTOS | 기업은행 | HILLSTATE | 순위 |
|---|---|---|---|---|---|---|
| 1R | 0:3 | 2:3 | 1:3 | 3:0 | 0:3 | 6 |
| 2R | 1:3 | 1:3 | 3:2 | 0:3 | 3:1 | 4 |
| 3R | 2:3 | 3:0 | 1:3 | 2:3 | 3:2 | 3 |
| 4R | 0:3 | 2:3 | 3:0 | 3:1 | 3:1 | 3 |
| 5R | 0:3 | 3:0 | 3:2 | 2:3 | 3:0 | 3 |
| 6R | 2:3 | 1:3 | 3:2 | 1:3 | 3:2 | 5 |
| 계 | 6패 | 2승 4패 | 4승 2패 | 2승 4패 | 5승 1패 | 4 |

## 두 번 실패는 없다

　한국도로공사는 2020-2021시즌 승점 1점이 모자라 '봄 배구'에서 탈락했다. 이효희의 은퇴로 새롭게 주전 세터로 데려온 이고은이 시즌 초반 주춤하면서 팀이 흔들렸고, 중반 이후 뒷심을 발휘했지만 결국 포스트시즌 무대에 나서지 못했다. 지난 시즌 1라운드를 6패로 마친 한국도로공사의 2021-2022시즌 목표는 초반부터 빠르게 최대한 승수를 쌓는 것이다. 2020 도쿄 올림픽을 통해 성장한 박정아와 지난 시즌을 통해 선수들과의 리듬을 찾은 세터 이고은의 존재는 반갑다. 시행착오를 겪었던 외국인 선수 켈시 페인은 V-리그 적응을 마쳤다.

## 도쿄를 빛낸 '클러치 박'의 활약 V-리그에서도?

　한국도로공사의 에이스 박정아는 도쿄 올림픽에서 최고 스타 중 한 명이었다. '클러치 박'이란 별명을 얻으며 고비에 강했던 그는 실제로 올림픽이란 큰 무대에서도 강심장을 자랑했다. 한일전 끝내기 득점을 비롯해 8강 터키전 등 여러 차례 해결사 능력을 발휘하며 팬들의 많은 사랑을 받았다. 이제는 클러치 박의 능력을 소속 팀에서도 보여줄 때가 왔다. 박정아는 2020-2021시즌에는 다소 주춤했다. 세터 이고은과 호흡을 삐걱거렸고, 자신감도 떨어진 모습도 있었다. 한국도로공사에 첫 우승을 안겼던 박정아는 이제 두 번째 별을 향해 전진하고 있다.

17-18

### 최근 5시즌 정규리그 순위

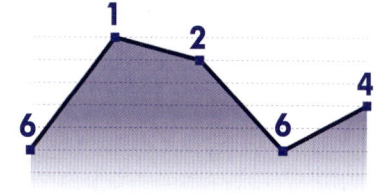

# 2021-2022

## BEST 7

Ⓡ 켈시

Ⓒ 배유나

Ⓛ 전새안

Ⓛ 박정아

Ⓒ 정대영

Ⓢ 이고은

Ⓛ 임명옥

## 라인업

| 1 | 배유나 | C |
| 2 | 안나은 | Li |
| 3 | 안예림 | S |
| 4 | 전새얀 | R |
| 6 | 이고은 | S |
| 7 | 이예림 | L |
| 8 | 임명옥 Ⓒ | Li |
| 9 | 박정아 | L |
| 12 | 문정원 | L |

| 13 | 정대영 | C |
| 14 | 김정아 | C L |
| 15 | 박혜미 | Li |
| 16 | 한송희 | L |
| 17 | 우수민 | L |
| 18 | 이윤정 | S |
| 19 | 하유정 | C |
| 20 | 이예담 | C |

## 루키

Ⓛ 안나은

Ⓢ 이윤정

Ⓒ 이예담

## 인 & 아웃

| IN ▶ | 하유정 | OUT ▶ | 최민지 |
| | 이예림 | | 하혜진 |
| | | | 정효진 |

## MANAGER

### 김종민 감독

2016년 한국도로공사 지휘봉을 잡은 김종민 감독은 팀을 맡은 지 벌써 여섯 번째 시즌을 맞이하고 있다. 김 감독은 한국도로공사에서 2017-2018시즌 V-리그 통합 우승을 차지하며 능력을 인정받았지만 이후 부침도 겪었다. 2020-2021시즌에는 승점 1점 차이로 IBK기업은행에 밀려 '봄 배구'에 나서지 못했다.

2021-2022시즌을 앞두고 재계약을 맺은 김종민 감독과 한국도로공사와의 동행은 2023년까지 계속된다. 김종민 감독 스스로도 "이렇게 오랫동안 한 팀을 이끌지 몰랐다"고 했지만 그는 선수들과의 소통과 지략을 앞세워 팀을 강팀의 반열로 이끌었다. 김 감독은 탁월한 덕장으로 꼽힌다.

김 감독은 토종 에이스가 부족했던 한국도로공사에서 트레이드와 FA 영입을 통해 배유나, 박정아 등을 데려왔고, 다크호스가 아닌 우승에 도전할 수 있는 팀으로 변화를 줬다. 지난 시즌을 앞두고 세터 이효희가 은퇴한 뒤 한국도로공사는 어려움을 겪었다. 새로운 '야전사령관'으로 이고은이 왔지만 초반 호흡이 맞지 않으며 팀이 전체적으로 흔들렸다. 그래도 중반 이후 외국인 선수 켈시와 좋은 리듬을 가져가면서 후반기에 반등한 것은 긍정적이었다.

아쉽게 포스트시즌 진출은 무산됐지만 한국도로공사는 비시즌에 켈시와 재계약을 맺는 등 안정적인 전력을 꾸렸다. 7개 팀 중 가장 변화가 적은 한국도로공사는 정대영, 임명옥, 배유나에 전새얀, 이고은 등 탄탄한 선발 라인업을 자랑한다.

김종민 감독은 2021-2022시즌을 앞두고 세터 이고은과 안예림을 집중 조련하는 데 많은 시간을 투자했다. 터키 연수를 마치고 돌아온 박종익 수석코치도 선수들과 호흡을 맞추며 명예회복을 다짐하고 있다. 한국도로공사에 '승리 DNA'를 심은 김종민 감독은 봄 배구를 넘어 더 높은 곳을 바라보고 있다.

### 센터

# 1 ⓒ
# 배유나

1989.11.30
182cm
안산서초-원곡중-한일전산여고
2007-2008시즌 1라운드 1순위
GS칼텍스-한국도로공사(2016)

'배구천재'가 돌아왔다. 2019-2020시즌을 앞두고 어깨 수술을 받았던 배유나는 2020-2021시즌 우리가 알던 그 모습 그대로 코트를 누볐다. 피나는 재활을 통해 부상을 이겨낸 그는 데뷔 후 처음으로 1년 가깝게 휴식을 취했고, 건강을 찾았다. 배유나는 이동 공격 2위, 블로킹 3위, 시간차 공격 6위, 득점 15위 등에 오르며 이름값을 했다. 20년 간 쉼표 없이 달려온 그는 부상 트라우마를 이겨내고 코트에 복귀한 것에 만족감을 나타냈다. 배유나의 목표는 지난 시즌보다 더 나은 플레이를 하는 것이다. 안 아프게 풀타임을 뛰는 것을 목표로 후회 없이 모든 것을 쏟아내겠다는 각오다.

### 배유나의 BEST 3

|  | 블로킹(set) | 공격 성공률 | 이동 성공률 |
|---|---|---|---|
| 배유나 | 0.615 | 41.86 | 43.56 |
| 센터평균 | 0.474 | 39.60 | 38.82 |

### 2020-2021 평균 기록

| 경기 | 세트 | 득점 | 공격 성공률 | 블로킹 | 서브 | 세트(set) | 리시브 효율 | 디그(set) |
|---|---|---|---|---|---|---|---|---|
| 30 | 122 | 266 | 41.86 | 75 | 6 | 0.172 | - | 0.926 |

세 터

**3** ⓢ
# 안 예 림

2001.09.21
182cm
사하초-부산여중-남성여고
2019-2020 시즌 1라운드 4순위
-

프로 2번째 시즌을 보낸 세터 안예림에게 2020-2021시즌은 아쉬움이 컸다. 세터 이고은의 백업으로 기회를 받았지만 코트에서 자신감 있는 모습을 보이지 못했다는 것이 스스로의 고백이다. 그렇기에 2021-2022시즌을 앞두고 안예림은 팀 내 가장 많은 땀을 흘린 선수 중 한 명이다. 스스로 훈련장에 제일 먼저 나와서 가장 마지막에 들어간다고 자부할 정도로 많은 노력을 하고 있다. 182cm의 좋은 신장을 갖춘 안예림은 레전드 세터 출신 이효희 코치와 많은 대화를 하며 성장하고 있다. 대한항공 한선수나 브라질 여자배구대표팀의 마크리스 카네이로 등의 영상을 보며 더 나은 내일을 준비하고 있다.

## 안예림의 BEST 3

| | 세트(set) | 디그(set) | 서브(set) |
|---|---|---|---|
| 안예림 | 0.600 | 0.086 | - |
| 세터평균 | 8.224 | 2.220 | 0.119 |

## 2020-2021 평균 기록

| 경기 | 세트 | 득점 | 공격 성공률 | 블로킹 | 서브 | 세트(set) | 리시브 효율 | 디그(set) |
|---|---|---|---|---|---|---|---|---|
| 21 | 35 | - | - | - | - | 0.600 | - | 0.086 |

V-LEAGUE

약속해줘-

**레프트**

# 4 ⓛ
# 전 새 얀

1996.11.27
177cm
옥현초-대구일중-대구여고
2014-2015시즌 1라운드 5순위
IBK기업은행-한국도로공사(2016)

전새얀은 2020-2021시즌 마침내 알에서 깨어나 존재감을 나타냈다. 같은 레프트 포지션의 문정원이 주춤한 틈을 타 많은 시간 코트에 나섰고, 공수에 걸쳐 좋은 활약을 펼쳤다. 2014-2015시즌 이후 데뷔 최다인 140득점을 냈고, 블로킹, 리시브, 디그 숫자 등도 V-리그 입성 이후 가장 많은 수치를 기록했다. 그는 코트에서 뛰면서 경험이 쌓이는 것의 중요성을 깨달은 시즌이라고 돌아봤다. 하지만 전새얀은 여기에 만족하지 않는다. 주전으로 자리매김하기 위해서는 안정된 리시브가 우선되어야 한다는 생각이다. 예전에는 실수를 하면 주눅이 들었다면, 이제는 기복을 줄이고 코트에서 더 당당한 모습을 보이겠다는 자신감이 느껴진다.

항상 꾸준히 노력하는 모습으로 계속 발전하는 선수가 되겠습니다.

## 전새얀의 BEST 3

| | 공격 성공률 | 디그(set) | 리시브 효율 |
|---|---|---|---|
| 전새얀 | 31.09 | 1.277 | 27.37 |
| 레프트평균 | 37.12 | 2.040 | 31.43 |

## 2020-2021 평균 기록

| 경기 | 세트 | 득점 | 공격 성공률 | 블로킹 | 서브 | 세트(set) | 리시브 효율 | 디그(set) |
|---|---|---|---|---|---|---|---|---|
| 30 | 119 | 140 | 31.09 | 24 | 10 | 0.134 | 27.37 | 1.277 |

### 세터

# 6 Ⓢ
# 이고은

1995.01.09
170cm
덕신초-중앙여중-대구여고
2013-2014시즌 1라운드 3순위
한국도로공사-IBK기업은행(2016)
-GS칼텍스(2018)-한국도로공사(2020)

한국도로공사의 '야전사령관'인 이고은은 2020-2021시즌 주전 세터로 풀타임을 활약했다. 팀의 레전드였던 이효희 세터가 은퇴한 이후 트레이드를 통해 주전 자리를 꿰찬 그는 가능성과 아쉬움을 모두 보여줬다. 시즌 초반 선수들과 호흡적인 부분에서 미흡하면서 한국도로공사는 슬로우 스타트를 했고, 결국 승점 1점 차이로 IBK기업은행에 밀려 4위에 자리했다. 이고은은 세터는 흔들림 없이 평정심을 유지하는 것이 중요하다는 깨달음을 배웠다. 도로공사에서의 풀타임 두 번째 시즌을 앞두고 그는 동료들과 더 나은 호흡을 확신하고 있다. 2년 차가 된 외국인 선수 켈시 뿐만 아니라 에이스 박정아 등과 많은 대화를 나누며 다가올 시즌을 기대하고 있다.

안정적이고 변화된 모습으로
올시즌 좋은 모습 보여드리겠습니다!!
화이팅

### 이고은의 BEST 3

| | 세트(set) | 디그(set) | 서브(set) |
|---|---|---|---|
| 이고은 | 10.115 | 3.590 | 0.139 |
| 세터평균 | 8.224 | 2.220 | 0.119 |

### 2020-2021 평균 기록

| 경기 | 세트 | 득점 | 공격 성공률 | 블로킹 | 서브 | 세트(set) | 리시브 효율 | 디그(set) |
|---|---|---|---|---|---|---|---|---|
| 30 | 122 | 49 | 30.26 | 9 | 17 | 10.115 | – | 3.590 |

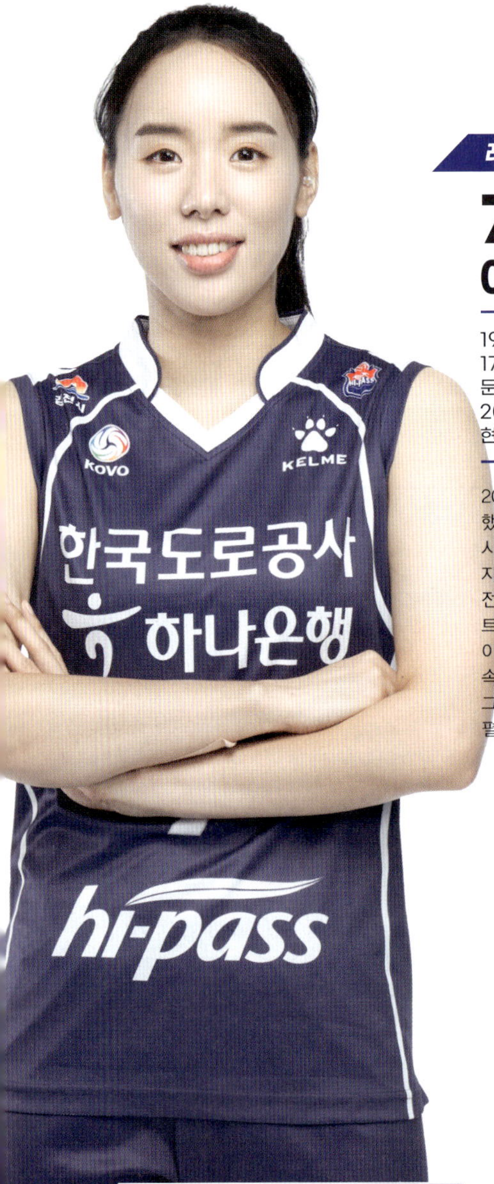
KOVO
KELME
한국도로공사
하나은행
hi-pass

레프트

# 7 Ⓛ
# 이예림

한국도로공사
하나은행
7

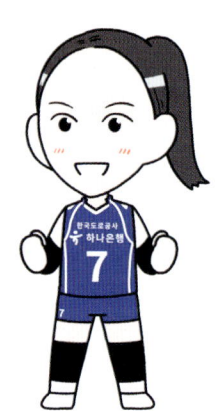

1998.01.10
175cm
둔포초-봉서중-수원전산여고
2015-2016시즌 2라운드 3순위
현대건설-한국도로공사(2021)

2015-2016시즌 드래프트 2라운드 3순위로 현대건설에 입단했던 이예림은 2시즌을 마치고 팀을 떠났고 실업 무대인 수원시청으로 향했다. 실업에 있으면 다시 프로에 가지 못할 것이란 자책도 했던 이예림이지만 끝까지 포기하지 않았고, 실업연맹전을 보러온 김종민 감독의 눈길을 사로잡았다. 175㎝의 레프트인 이예림은 기본기가 좋은 살림꾼 유형이다. 프로에서 못 다 이룬 꿈을 이루기 위해 한국도로공사 유니폼을 입은 그는 설렘 속에 다시 V-리그로 돌아왔다. 포기하지 않고 버티고 버텼던 그는 프로 재입성의 기회를 잡았고, 이제는 자신의 꿈을 널리 펼칠 시간이 왔다.

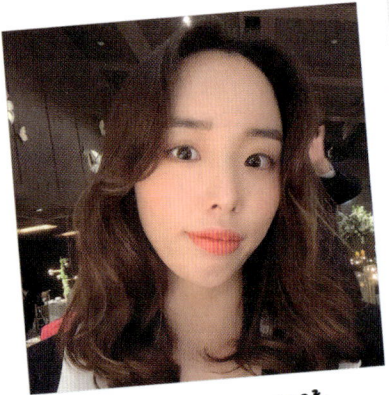

팀에 와서 첫 시즌 자신감 있는 모습으로
열심히 해서 우승하고 싶습니다.
올시즌 우리팀 부상 없는 시즌이 되었으면 좋겠습니다!!

## 이예림의 BEST 3

| | 리시브 효율 | 디그(set) | 서브(set) |
|---|---|---|---|
| 이예림 | - | - | - |
| 레프트평균 | 31.43 | 2.040 | 0.123 |

## 2020-2021 평균 기록

| 경기 | 세트 | 득점 | 공격 성공률 | 블로킹 | 서브 | 세트(set) | 리시브 효율 | 디그(set) |
|---|---|---|---|---|---|---|---|---|
| - | - | - | - | - | - | - | - | - |

리베로 ⓒ

## 8 ⓛ 임명옥

1986.03.15
175cm
남명초-제일여중-제일여고
2005시즌 1라운드 3순위
KGC인삼공사-한국도로공사(2015)

V-리그 최고의 리시브 여왕이라는 수식어가 아깝지 않다. 그는 2시즌 연속 비득점 부문 리시브, 디그, 수비에서 모두 '1위'를 차지하며 명실상부한 V-리그 최고 리베로임을 입증했다. 당연히 두 시즌 연속 베스트7 리베로에도 이름을 올렸다. 팬들이 '최리(최고의 리베로)'라고 부르는 이유를 코트에서 증명하고 있다. 개인 성적에서 더할 나위 없이 완벽했던 임명옥이지만 승점 1점 차이로 포스트시즌에 나가지 못한 것이 두고두고 뼈아프게 다가왔다. 한 세트의 중요성, 한 점의 중요성을 깨달은 베테랑은 다가올 시즌 팀과 함께 웃기를 희망하고 있다. 30대 중반을 넘었지만 여전히 전성기 기량을 갖춘 그는 나이 때문에 안 된다는 말을 듣지 않도록 더 악착같이 뛸 것이라고 다짐했다.

### 임명옥의 BEST 3

| | 리시브 효율 | 디그(set) | 세트(set) |
|---|---|---|---|
| 임명옥 | 52.63 | 5.692 | 1.248 |
| 리베로 평균 | 40.51 | 3.998 | 0.574 |

### 2020-2021 평균 기록

| 경기 | 세트 | 득점 | 공격 성공률 | 블로킹 | 서브 | 세트(set) | 리시브 효율 | 디그(set) |
|---|---|---|---|---|---|---|---|---|
| 29 | 117 | - | - | - | - | 1.248 | 52.63 | 5.692 |

### 레프트

# 9 ⓛ
# 박정아

1993.03.26
187cm
모라초-부산여중-남성여고
2010-2011시즌 신생팀 우선 지명
IBK기업은행-한국도로공사(2017)

한국도로공사의 '클러치 박'은 2020 도쿄 올림픽에서도 화려하게 빛났다. 2016 리우데자네이루 올림픽에서의 아픔이 컸던 박정아는 도쿄 대회에서는 결정적인 순간마다 득점을 올리며 '라바리니호'의 4강 진출을 이끌었다. 박정아는 기세를 몰아 V-리그에서도 최고의 활약을 펼치길 기대하고 있다. 코트 안에서 버티는 힘이 생긴 박정아는 올림픽을 통해 한 뼘 더 성장했다. 데뷔 후 큰 부상 없이 가장 꾸준한 활약을 펼쳤던 박정아는 실력뿐만 아니라 강한 책임감까지 겸비한 선수다. 높은 곳을 바라보는 한국도로공사는 '클러치 박'의 활약이 절실하다.

### 박정아의 BEST 3

| | 공격 성공률 | 블로킹(set) | 후위 성공률 |
|---|---|---|---|
| 박정아 | 35.06 | 0.298 | 35.44 |
| 레프트평균 | 37.12 | 0.163 | 37.32 |

### 2020-2021 평균 기록

| 경기 | 세트 | 득점 | 공격 성공률 | 블로킹 | 서브 | 세트(set) | 리시브 효율 | 디그(set) |
|---|---|---|---|---|---|---|---|---|
| 30 | 121 | 486 | 35.06 | 36 | 9 | 0.083 | 4.86 | 2.066 |

### 라 이 트

# 11 ®
# 켈 시

1995.11.29
193cm
미국
2020-2021시즌 트라이아웃 3순위
-

2020-2021시즌 외국인 트라이아웃에서 전체 3순위로 한국도로공사 유니폼을 입은 켈시는 지난 시즌 후반기로 갈수록 위력을 발휘했다. 193cm에 좋은 점프를 갖춘 그는 초반에는 세터 이고은과의 호흡이 맞지 않아 고전했지만 중반 이후 180도 달라진 모습을 보여줬다. 후위공격 3위, 득점 4위, 퀵오픈 5위, 공격 7위 등에 오른 켈시는 6개 팀 외국인 선수 중 유일하게 재계약에 성공했다. 박정아, 배유나, 정대영 등 국내 공격수들의 능력이 뛰어난 한국도로공사는 켈시가 기복 없이 주포 역할을 해준다면 '봄 배구' 이상을 자신하고 있다. 세터 이고은도 더 밝고 활기찬 모습으로 팀에 합류한 켈시와의 플레이에 기대감을 나타냈다

I will do everything that my team needs to win! #11

### 켈시의 BEST 3

| | 공격 성공률 | 블로킹(set) | 후위 성공률 |
|---|---|---|---|
| 켈시 | 39.79 | 0.443 | 43.51 |
| 라이트 평균 | 40.69 | 0.340 | 42.73 |

### 2020-2021 평균 기록

| 경기 | 세트 | 득점 | 공격 성공률 | 블로킹 | 서브 | 세트(set) | 리시브 효율 | 디그(set) |
|---|---|---|---|---|---|---|---|---|
| 30 | 122 | 756 | 39.79 | 54 | 22 | 0.033 | - | 2.213 |

### 레프트

## 12 ⓛ
## 문 정 원

1992.03.24
174cm
송원초-송원중-목포여상
2011-2012시즌 2라운드 4순위
-

한국도로공사의 주전 레프트였던 문정원은 2020-2021시즌 주춤했다. 리베로 임명옥과 함께 팀의 리시브를 책임졌던 문정원은 기복 있는 플레이로 아쉬움을 남겼다. 너무 잘하려고 했던 것이 오히려 부담으로 다가왔다. 2021-2022시즌을 앞둔 문정원은 길었던 머리를 짧게 잘라냈다. 어떻게든 변화를 주고 싶었던 마음이 컸다. 운동을 더 열심히 하기 위한 마음가짐이 담겼다. 문정원은 코트를 더 활발하게 누비며 후회 없는 플레이로 한국도로공사의 살림꾼으로 자리매김하겠다고 각오를 다지고 있다. 코트에서 기복을 줄이는 것이 우선 과제다.

### 문정원의 BEST 3

| | 리시브 효율 | 디그(set) | 서브(set) |
|---|---|---|---|
| 문정원 | 45.59 | 2.967 | 0.197 |
| 레프트 평균 | 31.43 | 2.040 | 0.123 |

### 2020-2021 평균 기록

| 경기 | 세트 | 득점 | 공격 성공률 | 블로킹 | 서브 | 세트(set) | 리시브 효율 | 디그(set) |
|---|---|---|---|---|---|---|---|---|
| 30 | 122 | 102 | 28.88 | 11 | 24 | 0.172 | 45.59 | 2.967 |

**센터**

# 13 ⓒ
## 정 대 영

1981.08.12
185cm
서원초-충북여중-양백여상-남서울대
1999년 자유계약 입단
현대건설-GS칼텍스(2007)-한국도로공사(2014)

V-리그 원년부터 활약 중인 살아있는 레전드. 나이는 숫자에 불과하다. 2020-2021시즌에도 팀의 중앙을 책임진 그는 블로킹 2위, 이동공격 9위, 속공 11위 등에 오르며 꾸준한 활약을 펼쳤다. 최종전 출전으로 아쉽게 블로킹 1위를 놓쳤지만 후회는 없다. 정대영은 김세영의 은퇴로 V-리그 여자부 최고참 선수가 됐지만 여전히 배구에 대한 간절함이 크다. 40대에도 코트를 누비고 있는 그는 한 경기도 빠지지 않고 풀타임으로 뛰는 것을 목표로 잡았다. 팀의 맏언니로서 어린 선수들을 독려하며 지난 시즌 아쉽게 이루지 못했던 봄 배구를 하기 위해 누구보다 많은 땀방울을 흘리고 있다.

### 정대영의 BEST 3

| | 블로킹(set) | 공격 성공률 | 이동 성공률 |
|---|---|---|---|
| 정대영 | 0.697 | 35.11 | 31.48 |
| 센터평균 | 0.474 | 39.64 | 38.82 |

### 2020-2021 평균 기록

| 경기 | 세트 | 득점 | 공격 성공률 | 블로킹 | 서브 | 세트(set) | 리시브 효율 | 디그(set) |
|---|---|---|---|---|---|---|---|---|
| 30 | 122 | 198 | 35.11 | 85 | 14 | 0.107 | 16.67 | 1.098 |

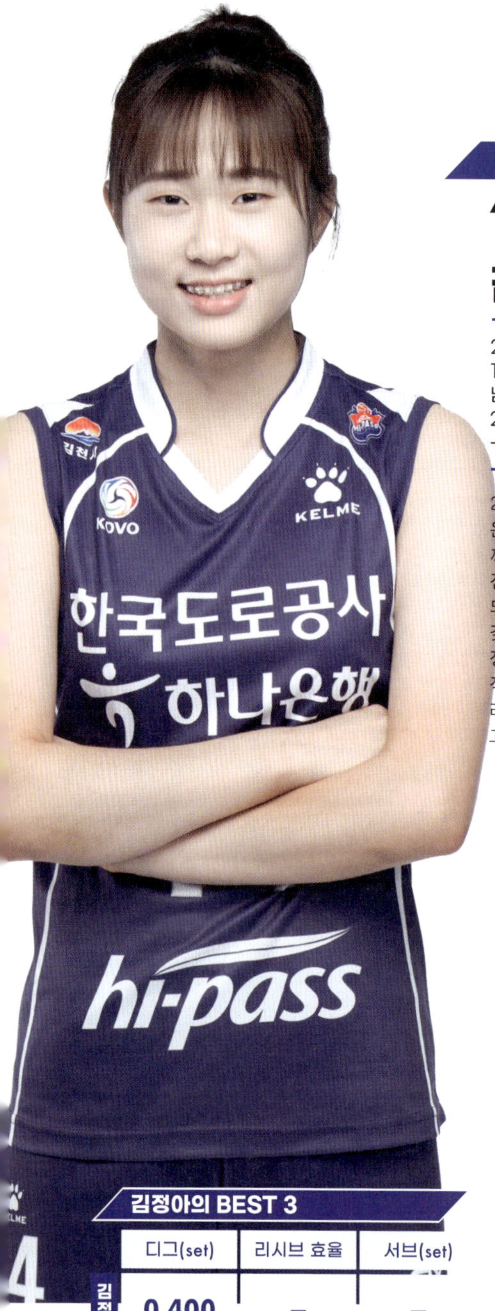

한국도로공사
하나은행
KOVO
KELME
hi-pass


레프트

# 14 Ⓛ
# 김 정 아

2002.02.08
171cm
남천초-제천여중-제천여고
2020-2021시즌 1라운드 4순위
-

14


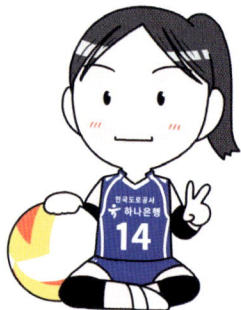

2020-2021시즌 1라운드 4순위로 한국도로공사 유니폼을 입은 김정아는 프로에서의 첫 시즌을 경험하며 기회의 소중함을 깨달았다. 제천여고 2학년 당시 태백산배 대회에서 44년 만의 전국대회 우승을 이끌었던 에이스는 현재보다 미래가 더 기대되는 선수다. 연습보다 실전에서 더 강한 모습은 강한 심장을 갖췄음을 보여준다. 공격과 리시브 등에서 모두 강점이 있는 김정아는 베테랑 언니들과 호흡하며 귀중한 경험을 쌓고 있다. 아직 많은 시간 코트를 밟지 않았지만, 팬들에게 이름 석 자를 알리기 위해 자신에게 주어지는 기회를 꼭 잡겠다고 각오를 다지고 있다.

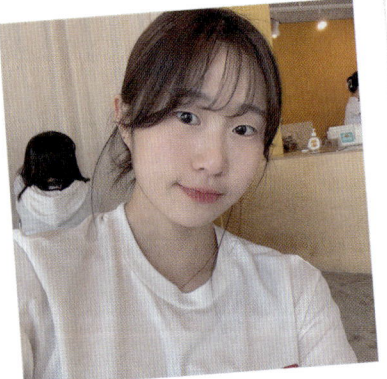

밝고 자신있는 모습으로
코트 안에서 얼굴 자주 보여드리겠습니다
도공, 도공 화이팅!
NO.14


## 김정아의 BEST 3

| | 디그(set) | 리시브 효율 | 서브(set) |
|---|---|---|---|
| 김정아 | 0.400 | - | - |
| 레프트평균 | 2.040 | 31.43 | 0.123 |

## 2020-2021 평균 기록

| 경기 | 세트 | 득점 | 공격 성공률 | 블로킹 | 서브 | 세트(set) | 리시브 효율 | 디그(set) |
|---|---|---|---|---|---|---|---|---|
| 7 | 10 | - | - | - | - | - | - | 0.400 |

**리베로**

# 15 Li
# 박혜미

1996.08.19
170cm
안산서초-원곡중-한일전산여고
2014-2015시즌 2라운드 5순위
현대건설-한국도로공사(2018)

2014-2015시즌 2라운드 5순위로 현대건설 유니폼을 입은 박혜미는 2018-2019시즌 한국도로공사로 트레이드 됐다. 2014 아시아 청소년여자선수권대회에 나가 베스트 리베로 상을 받았던 기억이 있지만 팀에는 최고의 리베로 임명옥이 있어 많은 기회를 얻진 못했다. 지난 시즌 6경기 10세트 출전에 그쳤다. 기회를 기다리며 꾸준히 준비하고 있는 박혜미는 준비한 것을 코트에서 모두 보여주고 싶은 마음이 크다. 팬들에게 'ㅁ'이란 애칭으로 많은 사랑을 받는 한국도로공사의 리베로는 실력으로 더 많은 인정을 받을 날을 꿈꾸고 있다. 그가 흘린 땀방울이 인정받기 위해서는 흔들리지 않는 꾸준함을 갖춘 리베로라는 믿음을 코트에서 보여줘야 한다.

## 박혜미의 BEST 3

| | 디그(set) | 리시브 효율 | 세트(set) |
|---|---|---|---|
| 박혜미 | 1.900 | 23.33 | 0.700 |
| 리베로 평균 | 3.998 | 43.90 | 0.574 |

## 2020-2021 평균 기록

| 경기 | 세트 | 득점 | 공격 성공률 | 블로킹 | 서브 | 세트(set) | 리시브 효율 | 디그(set) |
|---|---|---|---|---|---|---|---|---|
| 6 | 10 | - | - | - | - | 0.700 | 23.33 | 1.900 |

### 레프트

## 16 ⓛ
## 한 송 희

2000.04.16
172cm
중산초-근영중-근영여고
2018-2019시즌 3라운드 3순위
GS칼텍스-한국도로공사(2020)

2018-2019시즌 3라운드 3순위로 GS칼텍스에 입단한 한송희는 2020-2021시즌을 앞두고 2대2 트레이드를 통해 한국도로공사에 합류했다. 신장은 172㎝로 크진 않지만 공격할 때 상대 블로킹을 보고 때릴 수 있는 것이 강점이다. 도로공사에 온 한송희는 강점인 공격력과 함께 수비에도 많은 신경을 쓰고 있다. 생존하기 위해서는 서브와 수비를 보완해야 한다는 깨달음을 얻었다. 코트에서 긍정적인 에너지를 뿜어내는 한송희는 실전에서도 좋은 분위기를 이어가기 위해 노력하고 있다. 활발하고 밝은 한송희 덕분에 한국도로공사에도 긍정적인 시너지 효과가 나올 것이다.

경기에 들어가게 된다면
밝고 화이팅 넘치고 자신감 있게
작년보다 더 나은 모습으로 열심히 하겠습니다.

### 한송희의 BEST 3

| | 디그(set) | 서브(set) | 공격 성공률 |
|---|---|---|---|
| 한송희 | 0.200 | – | – |
| 레프트평균 | 2.040 | 0.123 | 37.12 |

### 2020-2021 평균 기록

| 경기 | 세트 | 득점 | 공격 성공률 | 블로킹 | 서브 | 세트(set) | 리시브 효율 | 디그(set) |
|---|---|---|---|---|---|---|---|---|
| 19 | 35 | – | – | – | – | – | – | 0.200 |

**레프트**

# 17 Ⓛ
## 우 수 민

1998.11.07
177cm
반포초-세화여중-대전용산고
2017-2018시즌 1라운드 4순위
KGC인삼공사-한국도로공사(2018)

2018-2019시즌 KGC인삼공사에서 이적한 우수민은 지난 시즌 원포인트 서버로 좋은 활약을 펼쳤다. 코트에 들어가 뛰는 재미가 붙은 그는 '게임 체인저'를 하기 위해 누구보다 많은 준비를 하고 있다. 중요한 세트 후반에 서브를 때리러 들어가는 우수민은 상대 리시브 라인을 꼼꼼히 살피는 등 꾸준히 노력하고 있다. 수비와 안정적인 이단토스가 강점인 우수민은 연습 때 보여줬던 기량을 100% 발휘한다면 더 나은 플레이를 보여줄 수 있을 것이란 믿음이 있다. 그만큼 우수민은 평소 많은 땀을 흘리며 기회를 잡기 위해 준비하고 있다.

### 우수민의 BEST 3

| | 디그(set) | 서브(set) | 세트(set) |
|---|---|---|---|
| 우수민 | 0.432 | 0.027 | 0.041 |
| 레프트평균 | 2.040 | 0.123 | 0.155 |

### 2020-2021 평균 기록

| 경기 | 세트 | 득점 | 공격 성공률 | 블로킹 | 서브 | 세트(set) | 리시브 효율 | 디그(set) |
|---|---|---|---|---|---|---|---|---|
| 23 | 74 | 2 | – | – | 2 | 0.041 | – | 0.432 |

V-LEAGUE

**센터**

# 19 ⓒ
## 하유정

1989.12.26
188cm
대구여중-대구여고
2007-2008시즌 1라운드 3순위

188㎝의 장신 미들블로커가 2015-2016시즌 이후 5년 만에 코트로 돌아왔다. 팬들에게 '하준임'이란 이름으로 익숙한 하유정은 새로운 도전을 위해 다시 복귀를 결심했다. 팀 내 최고참인 정대영과 국가대표 출신 배유나를 보며 많은 것을 배우고 있다. 정대영의 조언과 독려는 오랜만에 실전에 나서는 그에게 큰 힘이 되고 있다. 생각보다 몸을 잘 만들어 팀 훈련에 잘 적응하고 있다는 코칭스태프의 덕담도 있었다. 한때 V-리그에서 강한 존재감을 보였던 하유정은 많은 팬들이 코트에서 자신을 바라보며 외쳐줄 함성을 그리워하고 있다.

### 하유정의 BEST 3

| | 블로킹(set) | 공격 성공률 | 서브(set) |
|---|---|---|---|
| 하유정 | — | — | — |
| 센터평균 | 0.474 | 41.97 | 0.081 |

### 2020-2021 평균 기록

| 경기 | 세트 | 득점 | 공격 성공률 | 블로킹 | 서브 | 세트(set) | 리시브 효율 | 디그(set) |
|---|---|---|---|---|---|---|---|---|
| — | — | — | — | — | — | — | — | — |

# 2020-2021 REVIEW & 2021-2022 PREVIEW

## 팀 순위

**5**

| 39 | 13 | 17 |
|---|---|---|
| 승점 | 승 | 패 |

54/63 (0.857)
세트 득/실 (득실률)

2549/2626 (0.971)
점수 득/실 (득실률)

### 항목별 팀순위

| 항목 | 수치 | 순위 |
|---|---|---|
| 득점 | 2,549점 | 4 |
| 공격종합 | 38.65% | 2 |
| 블로킹 | 2.15개 | 3 |
| 서브 | 0.93개 | 4 |
| 디그 | 20.36개 | 3 |
| 세트 | 13.23개 | 3 |
| 리시브 | 33.62% | 4 |
| 수비 | 27.29개 | 4 |

### 승패조견표

| | KIXX | PINK SPIDERS | 흥국생명 | HI-PASS | HILLSTATE | 순위 |
|---|---|---|---|---|---|---|
| 1R | 3:1 | 1:3 | 1:3 | 0:3 | 3:0 | 4 |
| 2R | 2:3 | 1:3 | 2:3 | 3:0 | 0:3 | 5 |
| 3R | 1:3 | 2:3 | 3:0 | 3:2 | 3:1 | 1 |
| 4R | 1:3 | 0:3 | 3:0 | 1:3 | 0:3 | 5 |
| 5R | 0:3 | 1:3 | 0:3 | 3:2 | 3:2 | 5 |
| 6R | 3:1 | 3:0 | 2:3 | 3:1 | 3:2 | 1 |
| 계 | 2승 4패 | 1승 5패 | 2승 4패 | 4승 2패 | 4승 2패 | 5 |

## 레프트 보강, 공격 다양화 꿈꾼다!

이영택 감독이 그토록 원했던 레프트 보강이 이뤄졌다. FA 최대어로 꼽히는 이소영을 영입했고, 트레이드로 박혜민을 데려왔다. 안정된 수비를 보여주는 두 명의 레프트와 함께, 공격과 서브에 강점이 있는 고의정과 이선우도 상황에 맞게 활용이 가능하다. 중앙의 한송이와 박은진도 뛰어난 공격 능력을 갖췄다. 디우프가 팀을 떠난 것이 아쉽긴 하지만, 새로운 외국인 선수 옐레나와 함께 국내 공격 자원을 최대한 활용해야 한다. 지난 시즌과 같이 외국인 선수에게 절반의 공격 점유율을 가져가긴 어렵다. 그런 부분에서 세터들의 성장은 반갑다. 염혜선은 도쿄 올림픽 주전 세터로, 하효림은 지난 시즌 염혜선의 부상 공백을 채우며 좋은 경기력을 보였다. 구슬이 서 말이라도 꿰어야 보배라 했다. 세터들의 고민이 올 시즌 결과물로 나와야 한다.

## 초반에 승부를 걸어라!

KGC인삼공사는 최근 후반기에 더 좋은 모습을 보였다. 시즌 끝까지 봄 배구 경쟁을 치열하게 펼치며 팬들을 기대하게 만든다는 부분은 긍정적이지만, 늘 추격을 하는 입장이다 보니 마지막 순간 힘이 달렸다. 지난 시즌도 비슷했다. 개막 후 첫 10경기에서 3승 7패를 기록하며 초반 순위 경쟁에서 밀렸다. 마지막 6라운드에서 4승 1패를 기록하며 힘을 냈지만, 벌어진 격차를 좁힐 수 없었다. 올 시즌 5년 만의 봄 배구를 노리는 KGC인삼공사에겐 시즌 초반 성적이 무엇보다 중요하다. 일정은 괜찮다. AI 페퍼스와의 첫 경기 이후, 홈 3연전이 예정돼 있다. 1라운드 최대한 많은 승점을 쌓아야 한다. 시즌이 길어졌다지만, 초반부터 치고 나가야 후반기에 버틸 힘도 생긴다. 대전의 봄을 원한다면, 가을에 떨어지는 낙엽도 조심해야 한다.

| 2005 | 09-10 | 11-12 |

### 최근 5시즌 정규리그 순위

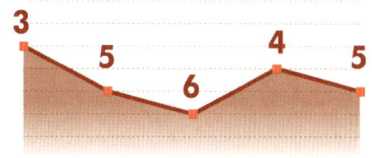

| 16-17 | 17-18 | 18-19 | 19-20 | 20-21 |
|---|---|---|---|---|
| 3 | 5 | 6 | 4 | 5 |

## 2021-2022

### BEST 7

Ⓡ 옐레나

Ⓒ 한송이

Ⓛ 이소영

Ⓛ 박혜민

Ⓒ 박은진

Ⓢ 염혜선

Ⓛ 채선아

### 루키

Ⓒ 이지수

### 라인업

| 1 | 이소영 | L | | 10 | 채선아 | Li |
| 2 | 하효림 | S | | 11 | 박혜민 | L |
| 3 | 염혜선 | S | | 12 | 한송이 | Ⓒ C |
| 4 | 이예솔 | L | | 13 | 옐레나 | R |
| 5 | 노란 | Li | | 15 | 이선우 | L |
| 6 | 박은진 | C | | 16 | 고의정 | L |
| 7 | 고민지 | L | | 17 | 정호영 | C |
| 8 | 나현수 | C | | 18 | 이지수 | C |
| 9 | 서유경 | Li | | | | |

### 인 & 아웃

| IN ▶ | 이소영 | OUT ▶ | 오지영 |
| | 박혜민 | | 최은지 |
| | | | 지민경 |
| | | | 이솔아 |

# MANAGER

### 이영택 감독

결과를 만들어야 하는 시즌. 2019-2020시즌 중 감독대행을 거쳐 정식 감독으로 승격된 이영택 감독은 지난해 감독으로 온전한 첫 해를 보냈다. 시즌 마지막까지 순위 경쟁을 펼쳤지만, 팀은 5위에 그치며 플레이오프 진출에는 실패했다. 시즌을 마치고 육고초려(?) 끝에 이소영 영입에 성공하며 그토록 원했던 레프트 보강에 성공했다. 1:1 트레이드를 통해 박혜민도 데려오며 리시브가 좋은 레프트 자원의 확보에 힘썼다.

하지만 이소영의 FA 보상 선수로 국가대표 리베로 오지영을 내줘야 했다. 확실한 해결사 디우프도 고국인 이탈리아로 돌아가면서 전력 보강만큼이나 큰 출혈이 있었다. 엘레나가 새롭게 합류했지만 이전처럼 외국인 선수에게 높은 점유율을 가져갈 수는 없다. 이소영과 중앙의 한송이, 박은진을 통해 공격의 분산을 가져가려 한다. 공백이 큰 리베로는 채선아와 노란으로 대비했다. 채선아에게 리시브를, 노란에게 디그를 맡겨 더블 리베로 체제로 시즌을 준비한다.

언제든 주전을 노릴 수 있는 선수들을 육성하는데도 힘썼다. 측면의 고의정과 이선우를 포함해, 중앙의 정호영도 부상에서 복귀해 올 시즌 도약을 꿈꾼다. 세터 하효림도 지난 시즌의 경험을 통해 확실한 성장을 이뤘다. 각 포지션마다 주전과 비주전의 격차가 줄어들면서, 길어진 시즌과 부상 변수에 조금 더 유연한 대비가 가능해졌다.

2년 계약의 마지막 해. 이영택 감독의 목표는 뚜렷하다. 팀을 플레이오프 이상으로 이끄는 것. 오랜 기다림의 시간을 지나, 과연 올 시즌엔 대전에도 봄이 찾아올까.

### 레프트

# 1 Ⓛ
## 이 소 영

1994.10.17
176cm
둔포초-근영중-근영여고
2012-2013시즌 1라운드 1순위
GS칼텍스-KGC인삼공사(2021)

프로 10번째 시즌은 새로운 팀에서 뛰게 됐다. 지난 시즌 개인적으로 최고의 한 해를 보냈다. 시즌 내내 기복 없는 꾸준한 활약으로 GS칼텍스를 트레블로 이끌며 챔피언 결정전 MVP를 수상했다. 시즌 후엔 생애 첫 베스트 7도 받았다. 2016년 리우에서 이루지 못한 올림픽의 꿈도 2021년 도쿄에서 확실하게 이뤘다. 모든 것이 완벽했지만, 이소영은 또 한 번의 도약을 위한 도전을 선택했다. 과감하게 헤어스타일의 변화를 주며 이미지 변신도 했다. '아기 용병'에서 '소영 선배'로. 이소영은 언제나 꾸준한 활약을 보여줬다. FA 첫 시즌이라는 부담감을 가질 필요는 없다. 단, 36경기를 뛸 수 있는 건강한 몸 상태를 유지해야 한다. 이소영은 대체 불가다.

끝날 때까지 끝난게 아니다.

### 이소영의 BEST 3

| | 공격 성공률 | 블로킹(set) | 리시브 효율 |
|---|---|---|---|
| 이소영 | 41.66 | 0.311 | 41.82 |
| 레프트평균 | 37.12 | 0.163 | 31.43 |

### 2020-2021 평균 기록

| 경기 | 세트 | 득점 | 공격 성공률 | 블로킹 | 서브 | 세트(set) | 리시브 효율 | 디그(set) |
|---|---|---|---|---|---|---|---|---|
| 30 | 119 | 439 | 41.66 | 37 | 15 | 0.193 | 41.82 | 3.017 |

## 세 터

# 2 ⓢ
# 하 효 림

1998.04.16
170cm
안산서초-원곡중-원곡고
2016-2017시즌 2라운드 6순위
-

나는요-
인삼이 좋은 걸
어떡해-

할 수 있다는 자신감을 얻었다. 입단 다섯 번째 시즌에 상당한 기량 발전을 이뤘다. 총 1,378개의 토스를 올렸고, set당 9.482개의 세트를 기록했다. 백업 세터였음에도 세트 점유율 30%를 넘기며 세트 7위에 올랐다. 특히 외국인 선수 디우프와의 호흡이 좋았다. 염혜선이 부상으로 빠진 리그 후반엔 주전 세터로 나서 좋은 경기력도 보였다. 이전보다 많은 시간을 코트에서 보내며, 돈으로도 살 수 없는 경기 감각과 경험치를 쌓았다. 올 시즌엔 안정감을 더하기 위해 노력 중이다. 범실을 줄이고, 경기의 흐름을 조금 더 읽을 줄 알아야 한다. 세터 출신인 이동엽 수석 코치와 비시즌 충분한 훈련을 했다. 지난해의 좋은 흐름을 이어갈 수 있어야 한다.

느리더라도 천천히 성장하고 변면하는 모습 보여드리겠습니다.

### 하효림의 BEST 3

| | 세트(set) | 디그(set) | 서브(set) |
|---|---|---|---|
| 하효림 | 9.482 | 2.179 | 0.107 |
| 세터평균 | 8.224 | 2.220 | 0.119 |

### 2020-2021 평균 기록

| 경기 | 세트 | 득점 | 공격 성공률 | 블로킹 | 서브 | 세트(set) | 리시브 효율 | 디그(set) |
|---|---|---|---|---|---|---|---|---|
| 20 | 56 | 19 | 36.00 | 4 | 6 | 9.482 | - | 2.179 |

### 세터

# 3 ⓢ
# 염 혜 선

1991.02.03
177cm
목포하당초-목포영화중-목포여상
2008-2009시즌 1라운드 1순위
현대건설-IBK기업은행(2017)
-GS칼텍스(2019)-KGC인삼공사(2019)

롤러코스터 같은 시즌을 보냈다. 본인도 아쉬움과 힘듦이 공존했던 시즌이라고 했다. 평온했던 전반기와 달리, 후반기엔 부진과 부상이 겹치며 어려운 시간을 보냈다. 특히 오른손 부상으로 수술하며 시즌을 끝까지 완주하지 못했다. 하지만 부상에서 돌아와 도쿄 올림픽 주전 세터로 뛰며, 대한민국의 4강 진출에 큰 힘을 보탰다. 세트 3위, 서브 4위를 기록하며 국제무대의 경쟁력도 보였다. 컵 대회를 마치고 미뤄뒀던 철심 제거 수술을 했다. 시즌 초반 빠른 감각 회복이 중요하다. 통산 11,003개의 세트로 현역 통산 세트 1위를 기록 중인 염혜선. 은퇴 선수를 포함해도 이효희, 김사니 다음이다. 누가 뭐래도 염혜선은 V-리그에서 업적을 쌓아나가고 있다.

#### 염혜선의 BEST 3

|  | 세트(set) | 디그(set) | 서브(set) |
|---|---|---|---|
| 염혜선 | 10.203 | 2.418 | 0.076 |
| 세터평균 | 8.224 | 2.220 | 0.119 |

#### 2020-2021 평균 기록

| 경기 | 세트 | 득점 | 공격 성공률 | 블로킹 | 서브 | 세트(set) | 리시브 효율 | 디그(set) |
|---|---|---|---|---|---|---|---|---|
| 21 | 79 | 24 | 34.04 | 2 | 6 | 10.203 | - | 2.418 |

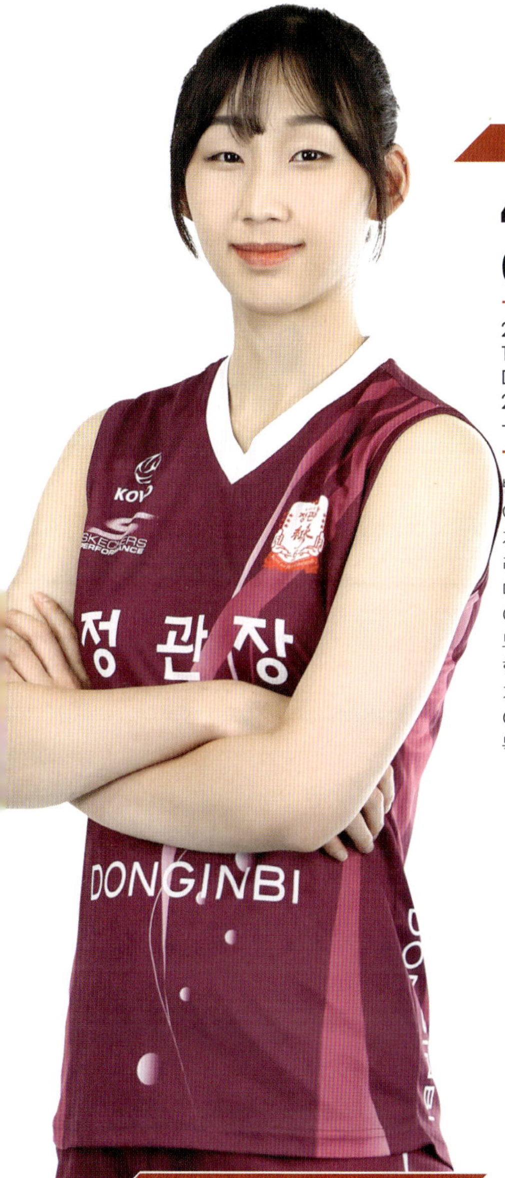

### 레프트

# 4 ⓛ
# 이예솔

2000.06.08
177cm
대구삼덕초-경해여중-선명여고
2018-2019시즌 2라운드 2순위
-

반전을 만들어 내지 못했다. 시즌 13경기에 나섰지만, 코트 안에서 많은 것을 보여줄 수 있는 시간은 부족했다. 생각은 많아지고 자신감도 떨어졌다. 장점인 서브도 실수가 두려워 맞춰 때리다보니 위력이 감소했다. 비시즌 서브와 서브 리시브 훈련에 매진했다. 본인과 비슷한 왼손잡이 레프트 선수들의 영상도 많이 찾아봤다. 특히 서재덕 선수의 영상을 많이 보고 따라하려고 노력했다. 리시브의 아쉬움이 있긴 하지만, 공격과 서브에 확실한 강점을 가진 선수다. 이예솔에게도 다가오는 시즌 몇 번의 기회는 반드시 찾아온다. 범실을 하더라도 적극적인 모습을 보여줘야 한다. 본인에게는 조금 더 관대해도 괜찮다. 자신감 회복이 우선이다.

꾸준히 성장하는 모습 보여드리겠습니다.

### 이예솔의 BEST 3

| | 공격 성공률 | 퀵오픈 성공률 | 서브(set) |
|---|---|---|---|
| 이예솔 | 48.39 | 47.06 | 0.294 |
| 레프트평균 | 37.12 | 41.44 | 0.123 |

### 2020-2021 평균 기록

| 경기 | 세트 | 득점 | 공격 성공률 | 블로킹 | 서브 | 세트(set) | 리시브 효율 | 디그(set) |
|---|---|---|---|---|---|---|---|---|
| 13 | 17 | 20 | 48.39 | - | 5 | 0.118 | 22.64 | 0.882 |

### 리베로

# 5 노 란 (Li)

1994.03.17
167cm
파장초-수일여중-한일전산여고
2012-2013시즌 3라운드 3순위
IBK기업은행-KGC인삼공사(2018)

프로 입단 후 9시즌을 뛰었지만, 자신의 포지션으로 온전히 시즌을 치르진 못했다. IBK기업은행에서 뛰었던 2017-2018시즌, 남지연의 이적으로 리베로의 기회를 얻긴 했지만 제한적이었다. 프로 커리어 대부분의 시간을 '서베로'로 보냈던 노란은, 드디어 올 시즌 리베로로 시즌을 준비한다. 오지영의 이적으로 주전 리베로가 공석이 됐고, 노란에게도 경쟁의 기회가 찾아왔다. 채선아가 한 걸음 앞서있기는 하지만, 기회에 대한 기대감은 노란에게도 큰 동기부여가 됐다. 컵 대회에서 디그를 전담하며 set당 2.636개, 94%의 디그 성공률을 기록했다. 10시즌 만에 기다렸던 기회가 찾아왔다. 자신에게 붙은 물음표를 느낌표로 바꿀 시간이다.

할수있다! I can do it!

### 노란의 BEST 3

| | 디그 성공률 | 디그(set) | 리시브 효율 |
|---|---|---|---|
| 노란 | 95.45 | 0.700 | 28.57 |
| 리그평균 | 82.58 | 2.112 | 35.21 |

### 2020-2021 평균 기록

| 경기 | 세트 | 득점 | 공격 성공률 | 블로킹 | 서브 | 세트(set) | 리시브 효율 | 디그(set) |
|---|---|---|---|---|---|---|---|---|
| 19 | 30 | - | - | - | - | 0.033 | 28.57 | 0.700 |

**센터**

# 6 ⓒ
# 박은진

1999.12.15
187cm
수양초-경해여중-선명여고
2018-2019시즌 1라운드 2순위
-

리그를 대표할 수 있는 센터로 성장했다. 지난 시즌 전 경기를 뛰며 이동 공격 4위, 속공 5위에 올랐다. 59개의 블로킹을 잡아내며 블로킹 8위에 올랐고, 김수지에 이어 리그에서 두 번째로 많은 유효 블로킹을 기록했다. 발리볼네이션스리그(VNL) 활약으로 도쿄 올림픽에도 출전했다. 양효진, 김수지가 국가대표 은퇴를 선언함에 따라 앞으로의 역할이 더 커졌다. 컵 대회에서는 많은 시간을 뛰지 않고도 강한 인상을 남기는 활약을 펼쳤다. 올 시즌 팀의 봄 배구를 목표로 삼았다. 득점력을 높이고, 이동 공격과 리딩 블로킹에 조금 더 집중하려 한다. 지난 시즌보다 나은 활약을 위해서는, 반드시 시즌 초반부터 경기력을 끌어올려야 한다.

### 박은진의 BEST 3

|  | 속공 성공률 | 이동 성공률 | 블로킹(set) |
|---|---|---|---|
| 박은진 | 43.65 | 40.74 | 0.504 |
| 센터 평균 | 41.97 | 38.82 | 0.474 |

### 2020-2021 평균 기록

| 경기 | 세트 | 득점 | 공격 성공률 | 블로킹 | 서브 | 세트(set) | 리시브 효율 | 디그(set) |
|---|---|---|---|---|---|---|---|---|
| 30 | 117 | 186 | 41.07 | 59 | 12 | 0.214 | - | 0.966 |

**레프트**

## 7 Ⓛ
# 고민지

1998.04.27
173cm
달산초-대구일중-대구여고
2016-2017시즌 1라운드 5순위
IBK기업은행-KGC인삼공사(2017)

쳐내기 장인!

3시즌 연속 많은 경기에 나서지 못했다. 뛰어난 재능을 갖췄지만, 부상이 많아 경기 출장이 어려웠다. 계속해서 부상이 이어지다 보니, 기회가 찾아와도 걱정이 앞서 위축되는 모습을 보였다. 현재는 오른쪽 무릎 상태가 좋지 못해 재활을 겸하고 있다. 팀의 레프트 뎁스가 강화되면서, 필요한 역할에 대한 고민이 크다. 향후 리베로 전향에 대한 생각도 조심스럽게 하고 있다. 고민지는 파이팅이 좋은 선수다. 작은 체구에도 당당함과 큰 세리머니로 코트의 분위기를 바꿀 수 있는 능력이 있다. 특히 한국도로공사만 만나면 펄펄 날던 고민지다. 심리적으로 위축되어서는 안 된다. 시즌이 끝나면 FA 자격을 얻는다. 싸움닭이 되어야 한다.

보는 사람이 즐거워지고, 늘 최선을 다하는 밝은 선수가 되겠습니다!

### 고민지의 BEST 3

| | 퀵오픈 성공률 | 리시브 효율 | 디그(set) |
|---|---|---|---|
| 고민지 | 48.08 | 37.06 | 2.875 |
| 레프트평균 | 41.44 | 31.43 | 2.040 |

### 2020-2021 평균 기록

| 경기 | 세트 | 득점 | 공격 성공률 | 블로킹 | 서브 | 세트(set) | 리시브 효율 | 디그(set) |
|---|---|---|---|---|---|---|---|---|
| 15 | 32 | 63 | 36.11 | 4 | 7 | 0.094 | 37.06 | 2.875 |

**센터**

# 8 ⓒ
# 나 현 수

1999.09.15
184cm
문상초-신탄중앙중-대전용산고
2018-2019시즌 2라운드 1순위

지난 시즌 GS칼텍스와의 시즌 마지막 경기. 첫 선발 출장의 기회가 주어진 나현수는 후회가 남지 않게 뛰었다. 9득점 42%의 공격 성공률, 블로킹도 4개나 잡아내며 그동안 보여줄 수 없었던 자신의 능력을 마음껏 펼쳐 보였다. 그렇게 시즌이 끝났고, 마음속에는 경기를 뛰고 싶다는 간절함이 가득했다. 비시즌 힘을 키우기 위해 웨이트 트레이닝에 집중했고, 속공 연습도 부지런히 했다. 비록 컵 대회에서는 기회가 없었지만, 길어진 시즌을 기대하고 있다. 지난해와 마찬가지로 시즌 100득점을 목표로 삼았다. 수훈 선수 인터뷰도 꼭 해보고 싶다. 이제 중앙은 어색하지 않다. 기회만 주어진다면 보여줄 자신도, 준비도 되어 있다.

끝까지 최선을 다하겠습니다!

### 나현수의 BEST 3

|  | 속공 성공률 | 오픈 성공률 | 블로킹(set) |
|---|---|---|---|
| 나현수 | 40.00 | 33.33 | 0.118 |
| 리그평균 | 41.85 | 35.81 | 0.225 |

### 2020-2021 평균 기록

| 경기 | 세트 | 득점 | 공격 성공률 | 블로킹 | 서브 | 세트(set) | 리시브 효율 | 디그(set) |
|---|---|---|---|---|---|---|---|---|
| 19 | 34 | 10 | 37.50 | 4 | - | - | - | 0.265 |

### 리베로

# 9 ⓛⁱ
## 서 유 경

2002.05.02
167cm
신탄진초-신탄진중-대전용산고
2020-2021시즌 2라운드 5순위
-

대전에서 태어나고 자라서, 고향 팀에서 뛰는 행운을 맞았다. 스포츠클럽으로 시작했던 배구가 직업이 될 줄은 그때는 몰랐다. 데뷔 시즌이었던 지난해, 원 포인트 서버로 4경기 출장했다. 시즌이 끝난 후엔 리베로로 포지션을 바꿨다. 하지만 역할은 달라지지 않는다. 채선아와 노란이 리베로로 나설 가능성이 높기 때문에 서유경은 원 포인트 서버 내지 서베로로 경기에 나설 전망이다. 성격은 조금 내성적인 편이지만, 투입된다면 팀 분위기를 끌어올리는 선수가 되고 싶다. 서브 득점을 새 시즌 목표로 삼았다. 상대의 어려운 공격도 멋지게 받아내고 싶다. 컵 대회를 통해 약간의(?) 경기 경험도 했다. 훈련을 실전같이! 서유경에겐 훈련 시간이 곧 쇼케이스다.

좋은 모습 보여드릴 수 있도록 노력하겠습니다
화이팅!!

## 서유경의 BEST 3

| | 리시브 효율 | 디그(set) | 서브(set) |
|---|---|---|---|
| 서유경 | - | - | - |
| 리그평균 | 35.21 | 2.112 | 0.100 |

### 2020-2021 평균 기록

| 경기 | 세트 | 득점 | 공격 성공률 | 블로킹 | 서브 | 세트(set) | 리시브 효율 | 디그(set) |
|---|---|---|---|---|---|---|---|---|
| 4 | 5 | - | - | - | - | - | - | - |

**리베로**

# 10 Li
## 채 선 아

1992.06.08
175cm
추계초-중앙여중-중앙여고-국제사이버대
2011-2012시즌 신생팀 우선지명
IBK기업은행-KGC인삼공사(2017)

어쩌면 팀에서 가장 중요한 역할을 맡았는지도 모른다. 이소영의 FA 보상선수로 오지영이 팀을 떠나며 주전 리베로가 공석이 됐고, 이영택 감독은 채선아에게 그 역할을 제안했다. 무릎 통증도 있었고, 팀 내 입지가 좁아지는 상황에서 좋은 계기가 될 것이라고 생각해 감사한 마음으로 받아들였다. IBK기업은행 시절 잠시 리베로를 맡은 적은 있지만, 그때와는 무게감이 다르다. 컵 대회를 통해 부족함과 보완할 점을 충분히 느꼈다. 노란이 디그를 전담하며, 채선아는 리시브에 집중한다. 한때는 리그에서 가장 많은 리시브를 받았던 선수. 잘해야 한다는 압박감도 크지만, 채선아는 올 시즌이 배구 인생의 터닝 포인트가 되기를 소망하고 있다.

항상 최선을 다하는 모습 보여드리겠습니다.

### 채선아의 BEST 3

| | 리시브 효율 | 디그(set) | 디그 성공률 |
|---|---|---|---|
| 채선아 | 36.56 | 0.724 | 77.46 |
| 레프트 평균 | 31.43 | 2.040 | 82.54 |

### 2020-2021 평균 기록

| 경기 | 세트 | 득점 | 공격 성공률 | 블로킹 | 서브 | 세트(set) | 리시브 효율 | 디그(set) |
|---|---|---|---|---|---|---|---|---|
| 25 | 76 | 7 | 25.00 | 1 | 2 | 0.039 | 36.56 | 0.724 |

### 레프트

## 11 Ⓛ
### 박 혜 민

2000.11.08
181cm
수정초-경해여중-선명여고
2018-2019시즌 1라운드 3순위
GS칼텍스-KGC인삼공사(2021)

'장충 쯔위'에서 '충무 쯔위'로. 시즌을 앞두고 트레이드로 팀을 옮겼다. 소영 선배가 먼저 와있었고, 박은진, 정호영 등 선명여고 출신 선수들도 많아 적응은 어렵지 않았다. 이적 후 맞은 컵대회 첫 경기에서, 친정팀 GS칼텍스를 상대로 양 팀 최다인 19득점을 몰아쳤다. 수비뿐 아니라 공격에서도 가능성을 보이며 주전 레프트 경쟁에 불을 붙였다. 올 시즌 전 경기 출장과 함께 공격 성공률 35%, 리시브 효율 40% 이상이라는 구체적인 목표를 세웠다. 그동안 조금은 소심했고 패기가 부족했던 자신을 반성하며, 마음가짐도 새롭게 다잡았다. 선수에게 출장 기회보다 확실한 동기부여는 없다. 시즌을 앞둔 박혜민은 투지로 가득 차있다.

### 박혜민의 BEST 3

| | 오픈 성공률 | 리시브 효율 | 디그(set) |
|---|---|---|---|
| 박혜민 | 37.50 | 47.13 | 1.458 |
| 레프트평균 | 34.21 | 31.43 | 2.040 |

### 2020-2021 평균 기록

| 경기 | 세트 | 득점 | 공격 성공률 | 블로킹 | 서브 | 세트(set) | 리시브 효율 | 디그(set) |
|---|---|---|---|---|---|---|---|---|
| 14 | 24 | 29 | 32.86 | 4 | 2 | 0.167 | 47.13 | 1.458 |

## 센터 ⓒ

### 12 ⓒ
# 한 송 이

1984.09.05
186cm
성호초-수일여중-한일전산여고-남서울대
2002년 1라운드 1순위
한국도로공사-흥국생명(2008)
-GS칼텍스(2011)-KGC인삼공사(2017)

내 블로킹만 믿으라고!

다시 한 번 배구 인생의 꽃을 피우고 있다. 지난 시즌 양효진이 11년간 지켰던 블로킹 여왕의 자리를 차지했고, 두 시즌 연속 이동 공격 1위도 기록했다. 리그 최고의 센터로 활약하며 2년 연속 베스트 7도 받았다. 역대 4번째로 통산 5,000득점이라는 대기록을 달성했고, 학대 피해 아동을 위해 상금을 기부하는 선행도 했다. 센터로 도쿄 올림픽에 도전했지만, 아쉽게 최종 명단에는 들지 못했다. 하지만 라바리니 감독이 가장 미안한 선수로 꼽을 만큼 자격은 충분했다. 시즌을 앞두고 팀의 주장을 맡았다. 까마득한 후배가 찾아와 고민을 털어놓을 정도로 편안한 선배다. 실력과 인성 모두 후배들에게 모범이 된다. 한송이는 '프로'라 불릴 자격이 있는 선수다.

"단 합"
중심을 잘 잡고 하루하루를
감사하며 소중하게 보내자 ♡

### 한송이의 BEST 3

|  | 블로킹(set) | 이동 성공률 | 디그(set) |
|---|---|---|---|
| 한송이 | 0.699 | 55.88 | 1.345 |
| 센터평균 | 0.474 | 38.82 | 0.996 |

### 2020-2021 평균 기록

| 경기 | 세트 | 득점 | 공격 성공률 | 블로킹 | 서브 | 세트(set) | 리시브 효율 | 디그(set) |
|---|---|---|---|---|---|---|---|---|
| 29 | 113 | 205 | 39.66 | 79 | 9 | 0.257 | – | 1.345 |

V-LEAGUE

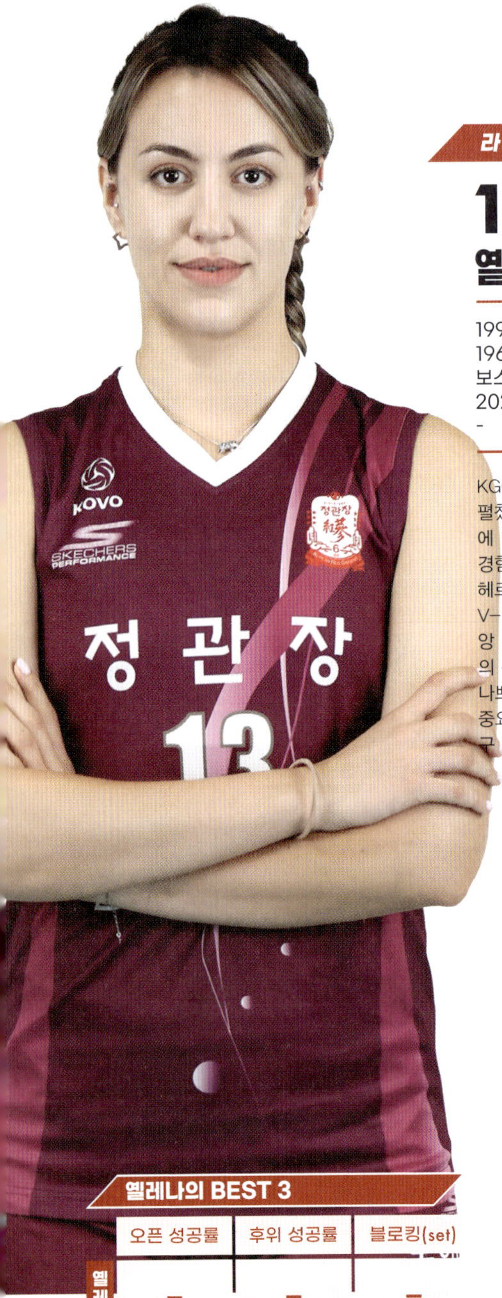
KOVO
SKECHERS PERFORMANCE
정관장
13

라이트

# 13 ®
# 옐레나

정관장
13
13

1997.05.30
196cm
보스니아 헤르체고비나
2021-2022시즌 트라이아웃 3순위
-

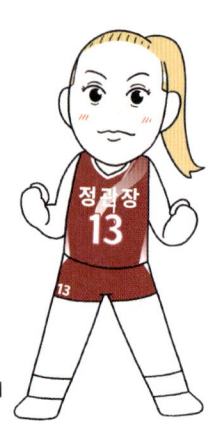

KGC인삼공사의 새로운 해결사. 지난 두 시즌 눈부신 활약을 펼쳤던 디우프가 이탈리아로 돌아가면서, 옐레나가 새롭게 팀에 합류했다. 프랑스, 세르비아, 러시아 등 다양한 유럽 리그를 경험했으며, 지난 시즌엔 터키 2부 리그에서 뛰었다. 보스니아 헤르체고비나 국가대표로 유로 대회 본선을 앞두고 있었지만, V-리그에서 뛰기 위해 국가대표를 반납하고 한국으로 왔다. 중앙 후위 공격과 직선 코스에 강점을 나타내고 있으며, 196cm의 신장을 활용한 블로킹도 괜찮다. 레프트 경험도 있어 수비도 나쁘지 않다는 평가다. 분석이 완벽하지 않은 시즌 초반이 가장 중요하다. 1라운드에 성과를 만들어낼 수 있다면, 옐레나의 배구 인생도 달라질 수 있다.

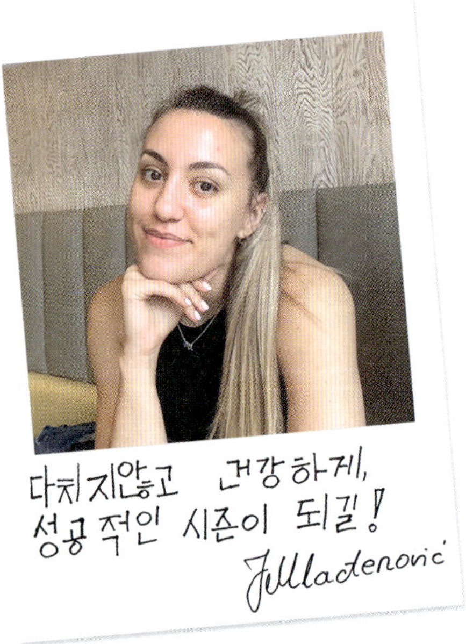

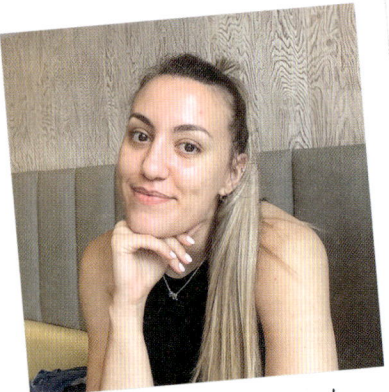

다치지않고 건강하게,
성공적인 시즌이 되길!
JMladenović

### 옐레나의 BEST 3

| | 오픈 성공률 | 후위 성공률 | 블로킹(set) |
|---|---|---|---|
| 옐레나 | - | - | - |
| 라이트 평균 | 38.16 | 42.73 | 0.340 |

### 2020-2021 평균 기록

| 경기 | 세트 | 득점 | 공격 성공률 | 블로킹 | 서브 | 세트(set) | 리시브 효율 | 디그(set) |
|---|---|---|---|---|---|---|---|---|
| - | - | - | - | - | - | - | - | - |

### 레프트

# 15 ⓛ
# 이 선 우

2002.07.12
184cm
사하초-부산여중-남성여고
2020-2021시즌 1라운드 2순위
-

지난 시즌 신인상 수상자. 팀의 개막전부터 투입돼 블로킹으로 데뷔 첫 득점을 올렸다. 첫 선발의 기회를 받았던 IBK기업은행과의 3라운드 맞대결에서는 11득점을 기록하며 팀의 연패 탈출에 기여했고, 방송사 수훈선수 인터뷰도 했다. 시즌을 앞두고 서브 리시브 훈련에 매진했다. 올 시즌 비장의 무기는 서브. 비시즌 서브 범실이 너무 많아 루틴을 바꿔봤는데 신의 한 수가 됐다. 전위 스파이크를 때린다는 느낌으로 구사하는 이선우의 서브는 상당히 위력적이다. 컵 대회에서 5개의 서브 득점을 기록하며 시즌을 기대케 했다. 신인상의 자격이 있다는 것을 보여주고 싶다는 이선우. 언제 어떤 역할이든 능력을 보여줄 준비가 되어있다.

### 이선우의 BEST 3

| | 퀵오픈 성공률 | 서브(set) | 디그(set) |
|---|---|---|---|
| 이선우 | 40.00 | 0.038 | 1.154 |
| 레프트평균 | 41.44 | 0.123 | 2.040 |

### 2020-2021 평균 기록

| 경기 | 세트 | 득점 | 공격 성공률 | 블로킹 | 서브 | 세트(set) | 리시브 효율 | 디그(set) |
|---|---|---|---|---|---|---|---|---|
| 17 | 26 | 41 | 28.80 | 4 | 1 | 0.154 | 15.74 | 1.154 |

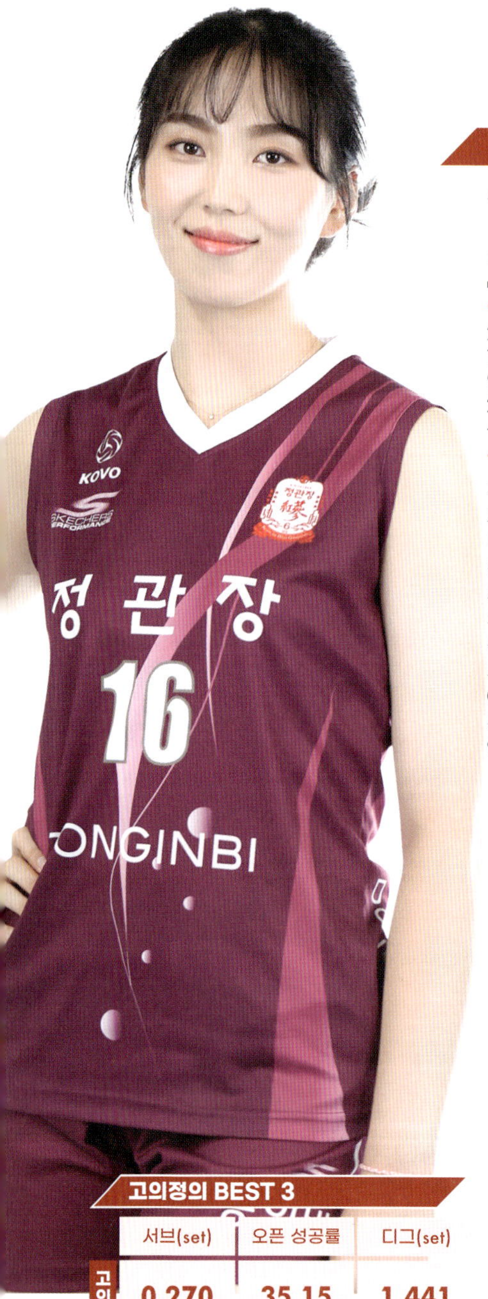
KOVO
정관장
16
ONGINBI

**레프트**

# 16 Ⓛ
# 고 의 정

2000.07.05
181cm
안산서초-원곡중-원곡고
2018-2019시즌 2라운드 5순위
-

정관장

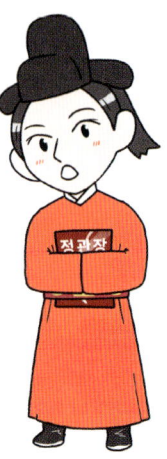

지난해 기회를 잡고 펄펄 날았다. 프로 입단 후 부상으로 제대로 된 모습을 보여줄 수 없었던 고의정은, 지난 시즌 전 경기에 나서며 팀의 레프트 한 자리를 확실하게 꿰찼다. 한 시즌을 온전히 뛰며 리그 마지막 경기까지 김연경과 서브 퀸 경쟁을 펼치기도 했다. 뛰어난 기량 발전을 이뤄냈지만, 동갑내기 박혜민의 이적으로 올 시즌 레프트 경쟁이 불가피해졌다. 고의정은 약점보다는 강점을 극대화하기로 했다. 리시브는 흔들리더라도 최대한 올려두고, 공격과 서브에서 좋은 모습을 보여 주전 경쟁에서 앞서려 한다. 올 시즌 역시 부상 없이 풀타임을 소화하는 것이 목표다. 아프지 않다면, 고의정은 충분한 기회를 받을 수 있다.

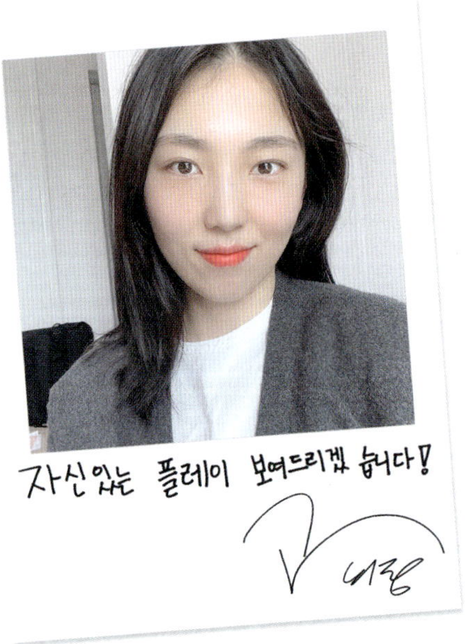

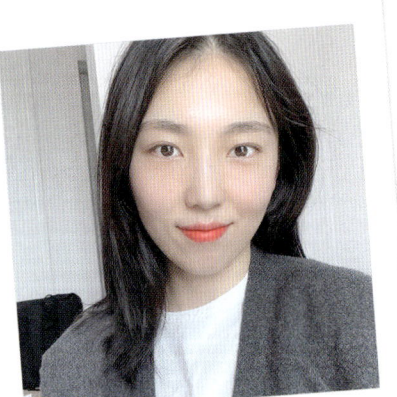

자신있는 플레이 보여드리겠습니다!

## 고의정의 BEST 3

| | 서브(set) | 오픈 성공률 | 디그(set) |
|---|---|---|---|
| 고의정 | 0.270 | 35.15 | 1.441 |
| 레프트평균 | 0.123 | 34.21 | 2.040 |

## 2020-2021 평균 기록

| 경기 | 세트 | 득점 | 공격 성공률 | 블로킹 | 서브 | 세트(set) | 리시브 효율 | 디그(set) |
|---|---|---|---|---|---|---|---|---|
| 30 | 111 | 170 | 36.26 | 8 | 30 | 0.090 | 24.62 | 1.441 |

**센터**

# 17 ⓒ
# 정 호 영

2001.08.23
190cm
경양초-광주체중-선명여고
2019-2020시즌 1라운드 1순위
-

누구보다 힘든 한 해를 보냈다. 센터로 전향해 컵 대회에서 눈부신 활약을 보이며 시즌에 대한 기대감을 높였지만, 리그 첫 경기에서 부상을 당했다. 속공 착지 과정에서 왼쪽 무릎을 다치며 그대로 시즌을 마쳐야 했다. 수술, 그리고 9개월의 재활. 쉽지 않은 시간이었지만 정호영은 묵묵히 이겨냈고, 컵 대회를 통해 복귀했다. 생각대로 몸이 움직여주지 않아 답답했지만, 건강한 복귀만으로도 팀에는 큰 도움이 됐다. 올 시즌 50득점이라는 소박한(?) 목표를 세웠다. 힘보다는 타점을 살려 가볍게 때리는 연습을 했고, 서브 범실을 줄이기 위해 독하게 훈련했다. 그래도 좋은 날이 더 많기를. 험난한 길을 지나온 정호영은 꽃길을 걸을 자격이 있다.

## 정호영의 BEST 3

| | 블로킹(set) | 속공 성공률 | 서브(set) |
|---|---|---|---|
| 정호영 | 0.667 | 50.00 | 0.333 |
| 리그평균 | 0.225 | 41.85 | 0.100 |

## 2020-2021 평균 기록

| 경기 | 세트 | 득점 | 공격 성공률 | 블로킹 | 서브 | 세트(set) | 리시브 효율 | 디그(set) |
|---|---|---|---|---|---|---|---|---|
| 1 | 3 | 4 | 33.33 | 2 | 1 | 0.333 | - | - |

# 2020-2021 REVIEW & 2021-2022 PREVIEW

## 팀 순위

**6**

| 34 | 11 | 19 |
|---|---|---|
| 승점 | 승 | 패 |

53/70 (0.757)
세트 득/실 (득실률)

2654/2774 (0.957)
점수 득/실 (득실률)

## 항목별 팀 순위

| 항목 | 수치 | 순위 |
|---|---|---|
| 득점 | 2,654점 | 2 |
| 공격종합 | 38.61% | 4 |
| 블로킹 | 2.06개 | 5 |
| 서브 | 0.73개 | 6 |
| 디그 | 20.67개 | 1 |
| 세트 | 13.51개 | 2 |
| 리시브 | 32.80% | 5 |
| 수비 | 27.46개 | 3 |

## 승패 조견표

| | KIXX | PINK SPIDERS | ALTOS | HI-PASS | (IBK) | 순위 |
|---|---|---|---|---|---|---|
| 1R | 3:2 | 1:3 | 1:3 | 3:0 | 0:3 | 5 |
| 2R | 0:3 | 0:3 | 1:3 | 1:3 | 3:0 | 6 |
| 3R | 3:1 | 3:2 | 1:3 | 2:3 | 1:3 | 6 |
| 4R | 1:3 | 0:3 | 2:3 | 1:3 | 3:0 | 4 |
| 5R | 3:2 | 3:2 | 3:1 | 0:3 | 2:3 | 4 |
| 6R | 2:3 | 3:1 | 3:2 | 2:3 | 2:3 | 3 |
| 계 | 3승 3패 | 3승 3패 | 2승 4패 | 1승 5패 | 2승 4패 | 6 |

## 리그 꼴찌 → 컵 대회 우승!

2019-2020시즌 리그 1위였던 현대건설은 지난해 11승에 그치며 리그 최하위를 기록했다. 주전 세터가 팀을 떠났고 주축 선수들의 부상과 부진이 이어지며, 2007-2008시즌 이후 13시즌 만에 순위표 가장 아래에서 시즌을 마쳤다. 강성형 감독이 새롭게 팀을 맡았지만 선수단의 변화는 없었다. 하지만 현대건설은 컵 대회 우승을 차지하며 화려한 부활을 알렸다. 혹독한 시즌을 보내며 경험치가 쌓인 김다인은 주전 세터로 성장했고, 황민경과 김연견은 부상을 털어냈다. 신예와 베테랑의 적절한 조화가 이뤄지면서 팀도 단단해졌다. 최근 컵 대회 우승팀은 리그에서도 좋은 성적을 냈다. 현대건설 역시 2019년 컵 대회 우승의 기운을 리그까지 이어갔다. 올해도 좋은 분위기로 시즌을 맞게 됐다. 출발이 좋다.

## 날개 배구? 전원 공격 준비!

현대건설은 양효진을 활용한 중앙 공격 점유율이 높은 팀. 하지만 강성형 감독은 '날개 배구'를 선언했다. 양효진을 쓰지 않겠다는 이야기가 아니다. 양효진과 함께 전위와 후위에 있는 측면 공격수까지 다양한 공격 옵션을 구사하겠다는 뜻이다. 실제로 도쿄 올림픽에서도 브라질, 일본 등 많은 국가들은 4명의 공격수를 항상 준비시켜 상대 블로커에게 혼란을 줬다. 최근 세계 배구의 흐름이기도 하다. 현대건설 역시 리베로와 세터를 제외하고 모두 공격 준비에 나섰다. 정지윤을 레프트로 옮기고, 그 자리에 이다현을 배치해 공격력도 높였다. 김다인 세터에겐 반 박자 빠른 토스를 주문했다. 인내와 시간이 필요하겠지만 흥미로운 시도다. 도전을 선택했다면, 편하게 가려는 유혹을 참아낼 수 있어야 한다.

10-11    15-16

## 최근 5시즌 정규리그 순위

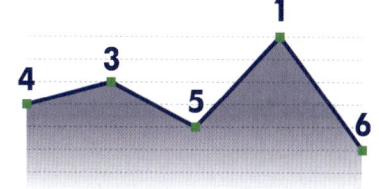

| 16-17 | 17-18 | 18-19 | 19-20 | 20-21 |
|---|---|---|---|---|
| 4 | 3 | 5 | 1 | 6 |

# 2021-2022

## BEST 7

Ⓡ 야스민

Ⓒ 양효진

Ⓛ 고예림

Ⓛ 황민경

Ⓒ 이다현

Ⓛ 김연견

Ⓢ 김다인

## 라인업

| # | 이름 | 포지션 | # | 이름 | 포지션 |
|---|---|---|---|---|---|
| 1 | 정시영 | C | 12 | 이다현 | C |
| 2 | 황윤성 | L | 13 | 정지윤 | L |
| 3 | 김다인 | S | 14 | 양효진 | C |
| 4 | 황연주 | R | 15 | 황민경 ⓒ | L |
| 5 | 이영주 | Li | 16 | 김가영 | L |
| 6 | 이나연 | S | 17 | 고예림 | L |
| 8 | 김연견 | Li | 18 | 한미르 | Li |
| 9 | 김현지 | S | 19 | 이현지 | L |
| 10 | 야스민 | R | 20 | 전하리 | L |
| 11 | 김주하 | L | | | |

## 루키

Ⓛ 황윤성

Ⓛ 김가영

Ⓛ 이현지

## 인 & 아웃

IN ▶ -

OUT ▶ 양시연
박지우

# MANAGER

### 강성형 감독

현대건설의 새로운 감독. KB손해보험과 남자 청소년 국가대표팀 감독을 지냈다. 2019년 국가대표팀 수석코치로 여자 배구와 첫 인연을 맺었다. 라바리니 감독과 선수들 사이에서 가교 역할을 하며 도쿄 올림픽 본선 진출에 기여했다.

강성형 감독과 현대건설. 출발은 상당히 좋다. 감독 데뷔 무대였던 컵 대회에서 우승 트로피를 들어 올렸다. 베테랑 황연주는 살아났고, 포지션을 옮긴 정지윤은 MVP를 받으며 팀 우승을 이끌었다. 선수 교체와 작전 시간의 타이밍도 상당히 좋았다는 평가를 받았다. 그러나 선수들은 무엇보다 달라진 팀 분위기를 꼽았다. 실제로 강성형 감독이 부임하며 가장 신경 쓴 부분이기도 하다. 지난해 최하위였던 팀을 변화시키기 위해서는 코트 안의 선수들이 하나의 팀이 될 수 있도록 만드는 것이 중요했다. 주전과 비주전의 구분 없이 똑같이 훈련시켰고, 모두에게 할 수 있다는 동기부여를 끊임없이 건넸다. 그리고 컵 대회에선 모든 선수가 잠시라도 투입되며 우승에 힘을 보탤 수 있게 했다.

팀은 감독의 스타일을 따라간다고 한다. 과거 강성형 감독은 공격과 수비에 모두 능한 선수였고, 특히 크지 않은 신장에도 기술적인 공격으로 점수를 만들어냈다. 강성형 감독의 노하우가 황민경, 고예림 등 현대건설의 레프트에게 전해진다면, 기존의 강점인 중앙과 함께 상당한 시너지를 낼 수 있다. 레프트 정지윤을 위한 리시브 족집게 과외도 필요하다. 짧은 시간이었지만, 라바리니 곁에서 많은 것을 보고 느꼈다는 강성형 감독. 화려한 데뷔로 팬들의 기대감은 높아졌다. 자신감을 업고 높은 곳을 바라봐야 한다.

### 센터

# 1 ⓒ
# 정 시 영

1993.03.12
180cm
수정초-경남여중-경남여고
2011-2012시즌 2라운드 3순위
흥국생명-현대건설(2018)

2년 연속 5경기 출장에 그쳤다. 지난해엔 부상이 이어졌다. 시즌 초반 발목 부상에 시달렸고, 부상에서 복귀한 날 손가락이 부러졌다. 현대건설 이적 후 3시즌 동안 23경기밖에 나서지 못했다. 크고 작은 부상이 이어지며 코트에 머무는 시간이 줄어들다 보니, 배구를 그만둬야 하나 진지한 고민도 들었다. 하지만 여전히 정시영이 가장 하고 싶은 것은 배구다. 올 시즌엔 기회가 늘어날 수 있다. 양효진, 이다현 두 명의 센터만으로는 시즌을 치를 수 없고, 강성형 감독의 배구엔 분명 정시영의 빠른 발과 이동 공격이 필요한 순간이 있다. 다만, 욕심을 보여줘야 한다. 올 시즌 정시영 부활의 필수 요소는 열정이다.

흔들려도 넘어지지 말자!

### 정시영의 BEST 3

| | 이동 성공률 | 시간차 성공률 | 블로킹(set) |
|---|---|---|---|
| 정시영 | – | – | – |
| 리그평균 | 38.52 | 47.47 | 0.225 |

### 2020-2021 평균 기록

| 경기 | 세트 | 득점 | 공격 성공률 | 블로킹 | 서브 | 세트(set) | 리시브 효율 | 디그(set) |
|---|---|---|---|---|---|---|---|---|
| 5 | 6 | – | – | – | – | – | – | 0.167 |

**세터**

# 3 ⓢ
# 김 다 인

1998.10.15
171cm
추계초-세화여중-포항여고
2017-2018시즌 2라운드 4순위
-

완전히 다른 선수가 됐다. 입단 후 3시즌 동안 6경기 출장이 전부였던 김다인은 지난 시즌 현대건설의 주전 세터로 전 경기를 뛰었다. 리그에서 좋은 모습을 보이며 처음으로 국가대표에도 선발됐다. 그러나 정작 본인은 아쉬움이 많았던 시즌이라고 했다. 처음 느껴본 주전 세터의 압박과 부담은 생각보다 컸고, 좋지 않은 팀 성적은 자신의 잘못인 것만 같았다. 올 시즌엔 정확한 토스에 대한 압박에서 벗어나, 경기 운영과 상대 코트를 읽는 플레이에 집중하고 있다. 수비에도 조금 더 신경 쓰고 있다. 감독이 바뀌었지만, 컵 대회에서 주전 세터로 뛰며 우승을 경험했다. 본인을 조금 더 믿어도 좋다. 가장 필요한 건 자신감이다.

자신있게, 밝게, 즐기자!!

### 김다인의 BEST 3

| | 세트(set) | 서브(set) | 디그(set) |
|---|---|---|---|
| 김다인 | 9.879 | 0.121 | 2.794 |
| 세터평균 | 8.224 | 0.119 | 2.220 |

### 2020-2021 평균 기록

| 경기 | 세트 | 득점 | 공격 성공률 | 블로킹 | 서브 | 세트(set) | 리시브 효율 | 디그(set) |
|---|---|---|---|---|---|---|---|---|
| 30 | 107 | 31 | 23.40 | 7 | 13 | 9.879 | - | 2.794 |

### 라 이 트

# 4 ®
# 황 연 주

1986.08.13
177cm
소사초-원곡중-한일전산여고-경기대
2005시즌 1라운드 2순위
흥국생명-현대건설(2010)

> 아! 꽃사슴이 라이트 백어택을 하네요~

부활의 시즌이 될 것인가. 지난 2시즌 황연주의 모습은 낯설기만 했다. 코트보다는 웜업존에 있는 시간이 길었다. 은퇴를 해야 하는 것이 아니냐는 목소리도 들렸다. 하지만 컵 대회를 통해 황연주는 화려하게 돌아왔다. 팀이 치른 5경기에 모두 나서며 평균 10득점 38%의 공격 성공률을 기록했다. 믿음과 존중. 감독이 보여준 진심은 황연주에게 다시 할 수 있다는 강한 동기부여가 됐다. 자존감을 회복한 베테랑은 이제 언제든 코트의 분위기를 바꿀 수 있다는 자신감이 생겼다. 도쿄 올림픽 해설위원으로 약간의 사회생활(?)을 경험하며 시야도 넓어졌다. 17시즌을 쌓아온 기록과 업적은 사라지지 않는다. 황연주는 V-리그의 역사다.

### 황연주의 BEST 3

|  | 오픈 성공률 | 퀵오픈 성공률 | 디그(set) |
|---|---|---|---|
| 황연주 | 31.71 | 19.23 | 0.405 |
| 리그평균 | 35.81 | 42.09 | 2.112 |

### 2020-2021 평균 기록

| 경기 | 세트 | 득점 | 공격 성공률 | 블로킹 | 서브 | 세트(set) | 리시브 효율 | 디그(set) |
|---|---|---|---|---|---|---|---|---|
| 19 | 37 | 18 | 25.71 | - | - | 0.081 | 33.33 | 0.405 |

**리베로**

# 5 Li
# 이 영 주

1999.03.09
161cm
추계초-중앙여중-중앙여고
2017-2018시즌 4라운드 4순위
-

입단 후 가장 적은 경기에 나섰다. 백업 리베로엔 김주하가, 원 포인트 서버엔 한미르가 가세하면서 단 6경기 15세트 출장에 그쳤다. 보여주고 싶은 것이 많았지만 출장 기회가 없었다. 생각이 많아지며 심적으로도 힘든 시즌을 보냈다. 올 시즌 강성형 감독은 이영주를 김연견의 백업 리베로로 고정했다. 확실한 역할을 정해줬다는 것은 성장을 기대한다는 뜻이기도 하다. 디그에 강점을 보이지만, 올 시즌엔 리시브 보강이 필수다. 빠른 배구를 위해 높고 여유 있는 리시브가 중요하다. 강점을 살리는 것도 중요하지만, 팀이 무엇을 필요로 하는지를 아는 것도 중요하다. 조급함이 들수록 차분하고 정확하게 가야 한다.

## 이영주의 BEST 3

| | 리시브 효율 | 디그(set) | 디그 성공률 |
|---|---|---|---|
| 이영주 | 33.33 | 0.133 | 50.00 |
| 리베로평균 | 35.21 | 2.112 | 82.58 |

### 2020-2021 평균 기록

| 경기 | 세트 | 득점 | 공격 성공률 | 블로킹 | 서브 | 세트(set) | 리시브 효율 | 디그(set) |
|---|---|---|---|---|---|---|---|---|
| 6 | 15 | - | - | - | - | 0.067 | 33.33 | 0.133 |

**세터**

# 6 ⓢ
## 이 나 연

1992.03.25
173cm
추계초-중앙여중-중앙여고
2010-2011시즌 신생팀 우선지명
IBK기업은행-GS칼텍스(2012)
-IBK기업은행(2018)-현대건설(2020)

현대건설 이적 첫해였던 지난 시즌 아쉬운 성적을 냈다. 주전 경쟁에서 밀렸고, 기록도 데뷔 이후 가장 좋지 못했다. 주로 팀이 어려운 상황에 교체 투입되다 보니 여유를 갖지 못했고, 상황에 쫓겨 공을 올리는 데 급급했다. 변화를 위해 서브 루틴도 바꿔봤지만 쉽지 않았다. 선수 생활에 많은 고민을 하게 만든 지난 시즌이었다. 하지만 강성형 감독의 부임은 이나연에게 새로운 동기부여가 될 수 있다. 도쿄 올림픽 세계예선을 앞두고 이나연을 국가대표팀에 추천한 사람이 당시 수석코치였던 강성형 감독이었다. 시즌 후 FA 자격을 얻는 것도 긍정적인 부분이다. 하지만 무엇보다 선수의 의지가 중요하다. 욕심을 가지고 달려들어야 한다.

후회없이 해보자!

### 이나연의 BEST 3

|  | 세트(set) | 서브(set) | 디그(set) |
|---|---|---|---|
| 이나연 | 5.833 | 0.121 | 1.303 |
| 세터평균 | 8.224 | 0.119 | 2.220 |

### 2020-2021 평균 기록

| 경기 | 세트 | 득점 | 공격 성공률 | 블로킹 | 서브 | 세트(set) | 리시브 효율 | 디그(set) |
|---|---|---|---|---|---|---|---|---|
| 28 | 66 | 9 | 8.33 | – | 8 | 5.833 | – | 1.303 |

### 리베로

# 8 (Li)
# 김 연 견

1993.12.01
163cm
신당초-대구일중-대구여고
2011-2012시즌 3라운드 5순위
-

부상을 털고 돌아왔다. 지난해 전 경기를 뛰며 주전 리베로 자리를 지켰다. 물론 본인은 완벽한 몸 상태가 아니라 아쉬운 마음도 들었겠지만, 김연견이 코트에 있다는 자체만으로도 현대건설엔 큰 힘이 됐다. 올 시즌엔 이단 연결에 공을 들이고 있다. 언더가 아닌 점프 토스로 빠른 연결에 힘을 보태려 한다. 누가 뭐래도 김연견의 강점은 몸을 던지는 수비. 통산 4,455디그 성공을 기록하고 있는 김연견은 올 시즌 5,000디그 달성을 노려 볼 수 있다. 또한 시즌 중 134개의 디그만 추가한다면 통산 디그 4위에 오르게 된다. 김해란, 임명옥, 남지연 다음가는 기록. 누가 뭐래도 김연견은 묵묵히 가야 할 길로 나아가고 있다.

올시즌 건강하게 화이팅~

### 김연견의 BEST 3

| | 디그(set) | 디그 성공률 | 세트(set) |
|---|---|---|---|
| 김연견 | 4.423 | 84.08 | 0.707 |
| 리베로평균 | 3.998 | 85.13 | 0.574 |

### 2020-2021 평균 기록

| 경기 | 세트 | 득점 | 공격 성공률 | 블로킹 | 서브 | 세트(set) | 리시브 효율 | 디그(set) |
|---|---|---|---|---|---|---|---|---|
| 30 | 123 | - | - | - | - | 0.707 | 39.62 | 4.423 |

### 세터

## 9 ⓢ
## 김현지

2001.05.07
175cm
치평초-수일여중-제천여고
2019-2020시즌 2라운드 5순위
-

지난 시즌 팀의 마지막 경기였던 6라운드 한국도로공사와의 경기, 2세트 원 포인트 서버로 투입돼 데뷔 첫 출장을 했다. 들어간 기억은 있으나, 서브를 때린 기억은 나지 않을 정도로 떨렸던 순간이었다. 올해 컵 대회 첫 경기였던 흥국생명 전에서는 세터로 데뷔도 했다. 4세트 20-11로 앞선 상황에서 투입돼 마지막 순간까지 코트를 지켰다. 누군가에겐 아무것도 아닌 짧은 순간일 수 있지만, 김현지에겐 새 시즌을 준비하는 힘이 됐다. 블로킹을 잡아보고 싶다는 목표도 생겼다. 올 시즌도 기회가 많지는 않겠지만 조급할 필요는 없다. 단, 훈련 때 무언가를 보여줘야 한다. 선배 김다인이 그랬듯, 기회를 줘야겠다는 생각을 갖게 해야 한다.

### 김현지의 BEST 3

| | 세트(set) | 서브(set) | 디그(set) |
|---|---|---|---|
| | – | – | – |
| 세터 평균 | 8.224 | 0.119 | 2.220 |

### 2020-2021 평균 기록

| 경기 | 세트 | 득점 | 공격 성공률 | 블로킹 | 서브 | 세트(set) | 리시브 효율 | 디그(set) |
|---|---|---|---|---|---|---|---|---|
| 1 | 1 | – | – | – | – | – | – | – |

### 라이트

# 10 ®
# 야 스 민

1996.11.08
196cm
미국
2021-2022시즌 트라이아웃 2순위

배구를 처음 시작할 때부터 'Heavy Hands'라 불렸다. 타고난 힘은 다른 선수들과 비교해도 뛰어났다. 강성형 감독은 역대급 이라는 표현을 썼다. 강한 공격력과 함께 블로킹과 서브도 괜찮 다는 평가다. 팀에 합류한 이후엔 서브에 공을 들이고 있다. 필 리핀과 크로아티아, 그리스 리그를 경험했다. 올림픽을 다녀온 최윤지 통역과 영어가 유창한 이다현이 있어 코트 안팎의 소통 엔 전혀 문제가 없다. 동료들의 컵 대회 우승을 바라보며 빨리 뛰고 싶다는 강한 의욕도 생겼다. 40% 이상의 공격 성공률을 목표로 잡았다. 팀 구성상 공격 점유율의 부담은 크지 않다. 대 신 확실한 결정력으로 효율 높은 플레이를 해야 한다.

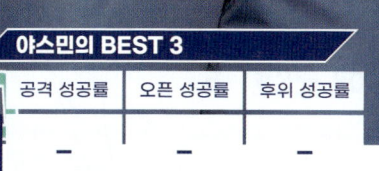

### 야스민의 BEST 3

| | 공격 성공률 | 오픈 성공률 | 후위 성공률 |
|---|---|---|---|
| 야스민 라이트평균 | 40.69 | 38.16 | 42.73 |

### 2020-2021 평균 기록

| 경기 | 세트 | 득점 | 공격 성공률 | 블로킹 | 서브 | 세트(set) | 리시브 효율 | 디그(set) |
|---|---|---|---|---|---|---|---|---|
| - | - | - | - | - | - | - | - | - |

V-LEAGUE

### 리베로

# 11 Li
# 김주하

1992.04.24
174cm
하당초-목포영화중-목포여상
2010-2011시즌 2라운드 4순위
-

4시즌 만에 돌아왔지만 제 몫을 충분히 해냈다. 강성형 감독도 이만한 선수가 없다며 극찬했다. 김주하의 합류로 팀 수비는 더 견고해졌고, 부상 중이었던 김연견도 충분한 재활 후 복귀할 수 있었다. 올 시즌엔 리베로가 아닌 레프트로 후위 수비 보강을 위해 투입된다. 만약을 위해 서브 연습도 부지런히 하고 있다. 역할보다는 투입되는 상황에 더 집중하려 한다. 말할 수는 없지만, 김주하는 현대건설로 돌아올 때 이미 떠날 때를 정해놓았다. 더 집중해 치열하게 배구를 하겠다는 의미였다. 실업리그와 한 번의 은퇴를 경험하며 배구의 소중함도 느꼈다. 남편의 격려와 응원 속에. 이제 김주하는 진짜 배구의 즐거움을 느끼고 있다.

매 순간을 즐기자!

### 김주하의 BEST 3

| | 리시브 효율 | 디그(set) | 디그 성공률 |
|---|---|---|---|
| 김주하 | 31.09 | 1.542 | 88.35 |
| 레프트평균 | 31.43 | 2.040 | 82.54 |

### 2020-2021 평균 기록

| 경기 | 세트 | 득점 | 공격 성공률 | 블로킹 | 서브 | 세트(set) | 리시브 효율 | 디그(set) |
|---|---|---|---|---|---|---|---|---|
| 25 | 59 | 1 | - | - | 1 | 0.119 | 31.09 | 1.542 |

**센터**

# 12 ⓒ
# 이 다 현

2001.11.11
185cm
추계초-중앙여중-중앙여고
2019-2020시즌 1라운드 2순위
-

기회가 늘어났고, 그만큼 성장했다. 지난해 팔꿈치 부상으로 더 많이 뛰지 못한 것이 아쉽기만 하다. 시즌 후엔 태극마크를 달고 발리볼네이션스리그(VNL)에 다녀왔다. 세계적인 선수들을 상대하며 속공의 중요성을 느꼈고, 컵 대회에서도 이동 공격보다 속공을 더 많이 시도해보려 노력했다. 라이징 스타상을 받으며 자신감도 생겼다. 올 시즌엔 정지윤이 레프트로 옮겨가며 출장 기회가 늘어날 전망이다. 하지만 풀타임 주전으로 뛰기 위해서 블로킹 보완은 필수다. 이다현은 리딩 능력을 키워, 경기당 3개 이상의 블로킹을 잡는 선수가 되고 싶다고 했다. 능력은 충분하다. 부상 없이 시즌을 완주하는 것이 가장 중요하다.

## 이다현의 BEST 3

|  | 블로킹(set) | 속공 성공률 | 이동 성공률 |
|---|---|---|---|
| 이다현 | 0.388 | 40.21 | 42.86 |
| 센터평균 | 0.474 | 41.97 | 38.82 |

## 2020-2021 평균 기록

| 경기 | 세트 | 득점 | 공격 성공률 | 블로킹 | 서브 | 세트(set) | 리시브 효율 | 디그(set) |
|---|---|---|---|---|---|---|---|---|
| 24 | 80 | 107 | 42.70 | 31 | - | 0.125 | 33.33 | 0.613 |

### 레프트

## 13 ⓛ
# 정지윤

2001.01.01
180cm
수정초-경남여중-경남여고
2018-2019시즌 1라운드 4순위
-

매 시즌 가파른 성장세를 보이는 선수. 지난해엔 블로킹 능력이 상당히 좋아졌다. 시즌 후엔 라이트 공격수로 도쿄 올림픽을 경험했다. 컵 대회에서는 전 경기 교체로 출장했음에도 맹활약하며 MVP를 수상했다. "신인상 받고 MVP 가자!" 입단 첫해 인터뷰에서 했던 본인의 말을 지켰다. 올 시즌엔 다시 레프트에 도전한다. 본인도 이제는 확실한 포지션 정착을 원한다. 하지만 강한 멘탈과 인내심이 필요하다. 상대의 집중 서브 공략을 버텨내야 하고, 출장 시간과 기록의 아쉬움도 참아내야 한다. 뛰어난 레프트였던 감독과 수비가 좋은 팀 선배들을 붙잡고 늘어져야 한다. 능력이 없다면 맡기지 않는다. 한 번 더 알을 깨고 나와야 한다.

흔들려도 일어서기

### 정지윤의 BEST 3

| | 공격 성공률 | 오픈 성공률 | 블로킹(set) |
|---|---|---|---|
| 정지윤 | 39.36 | 38.99 | 0.496 |
| 레프트평균 | 37.12 | 34.21 | 0.163 |

### 2020-2021 평균 기록

| 경기 | 세트 | 득점 | 공격 성공률 | 블로킹 | 서브 | 세트(set) | 리시브 효율 | 디그(set) |
|---|---|---|---|---|---|---|---|---|
| 30 | 121 | 397 | 39.36 | 60 | 4 | 0.182 | 20.00 | 1.231 |

뿅블락-

### 센 터

# 14 ⓒ
# 양 효 진

1989.12.14
190cm
수정초-부산여중-남성여고-부산대
2007-2008시즌 1라운드 4순위

요즘엔 정말 보기 드문 원 클럽 선수. 입단 후 14시즌을 현대건설에서만 뛰었다. 지난해 무려 11시즌을 지켜온 블로킹 1위에서 내려왔지만 실력이 떨어진 것은 아니었다. 통산 6,000득점을 넘어섰고, 속공과 시간차 1위를 기록하며 베스트 7을 수상했다. 도쿄 올림픽이 끝나고 김연경과 함께 태극마크를 내려놓았다. 이르다고 생각할 수 있지만, 후배들 앞에서 무책임하게 욕심을 내고 싶지는 않았다. 컵 대회에서는 짧고 굵은 활약으로 자신의 가치를 증명했다. 확실한 공격력을 갖춘 양효진은 모든 감독이 탐내는 리그 최고의 센터다. 강성형 감독이 원하는 날개 배구도 양효진의 활약이 더해질 때 힘을 받을 수 있다.

화이팅!

### 양효진의 BEST 3

| | 블로킹(set) | 속공 성공률 | 시간차 성공률 |
|---|---|---|---|
| 양효진 | 0.545 | 54.55 | 58.90 |
| 센터평균 | 0.474 | 41.97 | 52.26 |

### 2020-2021 평균 기록

| 경기 | 세트 | 득점 | 공격 성공률 | 블로킹 | 서브 | 세트(set) | 리시브 효율 | 디그(set) |
|---|---|---|---|---|---|---|---|---|
| 30 | 123 | 441 | 46.42 | 67 | 11 | 0.228 | 31.58 | 1.293 |

V-LEAGUE

### 레프트 ©

## 15 ⓛ
## 황민경

1990.06.02
175cm
반포초-세화여중-세화여고
2008-2009시즌 1라운드 2순위
한국도로공사-GS칼텍스(2016)-현대건설(2017)

다 놀래켜 주겠어!

FA 계약 첫 시즌이었던 지난해, 보여줘야 한다는 생각에 마음이 조급했다. 발등 부상이 있었지만 참고 뛰었다. 결과적으로는 좋지 않은 선택이 됐다. 데뷔 후 가장 낮은 공격 성공률을 기록했고, 강점인 서브도 11개밖에 기록하지 못했다. 값비싼 대가를 치른 지난해를 교훈 삼아 올 시즌은 착실하게 준비했다. 컵 대회부터 좋은 컨디션으로 팀의 우승에 기여했다. 서브는 다시 날카로워졌고, 공격 상황에서도 여유가 느껴졌다. 3년 연속 주장을 맡았다. 냉정한 프로 세계에서 황민경만큼 후배를 살갑게 챙기는 선수도 없다. 하지만 그만큼 코트 안팎에서 역할이 크다. 황민경이 흔들리지 않아야 팀도 높은 곳을 바라볼 수 있다.

후회를 남기지 않는것!

### 황민경의 BEST 3

| | 시간차 성공률 | 리시브 효율 | 디그(set) |
|---|---|---|---|
| 황민경 | 33.33 | 31.09 | 3.054 |
| 레프트 평균 | 45.70 | 31.43 | 2.040 |

### 2020-2021 평균 기록

| 경기 | 세트 | 득점 | 공격 성공률 | 블로킹 | 서브 | 세트(set) | 리시브 효율 | 디그(set) |
|---|---|---|---|---|---|---|---|---|
| 29 | 111 | 134 | 25.54 | 16 | 11 | 0.216 | 31.09 | 3.054 |

**레프트**

# 17 Ⓛ
# 고예림

1994.06.12
177cm
함박초-중앙여중-강릉여고
2013-2014시즌 1라운드 2순위
한국도로공사-IBK기업은행(2017)-현대건설(2019)

팀 헌신도가 높은 선수. 지난 시즌 리그 수비 4위를 기록했다. 수비 5위 안에 리베로가 아닌 선수는 고예림이 유일했다. 934개의 리시브를 받으며 팀에서 가장 높은 37%의 리시브 점유율을 기록했다. 수비만큼 공격 부담도 컸다. 주로 좋지 않은 볼, 하이볼 공격을 담당하다 보니 성공률이 떨어졌다. 팀 사정상 희생할 수밖에 없었다. 하지만 올 시즌은 다르다. 부상 선수들도 모두 회복했고, 컵 대회 우승으로 팀 분위기도 좋다. 개인적인 동기부여도 확실하다. 올 시즌을 마치면 두 번째 FA 자격을 얻는다. 첫 FA를 앞뒀던 지난 2018-2019시즌 고예림은 공수 모두에서 커리어 하이를 기록했다. 여러모로 기대감이 높아지는 시즌이다.

후회없이!!!

### 고예림의 BEST 3

| | 시간차 성공률 | 리시브 효율 | 디그(set) |
|---|---|---|---|
| 고예림 | 44.83 | 35.76 | 3.407 |
| 레프트 평균 | 45.70 | 31.43 | 2.040 |

### 2020-2021 평균 기록

| 경기 | 세트 | 득점 | 공격 성공률 | 블로킹 | 서브 | 세트(set) | 리시브 효율 | 디그(set) |
|---|---|---|---|---|---|---|---|---|
| 30 | 123 | 286 | 33.07 | 15 | 17 | 0.211 | 35.76 | 3.407 |

### 리베로

# 18 (Li)
## 한미르

2002.07.13
166cm
파장초-경해여중-선명여고
2020-2021시즌 1라운드 6순위
-

초등학교 3학년이었던 한미르는 그저 달리기가 빠르다는 이유로 배구를 접하게 됐다. 키가 크진 않았지만, 운동 능력이 좋아 청소년 대표팀에서는 세터로 뛰기도 했다. 고등학교 3학년이 되어서야 온전한 리베로로 정착했지만, 가능성을 인정받아 1라운드로 현대건설 유니폼을 입었다. 프로 첫 시즌이었던 지난해, 원 포인트 서버로 20경기에 나섰다. 신인이었음에도 많은 기회를 받았다. IBK기업은행과의 3라운드 경기에서는 데뷔 첫 서브 득점을 기록하기도 했다. 올 시즌도 한미르의 역할은 원 포인트 서버. 하지만 세터 출신 한미르는 반격 상황에서 이단 연결의 강점을 가진다. 감독이 원하는 배구를 할 수 있는 선수다.

### 한미르의 BEST 3

| | 서브(set) | 세트(set) | 디그(set) |
|---|---|---|---|
| 한미르 | 0.020 | 0.020 | 0.184 |
| 리그평균 | 0.100 | 1.371 | 2.112 |

### 2020-2021 평균 기록

| 경기 | 세트 | 득점 | 공격 성공률 | 블로킹 | 서브 | 세트(set) | 리시브 효율 | 디그(set) |
|---|---|---|---|---|---|---|---|---|
| 20 | 49 | 1 | - | - | 1 | 0.020 | - | 0.184 |

건녀야 정상에 선다! :)

내 서브는 미사일 같다 전하리—

### 레프트

# 20 Ⓛ
# 전 하 리

2001.07.16
172cm
파장초-수일여중-원곡고
2019-2020시즌 수련선수
IBK기업은행-현대건설(2020)

2019-2020시즌 신인 드래프트에서 가장 마지막에 이름이 불렸던 전하리는 지난 두 시즌 동안 원 포인트 서버로 활약했다. 코트에 머무는 시간이 길진 않았지만, 자신이 보여줄 수 있는 강점을 최대한 어필하며 출전 시간을 늘렸다. 프로 입단 후 매년 감독이 바뀌는 어려움도 있었지만, 동요하지 않고 자신의 역할을 해냈다. 올 시즌도 원 포인트 서버로 경쟁력을 가져야 한다. 범실 없이 강한 서브를 넣기 위해 틈나는 대로 연습하고 있다. 한미르와 경쟁은 불가피하지만, 자신의 것을 한다는 생각으로 서브 5득점을 시즌 목표로 잡았다. 전하리의 역할은 흐름을 바꾸는 것. 스페셜리스트에게 출전 시간은 중요치 않다.

자신 있게!

### 전하리의 BEST 3

| | 서브(set) | 세트(set) | 디그(set) |
|---|---|---|---|
| 전하리 | 0.125 | — | — |
| 리그평균 | 0.100 | 1.371 | 2.112 |

### 2020-2021 평균 기록

| 경기 | 세트 | 득점 | 공격 성공률 | 블로킹 | 서브 | 세트(set) | 리시브 효율 | 디그(set) |
|---|---|---|---|---|---|---|---|---|
| 13 | 24 | 3 | — | — | 3 | — | — | — |

일곱 번째 가족의 등장,
막내야 반가워!

페퍼저축은행 배구단

페퍼저축은행
AI PEPPERS

## 2021-2022 PREVIEW

### 조금 늦더라도 튼튼한 집을 짓자!

2011년 IBK기업은행이 창단된 이후 꼭 10년 만이다. AI 페퍼스의 창단으로 여자 배구도 드디어 7구단 시대가 열렸다. 외국인 선수 바르가를 시작으로, 특별 지명을 통해 타 구단에서 5명의 선수를 데려왔고, FA 미계약 상태였던 하혜진과 실업에서 뛰던 구솔과 박경현, 신인 드래프트에서 7명의 선수를 더 추가하면서 총 16명이 창단 멤버로 팀에 합류했다. 런던 올림픽 4강을 이끌었던 김형실 감독이 팀을 맡았고, 이성희, 이경수, 이영수 코치와 김연경의 개인 트레이너로 알려진 이상화 트레이너까지 합류하며 화려한 코칭스태프 구성도 마쳤다. 팀을 대표하는 에이스는 없지만, 누구나 팀의 얼굴이 될 수 있다. 젊은 선수들의 긍정적인 경쟁을 통해 팀은 동반 성장을 꿈꾼다. 이제 첫 발을 뗀다. 뛰지 않고 걷더라도, 한 걸음 한 걸음 정확히 내딛는 것이 중요하다.

### 3S (Smart, Speed, Strong)

김형실 감독이 팀을 맡으며 내세운 세 가지. 똑똑하고(Smart) 빠르며(Speed) 강한(Strong) 팀. 정신, 실력, 체력이 뒷받침 되어야 가능하다. 이를 위해 첫 번째로 기본기를 강조한다. 기본기는 옛날 배구가 아닌, 현대 배구에도 가장 중요한 요소라는 점도 덧붙였다. 또한 압박수비를 추구한다. 단순한 전진 수비가 아닌, 상대의 연타 공격에 대비할 수 있는 수비다. 마지막으로 생각하는 배구다. 최근엔 전력 분석이 워낙 발달해 기술적인 도움을 받을 수 있지만, 김형실 감독은 선수 본인이 먼저 스스로 고민하고 느낄 수 있어야 분석도 활용 가능하다고 생각한다. 뿌리 깊은 나무는 바람에 흔들리지 않고, 화려함을 이기는 것은 꾸준함이다. 일곱째 막내가 언니들을 이길 수 있는 방법은 더 튼튼하게 기초를 다지는 것이다.

# 2021-2022

## BEST 7

Ⓡ 엘리자벳

Ⓒ 최가은

Ⓛ 이한비

Ⓛ 박경현

Ⓒ 최민지

Ⓢ 이현

Ⓛ 문슬기

## 라인업

| | | | | | |
|---|---|---|---|---|---|
| 1 | 지민경 | L | 13 | 박은서 | L |
| 3 | 이현 | S | 14 | 구 솔 | S |
| 4 | 서채원 | C | 15 | 박사랑 | S |
| 5 | 최가은 | C | 16 | 이한비 Ⓒ | L |
| 6 | 박연화 | C | 17 | 하혜진 | R |
| 7 | 엘리자벳 | R | 18 | 김세인 | L |
| 8 | 이은지 | L | | | |
| 9 | 문슬기 | Li | | | |
| 11 | 최민지 | C | | | |
| 12 | 박경현 | L | | | |

## 인 & 아웃

IN ▶ -        OUT ▶ -

# MANAGER

### 김형실 감독

런던 올림픽 4강 신화를 이끌었던 김형실 감독이 9년 만에 현장에 복귀했다. 새롭게 창단된 여자 배구의 7번째 팀, AI 페퍼스의 감독을 맡았다. 70세의 현장 복귀에 제자들은 걱정도 했다. 하지만 김형실 감독은 아직까지 본인을 필요로 한다는 것에 감사하며 무거운 책임감을 짊어지기로 했다.

김형실 감독이 팀을 맡으며 가장 신경 쓴 부분은 선수들의 마음가짐이었다. 신인 선수들을 제외한 대부분의 선수들이 많은 시간 뛰지 못했던 비주전 선수였기 때문에, 각자의 마음속에 남아 있는 열등의식을 지우기 위해 노력했다. 선수들이 프로의 자부심을 느낄 수 있도록, 구단주에게 건의해 연봉부터 모든 조건을 최고로 대우해 주려 애썼다.

객관적 전력에서 다른 팀들에 비해 많이 부족하다는 것을 알고 있다. 그래서 김형실 감독은 현재보다는 미래 비전을 제시할 수 있는 팀을 만들고자 한다. 기본기 훈련부터 인성 교육까지. 배구를 처음 배운다는 느낌으로 기초부터 하나씩 다시 가르치고 있다. 좋은 집보다는 튼튼한 집을 짓기 위해, 당장의 성과에 조급해하지 않기로 했다.

대부분이 20대 초반인 선수들과 소통하기 위해 많은 노력도 하고 있다. 먼저 바닥에 철퍼덕 앉아 대화를 주도하고, 선수들이 쓰는 은어도 남몰래 공부한다. 요즘 음악도 많이 듣고 배우려 노력하고 있다. 물론 어색하다. 하지만 권위를 내려놓은 70대 감독의 진심 어린 노력을 선수들이 모를 리 없다. 그렇게 선수들과 마음으로 소통하고 있다.

첫 시즌 목표는 5승으로 잡았다. 하지만 무엇보다 팀의 기틀을 잡는 것이 중요하다고 생각하고 있다. 다음 감독에게 탄탄한 팀을 건네기 위해 자신은 초석을 다지는 밑알이 되겠다는 김형실 감독. 노장과 신생팀의 흥미로운 동행이 시작된다.

### 레프트

# 1 ⓛ
## 지 민 경

1998.03.16.
184cm
안산서초-경해여중-선명여고
2016-2017시즌 1라운드 2순위
KGC인삼공사-AI페퍼스(2021)

돌아보면 아쉬움만 남는다. 신인상과 함께 화려한 첫 해를 보냈지만, 이후 부상이 이어지며 코트 밖에 있는 시간이 더 많았다. 특히 지난 시즌은 더 아쉬웠다. 무릎 수술 후 100%가 아닌 상태로 서둘러 복귀한 것이 화근이었다. 새로운 팀으로 왔지만 무언가 보여주기도 전에 수술대에 올라야했다. 답답한 마음이 가득하지만, 수술하지 않았더라면 배구 인생이 끝났을 지도 모른다는 생각이 들었다. 김형실 감독은 충분한 시간을 주기로 했다. 지민경 역시 조급해하지 않기로 했다. 대신 책임감을 가지고 몸을 회복하고 있다. 무릎만 괜찮다면 지민경은 자신의 실력을 보여줄 자신이 있다. 이제 겨우 24살. 지민경의 배구는 이제 시작이다.

매 경기 악바리있게 최선을 다하겠습니다

### 지민경의 BEST 3

|  | 오픈 성공률 | 퀵오픈 성공률 | 디그(set) |
|---|---|---|---|
| 지민경 | 31.53 | 37.29 | 2.176 |
| 레프트평균 | 34.21 | 41.44 | 2.040 |

### 2020-2021 평균 기록

| 경기 | 세트 | 득점 | 공격 성공률 | 블로킹 | 서브 | 세트(set) | 리시브 효율 | 디그(set) |
|---|---|---|---|---|---|---|---|---|
| 12 | 34 | 63 | 32.58 | 4 | 1 | 0.235 | 28.57 | 2.176 |

### 세 터

# 3 ⓢ
# 이 현

2001.10.04.
171cm
옥천초-해람중-강릉여고
2019-2020시즌 2라운드 4순위
GS칼텍스-AI페퍼스(2021)

입단 후 대부분의 경기를 원 포인트 서버로 뛰었다. 지난해엔 단 3번의 토스만을 올렸다. 한동안 하지 않았던 세터 훈련을 하며, 비로소 새로운 팀에 왔다는 실감이 났다. 왜 본인을 선택했는지 의아했지만, 상당히 좋은 기회가 찾아왔다는 것은 느낄 수 있었다. 주전으로 뛰고 싶다는 목표도 생겼다. 찐친(?) 김유리의 응원도 힘이 된다. 지난 두 시즌 서브와 수비에서 강점을 보였지만, 이제는 세터로서 능력도 보여줘야 한다. 김형실 감독은 속공을 잡았다가 측면 공격수에게 연결하는 플레이의 보완을 주문했다. 올 시즌이 끝났을 땐 팀을 잘 옮겼다는 말을 듣고 싶다는 이현. 조금 더 욕심을 드러내도 좋다.

나를 성장 시키는 시즌이 되기를!!
이현

### 이 현의 BEST 3

| | 세트(set) | 서브(set) | 디그(set) |
|---|---|---|---|
| 이현 | 0.038 | 0.077 | 0.192 |
| 세터평균 | 8.224 | 0.119 | 2.220 |

### 2020-2021 평균 기록

| 경기 | 세트 | 득점 | 공격 성공률 | 블로킹 | 서브 | 세트(set) | 리시브 효율 | 디그(set) |
|---|---|---|---|---|---|---|---|---|
| 18 | 26 | 2 | – | – | 2 | 0.038 | – | 0.192 |

### 센터

# 5 ⓒ
# 최 가 은

2001.02.28.
184cm
광동초-세화여중-일신여상
2019-2020시즌 1라운드 5순위
IBK기업은행-AI페퍼스(2021)

프로 입단 2시즌 동안 9경기 출장. 남들보다 배구를 늦게 시작했기에, 코트에서 충분한 경험을 쌓지 못한 것이 그저 아쉬웠다. 하지만 이제는 새로운 팀에서 많이 뛸 수 있다는 것에 대한 기대가 크다. 본인 스스로 힘이 좋다고 말하는 최가은은, 강점인 공격을 마음껏 보여주고 싶다. 입단 동기인 센터들과도 편하게 호흡을 맞추고 있다. 기록상 수치는 괜찮지만, 블로킹은 보완이 더 필요하다고 말한다. IBK기업은행에서 김희진, 김수지에게 보고 배운 것을 하나씩 본인의 것으로 만들어야 한다. 최가은은 원석에 가깝다. 좋은 체격 조건을 갖췄기에, 실전 경험만 조금 더 쌓인다면 가파르게 성장할 수 있다.

나를 보여주자!

### 최가은의 BEST 3

| | 속공 성공률 | 블로킹(set) | 디그(set) |
|---|---|---|---|
| 최가은 | 33.33 | 0.571 | 0.857 |
| 센터평균 | 41.97 | 0.474 | 0.996 |

### 2020-2021 평균 기록

| 경기 | 세트 | 득점 | 공격 성공률 | 블로킹 | 서브 | 세트(set) | 리시브 효율 | 디그(set) |
|---|---|---|---|---|---|---|---|---|
| 4 | 7 | 10 | 25.00 | 4 | 1 | 0.143 | 100 | 0.857 |

## 라이트

### 7 Ⓡ 엘리자벳

1999.03.21.
192cm
헝가리
2021-2022시즌 트라이아웃 1순위
-

AI페퍼스의 창단 1호 선수. 신생팀의 컬러에 맞게 1999년생의 상당히 젊은 선수다. 하지만 나이에 비해 성숙한 생각과 인성을 갖췄다. 정다영 통역은 "긍정적이고 겸손하며, 힘든 훈련에도 무엇을 배울 수 있을까 먼저 생각하는 선수"라고 엘리자벳을 소개했다. 팔이 길고 타점이 좋아 공격과 블로킹에 강점을 보이며, 위력적인 서브도 갖췄다. 아시아 리그는 처음이지만 두려움은 없다. 본인에게 주어질 높은 공격 점유율도 부담되지 않는다. 오히려 큰 책임이라고 했다. 팀을 받치는 선수로, 또 팀을 위해선 무엇이든 하는 열정적인 선수로 기억되기를 바란다는 엘리자벳. 영원히 기억될 1호 선수는, 올 시즌 또 어떤 역사를 팀에 남기게 될까.

I want to give my very best this season and to win everything we can with my team.

### 엘리자벳의 BEST 3

| | 오픈 성공률 | 후위 성공률 | 서브(set) |
|---|---|---|---|
| 엘리자벳 | - | - | - |
| 라이트 평균 | 38.16 | 42.73 | 0.160 |

### 2020-2021 평균 기록

| 경기 | 세트 | 득점 | 공격 성공률 | 블로킹 | 서브 | 세트(set) | 리시브 효율 | 디그(set) |
|---|---|---|---|---|---|---|---|---|
| - | - | - | - | - | - | - | - | - |

V-LEAGUE

**센터**

# 11 ⓒ
## 최민지

2000.05.24.
181cm
반포초-세화여중-강릉여고
2018-2019시즌 1라운드 6순위
한국도로공사-AI페퍼스(2021)

지난해 정규리그 2라운드 한국도로공사와 IBK기업은행과의 경기. 최민지의 지난 시즌 첫 경기이자 마지막 경기였다. 블로킹 착지 과정에서 오른쪽 무릎을 다쳤고, 수술과 재활로 시즌을 마쳐야 했다. 갑작스런 이적으로 혼란스럽기도 했지만 이제는 모든 것이 편하다. 팀 동료들은 대부분 학창 시절과 프로에서 함께 생활했던 선수들이고, 부모님도 숙소에서 멀지 않은 곳에 계신다. 심리적 안정감이 생기며 배구에 대한 동기부여도 강해졌다. 두 자릿수 득점과 수훈 선수 인터뷰를 시즌 목표로 삼았다. 고등학교 때부터 공격 능력은 인정받은 선수다. 한 시즌을 꾸준하게 될 수 있다면, 기대했던 최민지의 모습을 볼 수 있지 않을까.

올시즌 잘하자!
choi 민

### 최민지의 BEST 3

| | 속공 성공률 | 블로킹(set) | 디그(set) |
|---|---|---|---|
| 최민지 | – | 0.500 | – |
| 센터평균 | 41.97 | 0.474 | 0.996 |

### 2020-2021 평균 기록

| 경기 | 세트 | 득점 | 공격 성공률 | 블로킹 | 서브 | 세트(set) | 리시브 효율 | 디그(set) |
|---|---|---|---|---|---|---|---|---|
| 1 | 2 | 1 | – | 1 | – | – | – | – |

**레프트**

# 12 Ⓛ
## 박경현

1997.07.25.
178cm
포항동부초-포항여중-수원전산여고
2015-2016시즌 1라운드 4순위
현대건설-AI페퍼스(2021)

---

3년 만에 프로 무대로 돌아왔다. 2015-2016시즌 현대건설에 입단했지만, 3시즌 동안 5경기 출장에 그치며 2018년 코트를 떠났다. 입단 당시 어깨 상태가 좋지 못했고, 이로 인해 기회를 잡지 못하며 심리적으로도 힘든 시간을 보냈다. 자존감이 많이 떨어진 상황에서 배구를 그만두려 했지만, 대구시청 고부건 감독의 만류로 실업팀에서 선수 생활을 이어나갔다. 이후 3년간 팀의 주 공격수로 활약하던 박경현은, 김형실 감독의 연락을 받고 고민 끝에 다시 프로에 도전해 보기로 했다. 이단 볼 처리 능력이 좋고, 리시브도 괜찮은 편이다. 무엇보다 경기 경험이 많은 즉시 전력이다. 먼 길을 돌아왔지만 부담은 없다. 박경현은 시즌 개막을 기대하고 있다.

매 순간 후회남지 않게 최선을 다하기!

### 박경현의 BEST 3

| | 오픈 성공률 | 리시브 효율 | 디그(set) |
|---|---|---|---|
| 박경현 | — | — | — |
| 레프트평균 | 34.21 | 31.43 | 2.040 |

### 2020-2021 평균 기록

| 경기 | 세트 | 득점 | 공격 성공률 | 블로킹 | 서브 | 세트(set) | 리시브 효율 | 디그(set) |
|---|---|---|---|---|---|---|---|---|
| — | — | — | — | — | — | — | — | — |

### 세터

# 14 ⓢ
## 구 솔

2001.07.23.
181cm
안산서초-경해여중-선명여고
2019-2020시즌 3라운드 1순위
KGC인삼공사-AI페퍼스(2021)

한 시즌 만에 다시 V-리그로 돌아왔다. 입단 첫 해 단 2경기 3세트 출장 후 프로를 떠났던 구솔은 새로운 팀에서 다시 한 번 기회를 얻게 됐다. 실업팀에서 뛰고 있던 구솔에게 김형실 감독이 손을 내밀었고, 마지막 기회라는 간절함으로 받아들였다. 세터로는 보기 드문 181cm의 큰 신장이 최고의 무기. 큰 키를 활용한 블로킹과 이단 공격, 서브에도 강점이 있다. 물론 고등학교 1학년 때 세터로 전향해 경기 운영에 대한 경험은 부족하다. 하지만 출장 기회를 쌓다보면 자연스레 해결될 수 있는 부분이기도 하다. 기회에 목마른 구솔에게 충분한 출장 시간도 주어질 예정이다. "저 자신 있습니다!" 이제 마음껏 보여주기만 하면 된다.

열심히 노력하고 성장하는 모습 보여드리겠습니다!

### 구 솔의 BEST 3

| | 세트(set) | 블로킹(set) | 서브(set) |
|---|---|---|---|
| 구솔 | — | — | — |
| 세터평균 | 8.224 | 0.096 | 0.119 |

### 2020-2021 평균 기록

| 경기 | 세트 | 득점 | 공격 성공률 | 블로킹 | 서브 | 세트(set) | 리시브 효율 | 디그(set) |
|---|---|---|---|---|---|---|---|---|
| — | — | — | — | — | — | — | — | — |

**레프트** ⓒ

# 16 ⓛ
## 이 한 비

1996.10.28.
177cm
평거초-원곡중-원곡고
2015-2016시즌 1라운드 3순위
흥국생명-AI페퍼스(2021)

생각보다 기회가 오지 않았다. 투입될 때마다 준수한 공격력을 보여줬지만, 리시브 감을 잡는 것은 쉽지 않았다. 분명 나아지고 있었지만, 괜히 마음만 조급해져 연습한 것을 다 보여주지 못했다. 하지만 이제는 다르다. 팀 이적 후 자신감이 많이 생겼다. 팀을 이끌어가야 한다는 책임감도 생겼다. 지민경이 바로 합류할 수 없는 상황에서 바르가와 함께 팀 공격을 이끌어야 한다. 능력은 충분하다. 한 경기 23득점을 기록한 적도 있고, 수비도 점점 좋아지고 있다. 꾸준한 출장이 보장되는 올 시즌을 도약의 계기로 삼아야 한다. 이미 프로에서 6시즌을 경험했다. 이제는 앞으로 나서서 자신을 보여줄 시간이 됐다.

성장하고 노력하는 모습을 보여드리겠습니다!!

### 이한비의 BEST 3

| | 퀵오픈 성공률 | 시간차 성공률 | 디그(set) |
|---|---|---|---|
| 이한비 | 50.00 | 58.33 | 1.500 |
| 레프트평균 | 41.44 | 45.70 | 2.040 |

### 2020-2021 평균 기록

| 경기 | 세트 | 득점 | 공격 성공률 | 블로킹 | 서브 | 세트(set) | 리시브 효율 | 디그(set) |
|---|---|---|---|---|---|---|---|---|
| 10 | 18 | 40 | 42.70 | - | 2 | 0.111 | 27.27 | 1.500 |

### 라 이 트

# 17 ®
## 하 혜 진

1996.09.07.
181cm
신진초-경해여중-선명여고
2014-2015시즌 1라운드 3순위
한국도로공사-AI페퍼스(2021)

힘든 시간을 보냈다. FA 자격을 얻었지만 계약 소식은 들리지 않았다. 배구를 포기할 수 없는 딸에게 아버지는 실업팀 입단을 권유했다. 진주로 내려가 생각을 정리하고 있을 때 새로운 기회가 찾아왔다. 이후 하혜진은 배구를 처음 시작하는 마음으로 시즌을 준비했다. 체력과 기본기를 다지기 위해 누구보다 많은 시간을 쏟았다. 올 시즌 목표도 단순하다. '부상 없이 건강하게, 코트에서 많이 웃기.' 포지션에 대한 부담과 아버지의 그늘에서 자유로울 수 없었던 과거의 자신을 털어내고 배구에 대한 순수한 즐거움을 찾고자 한다. 신체 조건과 배구 DNA는 타고 났다. 마음의 짐을 내려놓은 하혜진은 분명 더 높이 뛰어오를 수 있다.

아프지 말고 올시즌 잘하자

### 하혜진의 BEST 3

| | 퀵오픈 성공률 | 후위 성공률 | 블로킹(set) |
|---|---|---|---|
| 하혜진 | 58.33 | 66.67 | 0.026 |
| 리그평균 | 42.09 | 41.30 | 0.225 |

### 2020-2021 평균 기록

| 경기 | 세트 | 득점 | 공격 성공률 | 블로킹 | 서브 | 세트(set) | 리시브 효율 | 디그(set) |
|---|---|---|---|---|---|---|---|---|
| 22 | 38 | 17 | 33.33 | 1 | 2 | - | 20.00 | 0.184 |

## ROOKIES

### 4 ⓒ 서채원
2003.09.05.
180cm
삼덕초-대구일중-대구여고
2021-2022시즌 1라운드 3순위

고등학교 2학년 때 잠시 레프트를 한 적이 있지만 줄곧 센터로 뛰어왔다. 스피드를 활용한 시간차 공격의 강점을 보인다. 신장이 크진 않지만 블로킹에서 큰 약점을 보이진 않는다. 김형실 감독은 영리한 플레이를 하는 선수라고 평가했다.

### 6 ⓒ 박연화
2003.11.12.
177cm
남천초-제천여중-제천여고
2021-2022시즌 5라운드 3순위

배구 동호회 활동을 하던 아버지를 따라다니다 배구 선수의 길을 걷게 됐다. 속공과 개인 시간차 공격이 좋다. 팀의 상황에 따라 서베로로 뛸 수도 있다. 입단 후 서브를 확실한 강점으로 만들기 위해 노력 중이다.

### 8 Ⓛ 이은지
2003.07.23.
179cm
치명초-광주체중-광주체고
2021-2022시즌 수련선수

팀 내 유일한 광주 출신 선수. 자부심을 느낀다. 김형실 감독이 마지막으로 선택한 신인 선수로 더 열심히 해야겠다는 동기부여가 됐다. 밝은 성격으로 코트 안에서 파이팅이 좋으며, 레프트와 라이트를 오가며 공격에 힘을 보탤 수 있다.

### 9 Ⓛⁱ 문슬기
1992.06.19
170cm
하당초-영화여중-목포여상
2021-2022시즌 1라운드 6순위

서른 살에 도전한 프로의 무대. 줄곧 실업팀에서 선수 생활을 했던 문슬기는, 어머니의 권유로 용기를 냈다. 신인이지만 팀의 맏언니로 경기 경험이 풍부한 것이 강점이다. 서브 리시브의 안정감과 함께 팀의 중심을 잡아줘야 하는 중책을 맡았다.

# ROOKIES

**13** Ⓛ  
박은서  
2003.04.16.  
177cm  
추계초-일신여중-일신여상  
2021-2022시즌 1라운드 2순위

과거 한국도로공사에서 뛰었던 국가대표 레프트 어연순 선수의 딸. 강한 공격과 위력 있는 서브가 강점이다. 리시브 점유율을 많이 가져가진 않았지만, 수비 또한 준수하다는 평가를 받는다. 신인이지만 주전 경쟁을 펼칠 수 있는 자원이다.

**15** Ⓢ  
박사랑  
2003.08.26.  
178cm  
신당초-대구일중-대구여고  
2021-2022시즌 1라운드 1순위

대형 센터로 성장할 수 있는 잠재력을 갖췄다. 신인드래프트 전체 1순위로 AI 페퍼스 유니폼을 입은 박사랑은 178cm의 장신 세터로 네트 플레이와 블로킹의 강점을 보인다. 오픈 토스도 좋아 외국인 선수 엘리자벳과의 호흡도 기대된다. 강력한 신인상 후보!

**18** Ⓛ  
김세인  
2003.02.06.  
173cm  
평거초-경해여중-선명여고  
2021-2022시즌 1라운드 5순위

배구명가 선명여고에서 주공격수로 활약하며, 많은 우승을 경험했다. 신장이 크진 않지만, 발이 빠르고 공격과 수비 모두 기본기가 좋다는 평가다. 서브에 강점을 가지고 있어, 주전으로 뛰지 못해도 다양하게 활용될 수 있는 선수다.

# EPILOGUE

## V-리그 스카우팅리포트 집필을 마치며

**Q. 이 책을 다시 쓰게 된 이유는 무엇인가요?**

**신승준** 지난해 첫 책이 출간되고 광화문 교보문고에 갔을 때 베스트 신간 코너 가장 위에 올려져 있는 스카우팅리포트를 보고 느꼈던 성취감이 있었습니다. 배구가 팬들에게 사랑받는 스포츠로 자리잡고 있다는 뿌듯함을 느낀 동시에 이 열기가 더 지속되었으면 좋겠다는 희망이 생겼습니다. 도쿄 올림픽 이전에 출판계약을 했는데 올림픽 이후 많은 분들이 올해도 책이 나오냐는 질문을 주셔서 올해도 출판하기를 잘했다고 생각하고 있습니다.

**이호근** 1년으로 끝나기엔 너무 아쉽지 않나요? 작년에 책이 나오자마자 올해 어떻게 책을 만들까 연구했습니다. 신승준, 오해원, 이재상. 든든한 세 분의 저자 덕에 고민 없이 결정했습니다.

**오해원** 작년에 좋은 기회를 주신 신승준, 이호근 아나운서께서 올해도 함께 해보자는 제안을 주셔서 덥썩 물었습니다. 무엇보다 그 누구도 하지 않았던 일을 했다는, 그리고 다시 한 번 한다는 의미가 가장 컸습니다. 그리고 그동안 기사를 통해 전하지 못했던 다양한 선수들의 진짜 이야기를 전할 수 있는 유일한 방법이라는 점에서 마음이 움직였습니다.

**이재상** 배구를 취재하면서 오래전부터 스카우팅리포트를 써보면 재미있을 것 같다는 생각을 많이 했었습니다. 지난해 처음 이 책이 나왔을 때 놀라움 반, 뭔가 선수를 빼앗긴(?) 것 같은 마음도 들었는데, 이번에 운 좋게 기회가 와서 참여할 수 있었습니다.

**Q. 책을 쓰는 과정에서 가장 힘든 것은 무엇이었나요?**

**이재상** 취재 과정에서 느꼈던 것을 어떻게 글로 전달하는지에 대한 고민이 컸습니다. 유쾌하면서도, 때론 진지했던 선수들의 목소리를 담고 싶었는데 글로 전달해야 하는 부분에 대한 어려움이 있었습니다.

**오해원** 아무래도 우리 책의 모토이자 자랑인 모든 선수와 만나 그들의 이야기를 담는다는 것. 그러다 보니 올림픽 등 산더미 같이 쌓인 일정과 출판 일정을 병행해야 한다는 것이 작년과는 달랐던 어려움이었습니다. 물론 선수들을 만나 그들의 속 깊은 이야기를 들을 때면 이걸 배구 팬에게 다 전달해야 하는데 내 능력이 부족한 데 어쩌나 걱정도 컸고요.

**신승준** 글 쓰는 일이 전문이 아니라서 스스로 만족할 만한 좋은 글이 나오지 않는 것이 지난해에 이어 역시 가장 힘든 일이었습니다. 마감시한이 있다는 것 또한 가장 힘든 부분이었고요.

**이호근** 마감. 또 마감이죠. 평소에 경험해 보지 못한 데드라인은 정말 저를 숨 막히게 만들었답니다. 결국 가장 마지막에 마감을 했다는... 진짜 글 쓰는 분들 모두 존경합니다.

### Q. 이 책을 꼭 봐야 할 이유가 있을까요?

**오해원** 원 앤 온리(One and Only). V-리그 남녀부 모든 선수의 이야기를 공평하게 담은 책이라는 것 외에 다른 이유가 필요할까요. 스타 선수가 아니어도 책 내 같은 지분을 공유한다는 점에서 선수들도 기뻐했습니다. 이제 배구 팬들께서 즐겨주시는 일만 남았습니다.

**이재상** V-리그 모든 선수들의 목소리가 담겨 있는 유일한 책이라는 자부심이 있습니다. 배구에 대한 목마름이 큰 팬들의 니즈를 충족시킬 수 있는 책이라고 생각합니다.

**신승준** V-리그 모든 선수들의 정보가 담긴 유일한 책이기 때문에 배구 팬이라면 당연히 보셔야 하고 소장 가치가 있는 책이라 생각합니다.

**이호근** 전 세계 스카우팅리포트 역사상 최초라 자부합니다. '모든' 선수들을 '직접' 만나서 이야기를 들었습니다. 저자들이 열심히 뛰어다닌 노력이 책에서 느껴질 겁니다.

### Q. 만약 1만 부가 팔린다면...각자의 공약이 있을까요?

**이호근** 듣기만 해도 가슴 떨립니다! 만약 1만 부가 팔린다면, 내년에도 책을 쓰겠습니다. 그리고 표지 모델 14인의 사인을 직접 받아, 배구 팬 세 분의 집으로 찾아가 선물하겠습니다! 많이 사주세요!

**신승준** (바라실지는 모르겠지만) 이번 시즌 중 저자 사인회를 개최하도록 하겠습니다.

**이재상** 선수들의 사인을 직접 받아 책을 사주신 팬들을 직접 찾아가는 이벤트를 하겠습니다.

**오해원** 1만 부가 팔린다면... 내년에도 책을 내야겠죠? 다른 분들이 제안해 주신 선수들 친필 사인은 기본이고요. 더 많은 분들이 배구를, 또 V-리그를 알 수 있도록 하는 방법이라면 두 팔을 걷겠습니다. 비록 제가 출연하던 V-리그 토크쇼는 무기한 중단됐지만 이재상 기자가 출연 중인 팟캐스트 차돌배구에 출연해서 1만 부 공약이 가능해질 수 있도록 노력해 보겠습니다.

**초판 1쇄 펴낸 날** | 2021년 10월 22일

**지은이** | KBSN 신승준 이호근, 오해원, 이재상, 브이툰
**펴낸이** | 홍정우
**펴낸곳** | 브레인스토어

**책임편집** | 김다니엘
**편집진행** | 차종문, 박혜림
**디자인** | 이예슬
**마케팅** | 백지영
**자료제공** | KOVO
**기획** | KBSN

**주소** | (04035) 서울특별시 마포구 양화로 7안길 31(서교동, 1층)
**전화** | (02)3275-2915~7
**팩스** | (02)3275-2918
**이메일** | brainstore@chol.com
**블로그** | https://blog.naver.com/brain_store
**페이스북** | http://www.facebook.com/brainstorebooks
**인스타그램** | https://instagram.com/brainstore_publishing

**등록** | 2007년 11월 30일(제313-2007-000238호)

ⓒ 브레인스토어, KBSN 신승준 이호근, 오해원, 이재상, 브이툰 , 2021
ISBN 979-11-88073-81-8 (03690)

* 이 책은 저작권법에 따라 보호받는 저작물이므로 무단전재와 무단복제를 금하며, 이 책 내용의
  전부 또는 일부를 이용하려면 반드시 저작권자와 브레인스토어의 서면 동의를 받아야 합니다.